港澳珠三角区域 研究

教育部人文社会科学重点研究基地重大项目成果丛书

Publication Series:MOE Supported Projects of Key Research Institutes of Humanities and Social Sciences in Universities

产业经济类 Industrial Economy

·港澳珠三角区域研究·

粤港澳大湾区港资企业发展研究

A Study on Development of HongKong-funded Enterprises in Guangdong-HongKong-Macao Greater Bay Area

陈广汉 刘洋 奚美君 张文闻 李昊 任晓丽 单婧 等/著

社会科学文献出版社
SOCIAL SCIENCES ACADEMIC PRESS (CHINA)

本书获得教育部人文社会科学重点研究基地重大项目"珠三角港资企业的转型与发展研究"(13JJD790039)资助

编辑委员会

主　　任　陈广汉

副 主 任　刘祖云　袁持平

委　　员　许锡挥　郑佩玉　饶美蛟　杨允中
　　　　　　陈丽君　黎熙元　毛艳华　袁持平

总　序

　　香港和澳门被西方列强割占和重新回归祖国的历史，从一个侧面反映了中华民族由衰落走向中兴的漫长历程。在英国和葡萄牙对香港和澳门近一个半世纪的管治中，东西文化和制度的相互交流和融合，形成了香港和澳门独特的政治和经济制度与文化和社会结构。虽然香港和澳门在中国近代史上有着相同的政治命运，并都实行自由港的经济制度，但是其发展路径、社会结构和法律制度却存在很大的差异。这种差异深深打上了英国和葡萄牙这两个宗主国的制度和文化的烙印。这种制度和文化的差异不仅决定了它们过去的发展路径，而且还会对未来的发展进程产生影响。新制度主义经济学家诺斯指出："欧洲的扩张以及世界其他国家并入大西洋国家产生了两种基本的结果：从宗主国延伸来的制度和产权奠定了殖民地区后来的发展模式；贸易格局和生产要素的流动也有助于形成大西洋国家本身的发展格局。西班牙、葡萄牙和法国殖民地的经济组织与英国殖民地的经济组织的明显差别来自于宗主国延伸来的产权和殖民地天然生产要素的结合。"① 虽然，香港和澳门是被英国和葡萄牙占领的中国领土，解决香港和澳门的问题完全是属于中国主权范围内的问题，根本不属于通常的所谓"殖民地"范畴，但是，英国和葡萄牙的确分别对香港和澳门实施了一个半世纪的管治或殖民统治，它们的法律、政治制度和文化都延伸到了香港和澳门，并与本土的文化和制度相结合，形成了各自的政治和法律制度与经济发展模式。这是我们在

---

① 〔美〕道格拉斯·C. 诺斯：《经济史中的结构与变迁》，上海人民出版社、上海三联书店，1995，第 164 页。

研究香港和澳门的社会政治与经济制度的形成，以及它对香港和澳门过去和未来社会、政治和经济发展的影响时必须思考的问题。

香港和澳门被英国和葡萄牙强占后，分别在1841年6月和1844年9月被宣布为自由港。由于优越的港口的自然条件，香港作为中国重要对外贸易转口港的地位在19世纪末已经形成。在这一时期，经香港进口的货值占中国进口总值的比重曾一度高达55%左右，而出口值则达40%左右。[①] 中华人民共和国成立后，特殊的国际政治和经济背景使中国内地与国际市场处于隔离状态，加上西方国家的经济封锁，中国基本上只能同以计划经济为特征的社会主义阵营国家进行有限的以货易货的贸易。20世纪50年代初，香港作为中国内地转口港的地位日渐下降，不得不发展本地制造业，开始了工业化进程并成功实现了经济起飞，成为"亚洲四小龙"之一。1970年，香港制造业占本地生产总值的比重达到历史最高峰31%，制造业就业人数占到总就业人数的40%以上。这是香港经济的第一次转型。工业化改变了香港经济发展的轨迹，实现了经济起飞，香港从一个转口贸易为主的自由港变为以产品出口为主的自由港。

澳门的经济发展却没有这么顺利。虽然在20世纪五六十年代澳门的劳动密集型的制造业也得到了一定程度的发展，一些香港的家庭作坊式企业在澳门也开了不少工厂。但是澳门的企业规模很小，竞争力也比较弱。1961年葡萄牙海外部确定澳门为旅游区，特准设赌。同年，澳门政府颁布《承投赌博娱乐章程》，公开招商承投。从此，博彩业成为澳门经济的支柱，博彩旅游成为澳门的主导产业。澳门的自由港制度为什么没有像香港那样得到发挥，这是学术界一直在探讨的问题；澳门社会怎样才能减轻对博彩业的高度依赖和由此引起的负面效应，这也是社会各界的有识之士百思难解的问题。澳门缺乏像香港那样的深水良港只是自然条件的差别，它不足以解释澳门和香港经济发展路径的这种巨大差异，真正的原因只能从法律、管治和社会结构中寻找。

从20世纪70年代开始，香港的经济向多元化方向发展，贸易、金融这些现代服务业逐渐发展起来，自由港的制度优势进一步得以发挥，

---

① 甘长求：《香港对外贸易》，广东人民出版社，1990，第12~13页。

香港开始了第二次经济转型即从以制造业主导的经济体系转变为以服务业为主导的经济体系。这次转型恰逢中国内地的改革开放，珠三角地区有幸成为改革开放的先行者。广东特别是珠江三角洲凭借改革开放先行一步的制度创新优势、毗邻港澳的地缘优势和社会文化相通的人文优势，承接了港澳地区制造业的转移。香港和澳门的劳动密集型制造业将生产过程转移到珠三角，开启了港澳与珠三角区域的经济合作过程，形成了在制造业领域、以优势互补为基础的"前店后厂"式跨境一体化生产与服务的综合经济体系。港澳与珠三角之间"前店后厂"合作模式的形成，导致三地之间商品、资本、人员和信息等生产要素的大量流动和日益紧密的经贸关系，成为粤港澳区域经济一体化发展的雏形和基础。这种以市场为基础、以比较优势为原则、以国际市场导向为特征的区域内资源的合理配置不仅推动了珠江三角洲地区高速的经济增长和工业化进程，使珠三角成为世界性制造业基地，而且使香港贸易、金融、物流商贸服务等现代服务业得到了迅速发展，香港从以制造业主导的经济体转变成为国际贸易、金融和航运中心。香港著名学者饶余庆教授根据1995年的数据资料，按照银行业、外汇市场、衍生工具市场、黄金市场和基金管理等指标，对香港金融业在国际上的地位进行了排名和比较分析，其结论是："香港是亚洲太平洋区第二大国际金融中心，全世界第四大国际银行中心，和全世界第六或第七大国际金融中心。——香港不能和全球性的金融中心如纽约、伦敦和东京相比，但是香港至少和其他第二级的重要金融中心如法兰克福、巴黎、苏黎世、新加坡等齐名。"[①] 香港经济的第二次快速转型是与内地的改革开放和经济的高速增长分不开的。港澳与珠江三角洲地区以其密切的经济联系、强盛的经济活力和持续的经济增长，被称为中国的"金三角经济区"。

从20世纪80年代开始，香港和澳门在内地的改革开放中扮演了不可替代的重要角色，成为引领中国内地经济走向世界和世界经济进入中国内地的桥梁，成为中国内地经济起飞时期引进外资的主要场所。香港的市场经济制度为改革开放初期的深圳、珠海等经济特区的制度创新提供了借鉴。同时，珠三角地区的经济快速发展也为香港和澳门的顺利回归以及经济繁

---

① 饶余庆：《香港国际金融中心》，商务印书馆（香港），1997，第79页。

荣和稳定创造了更好的条件。港澳与内地特别是珠三角地区的经济一体化发展，推动了社会、文化的交流，人员的往来，法律方面的合作和协调，从而为经济、管理、法律和社会等领域的学术研究提出新的课题。

香港和澳门顺利回归祖国，"一国两制"的伟大构想从理论变为现实。香港回归10多年来，经济发展走过了一条不平坦的道路，克服了1997年东南亚金融风暴、2001年美国新经济泡沫破灭和2003年"非典"疫情导致的严重经济危机，维护和提升了香港的国际贸易、金融和航运中心的地位，保持了香港的经济繁荣和稳定。澳门回归后，实现了博彩业经营权的开放，大量引进了国际资本，使澳门的经济得以持续高速增长。2003年6月29日和10月17日，中央政府与香港和澳门特区政府分别签署的《内地与香港关于建立更紧密经贸关系安排》和《内地与澳门关于建立更紧密经贸关系安排》，使港澳与内地的经贸关系迈向一个新的阶段，为香港和澳门发展与内地的经贸关系创造了更好的条件，也进一步加快了港澳与珠三角区域经济的整合过程。

目前香港的经济已经恢复，澳门的经济增长势头强劲，但是经济发展的一些深层次矛盾并没有完全解决。珠三角地区的产业结构正在进行新的调整，新时期的粤港澳经济合作模式还没有形成。同时，香港回归后政治体制和管治问题、行政和立法的关系、特区行政长官和立法会的产生方式等问题，日益成为香港社会争论的重要议题，中央给予高度关注。在"一国两制"的架构下，按照"基本法"办事，正确处理好"一国"与"两制"的关系，落实"港（澳）人治港（澳），高度自治"的方针，建设经济繁荣、政治民主、民生改善、社会和谐的香港和澳门的实践，为社会科学提出了很多全新的研究课题，急需我们从理论和实践上给予回答。

本丛书是教育部人文社会科学重点研究基地、中山大学港澳珠三角研究中心近年来重大课题研究成果的汇集，它凝聚了本研究领域一批知名学者对港澳珠三角区域经济、政治、社会和法律等方面的长期研究的智慧和思考。希望丛书的出版能对本领域的学术积累和该区域的社会经济发展作出自己的贡献。

陈广汉

目　录

绪　论 …………………………………………………………………… 1

第一章　港资制造业的起源与发展模式 …………………………… 11
　　一　香港制造业研究相关文献 ………………………………… 12
　　二　复杂的社会背景促进灵活多变的香港制造业崛起 ……… 16
　　三　劳动密集出口型工业体系带动香港经济起飞 …………… 25
　　四　典型的"香港制造"产业及企业 ………………………… 38
　　五　小结 ………………………………………………………… 47

第二章　珠三角改革开放与"跨境分工"体系的形成 …………… 49
　　一　"跨境分工"体系相关文献研究 ………………………… 49
　　二　珠三角改革开放与香港制造业转移 ……………………… 60
　　三　"跨境分工"的制造业发展体系正式形成 ……………… 66
　　四　珠三角港资企业独特的发展特征 ………………………… 83
　　五　典型的"香港—珠三角制造"产业及企业案例分析 …… 87
　　六　小结 ………………………………………………………… 90

第三章　港资企业对珠三角经济发展的贡献研究 ………………… 91
　　一　港资企业对珠三角经济发展贡献的背景分析 …………… 91
　　二　港商直接投资对经济发展贡献的相关研究文献 ………… 92

三　珠三角港资企业的发展特点、主要贡献与特征事实……… 100
　　四　研究模型与方法……………………………………………… 108
　　五　港商直接投资对珠三角经济发展贡献的实证研究………… 118
　　六　外商投资对珠三角、长三角经济发展贡献的对比研究…… 122
　　七　总结………………………………………………………… 124

第四章　营商环境变化对珠三角港资企业发展的影响……… 127
　　一　营商环境的相关理论……………………………………… 127
　　二　港澳资企业珠三角营商环境评估………………………… 132
　　三　内部生产成本上升………………………………………… 137
　　四　外部竞争加剧……………………………………………… 151
　　五　港资产业及企业经营困难案例分析……………………… 156
　　六　结束语……………………………………………………… 161

第五章　劳动力成本上升对珠三角港资企业转型升级的影响……… 163
　　一　相关文献回顾……………………………………………… 164
　　二　研究设计与特征性事实…………………………………… 166
　　三　劳动力成本上升对港澳台资企业转型升级影响的实证结果 … 175
　　四　劳动力成本上升对港澳台资企业进入退出的影响分析…… 182
　　五　研究结论…………………………………………………… 183

第六章　珠三角港资制造企业的转型升级……………………… 185
　　一　制造业转型升级相关文献综述…………………………… 185
　　二　珠三角港资制造业发展历史……………………………… 192
　　三　广东港资制造业企业发展现状与挑战…………………… 199
　　四　港资制造业企业转型升级路径…………………………… 210
　　五　港资制造业企业转型升级案例分析……………………… 217
　　六　总结………………………………………………………… 228

第七章 珠三角港资服务业发展 ……………………………… 230
 一 服务贸易理论相关文献研究 ………………………………… 231
 二 香港服务业的特征和优势 …………………………………… 234
 三 港资服务业在广东的发展 …………………………………… 243
 四 CEPA框架下珠三角与香港服务贸易的本地市场效应研究 …… 251
 五 内地与香港合作典型服务业案例分析 ……………………… 266

参考文献 ……………………………………………………………… 271

后　记 ………………………………………………………………… 283

绪 论

20世纪80年代开始,港资企业利用珠三角改革开放先行一步的制度创新机遇和毗邻港澳的区位优势,将生产过程转移到珠三角,形成了香港与珠三角之间"前店后厂"的产业分工模式,即在香港从事贸易,在内地制造产品。"香港制造业转移"成为珠三角工业化的重要推力,也促进了香港现代服务业的发展。然而,进入21世纪以来,港资企业面临着国内外营商环境的较大变动。尤其是随着人民币逐渐升值,内地加工贸易政策调整,新劳动法律法规实施,珠三角土地和人工成本逐渐上升,珠三角的港资制造业发展面临前所未有的挑战,特别是全球金融危机的冲击导致珠三角大量港资企业倒闭。在国际和国内新的经济环境下,港资企业如何提升竞争力、实现转型和发展,是关系香港经济长期繁荣和珠三角经济持续发展的重大问题。

内地经济对港资企业从局部开放向全方位开放转变,为港资企业的发展开辟了新的空间。首先,港资企业的投资领域从制造业拓展到了服务业。2003年,《内地与香港关于建立更紧密经贸关系的安排》(CEPA)的签订与实施,为香港服务业进入珠三角发展提供了新的契机。其次,港资企业的投资范围逐步从珠三角拓展到整个内地。最后,内地快速的城镇化推动消费实力增强,为港资企业打开内地产品市场提供了契机。然而,CEPA签订的几年来,港资服务业企业在同内地制度和文化的融合问题上,出现了诸多不适应和难以沟通协调的现象,港资企业进入内地和开拓产品市场也非一帆风顺。这些问题的出现,需要从多方面来了解和分析上述困难产生的原因,并通过探讨与研究,及时地向港资企业和内地提供合理的建议与今后的运作机制。

在新的国内外经济形势下，港资企业"前店后厂"的传统发展模式面临挑战，港资企业如何实现转型升级关系香港经济的长期繁荣和内地，尤其是珠三角，经济的转型升级。首先，港资企业在内地的投资是香港对外投资的重要组成部分，对珠三角港资企业发展和转型研究，有助于更加准确地评价港资企业在历史上的真实经济绩效，并对港资企业在未来的发展提供参考意见，进一步保障香港经济的长期繁荣稳定。其次，港资企业是珠三角地区整体产业的重要组成部分，粤港之间的经济联系，在经历经济危机后仍然非常紧密，港资企业的升级转型会加快珠三角地区整体产业升级换代的步伐。研究珠三角港资制造业的转型升级，以及在CEPA框架下香港服务业在珠三角地区的发展，将会有助于推动珠三角的产业升级。最后，对于港资企业的深入研究，将会有利于深化粤港合作，增加粤港两地企业间的相互了解，减少两地企业间的沟通成本，促进粤港两地的经济繁荣。

本研究报告基于经济全球化和中国内地改革开放的时代背景以及珠三角港资企业的发展历程和典型事实，探讨港资企业转型升级的理论基础和现实依据，分析了港资企业转型升级过程中的重要实践案例，在此基础上提出推动港资企业转型升级、深化粤港经贸合作的共赢战略。本研究报告共分为七章。

第一章从珠三角港资企业的起源出发，分析香港本土制造业产生与演变的根本原因，深入研究香港制造业发展的独特模式及基本特征。本章首先基于以往学者对香港制造业的研究，探讨香港制造业的发展客观条件及主观因素。研究发现，目前对香港制造业的研究主要基于历史及经济两大视角：从历史视角研究，主要采用整体宏观描述及个体企业研究两大角度来客观梳理香港制造业的发展历史，资料丰富，客观翔实，但缺乏经济学专业分析；从经济学视角研究，探讨香港制造业发展的特征、动因等，方法规范，但缺乏历史深度。本章第二和第三部分则分别结合历史客观事实及经济发展动力双重视角，集中探讨港资企业发展的动因，发掘港资企业的独特模式。研究表明：香港的制造业一方面从实际出发，适合当时的自然条件、"二战"后国际市场的有效需求和香港商界的传统需求；另一方面又结合自身劳动力、土地、经济政策等特色，形成了独特的香港制造业"灵活多变""出口加工型""劳动密集型""中小企业为主"发展模式。第四部分结合典型的产业与企业对港资企业的发展模式进行进一步的现实分析。

研究方法上，本章采用理论分析与现实分析相结合、实证分析与原理分析相结合，从历史及经济双重角度，将历史事实与经济发展的阶段性特征采用规范的经济学方法来研究，进而总结港资企业独特的模式与特色，为后续分析和研究港资企业在珠三角的发展、遇到的困难和转型升级的方向奠定了基础。

第二章以香港与珠三角之间以"前店后厂"为主要形式的"跨境合作"分工体系为研究对象，讨论"跨境分工"的分工机理、运作模式及对两地经济与政治关系产生的创新性影响。本章第一部分基于产业转移、产业集聚、国际垂直分工三个角度来探讨粤港"跨境分工"体系形成的一般机理，并就目前学者对粤港两地"前店后厂"模型的研究理论进行述评。研究表明："跨境分工"体系的形成已经突破传统的产业与区域经济理论，它是一种规模经济、收益递增以及运输成本和需求相互作用的结果，具有非常高的学术价值。第二部分从现实角度出发，研究"跨境分工"体系形成的历史背景：香港制造业在面临一系列的外部及内部挑战后，迎来了改革开放与经济特区的建立，并获得了发展的空间和机遇，香港开始向珠三角进行制造业的转移。第三部分基于新经济地理学与国际产业垂直分工的分析框架，分析跨境体系形成的原因及"局部开放"的经济特色。分析发现：在比较优势、运输成本与投入产出系数的影响下，香港工业将中间产品的制造环节转移至珠三角，销售、研发等资本密集型工作集聚在香港进行；同时珠三角对港资又是以"三来一补"及"三资企业"的形式逐步引入，至此跨境分工体系正式形成。第四部分及第五部分则集中结合数据及案例分析 CEPA 形成之前珠三角港资企业的空间布局、产业布局、生产模式、业务发展等特征，探讨港资企业转移后珠三角的发展状况。

在研究方法上，采用模型分析与实证分析相结合，基于规模报酬递增的新经济地理学与国际产业垂直分工的最新分析框架，从新的角度研究"跨境产业分工"体系形成的机理，并梳理与分析改革开放的特征与途径，可以说珠三角港资制造业正在进行的市场转型、技术转型、经营模式和发展战略转型是在新的经济形势下为了适应外部环境和克服自身不足而产生的，具有重要的现实意义及学术研究价值。

本章表明港澳与珠三角之间"前店后厂"的跨境分工体系的形成，导致二者间商品、资本、人员和信息等生产要素的大量流动和日益密切的经贸关系，为粤港澳区域经济一体化发展奠定基础。这种以市场为基础、以比较优势为原则、以国际市场为导向的区域资源的合理配置不仅推动了珠江三角洲地区高速的经济增长和工业化进程，使珠三角成为世界性制造业基地，而且使香港贸易、金融、物流商贸等现代服务业得到了迅速发展。

第三章是港资企业对珠三角经济发展的贡献研究。研究思路主要是从投资溢出效应的视角，结合珠三角港资企业的发展特点、主要贡献和特征事实，对港资企业对珠三角经济发展的贡献进行了实证分析。主要内容包括：第一部分是港资企业对珠三角经济发展贡献的背景分析。在广东和珠三角地区的外来直接投资中，港澳资本捷足先登，起到了重要的示范和带动效应。第二部分是研究港商直接投资对经济发展贡献的相关文献。本章以投资的溢出效应为视角，从港商直接投资对经济发展贡献的一般理论、外商直接投资对经济发展贡献的相关研究文献、港商直接投资对经济发展贡献的研究评论三个角度，系统回顾了外商直接投资对经济发展贡献的文献，并为港商直接投资对经济发展贡献提供理论依据。第三部分是珠三角港资企业的发展特点、主要贡献和特征事实。本章总结珠三角港资企业的发展特点：港资企业仍在珠三角外资企业中占比最大，对广东经济的贡献很大；珠三角港资企业主要从事制造业，为推进广东工业化进程助益良多；珠三角港资企业以房地产、电子设备等制造业为主；港商投资是广东和珠三角经济发展的主要动力。港商直接投资对珠三角经济发展的贡献主要分为直接贡献和间接贡献。直接贡献包括经济增长的贡献、就业效应、促进出口；间接贡献包括技术进步的溢出效应、促进体制创新等。港资企业的特征事实包括：港资企业经营改善对珠三角和广东投资贡献较大，但近年来港资制造业面临困难；港资企业对珠三角和广东就业贡献大，但金融海啸以来低技术工人就业遭到严重影响；港资企业投资开始由制造业转向服务业，转型升级初见曙光。第四部分是研究模型和方法的简介。第五部分是港商直接投资对珠三角经济发展贡献的实证研究。第六部分是外商投资对珠三角、长三角经济发展贡献的对比研究。

研究方法上，本章运用宏观数据，以 VAR、多元回归模型分别进行港商直接投资对珠三角经济发展贡献的实证研究和外商投资对珠三角、长三角经济发展贡献的对比研究。通过对 VAR、单位根检验方法的系统分析，本研究运用广东省、江苏省的宏观数据分析外商直接投资对珠三角、长三角经济发展贡献，对比外商投资对珠三角、长三角经济发展贡献。

本章的主要结论是港商投资对珠三角经济发展贡献良多。港商投资是广东和珠三角经济发展的主要动力，港商投资带来了明显的就业促进效应，港商投资企业出口是推动珠三角对外贸易发展的主要因素，港商投资对珠三角企业的技术进步具有一定促进作用，港商投资对珠三角的体制创新有重要影响。对比长三角和珠三角地区，结果表明：长三角、珠三角的 FDI 对区域经济增长作用很大；FDI 对长三角的研发作用比珠三角更明显。珠三角比长三角的经济开放度更高。

第四章从营商环境入手，研究了营商环境变化给珠三角港资企业所带来的影响。首先使用中山大学港澳珠江三角洲研究中心的"广东港澳资企业发展状况调研（2011）"数据进行了实证分析，发现在珠三角地区的各类因素中，影响港澳资企业生产经营的核心因素主要表现为三类，重要性由高到低分别为：制度环境因子、区位设施因子、人力资本因子。区位设施因子中载荷系数较大的三个因素"基础设施"、"地理位置"与"产业配套"，从目前来看基本还是珠三角港资企业得以生存发展的优势因素。因此本章依次对人力资本因子中载荷系数较大的因素"劳动力成本"以及制度环境因子中的因素"政策优惠"（主要是加工贸易政策调整）两个方面的变化趋势进行了具体的描述和分析，得出珠三角港资企业面临着内部成本上升的巨大压力，要么通过转型升级降低成本，要么迁移到劳动力成本较低的地区，否则可能面临倒闭的风险。

2008 年金融危机以来，港资企业又同时面临着外部竞争加剧的挑战。人民币升值后，缺乏议价能力的港资企业为了保持原来的价格竞争力，只能自己承担人民币升值的大部分影响，不断压缩本来就不高的利润率。金融危机导致欧美等发达国家的消费需求下降，使外向依存度较高的港资企业同时面临着出口困难和市场萎缩。另外，为了重振本国经济，发达国家陆续推行的"再工业化"战略与我国的产业升级战略之间存在矛盾，会增加中国向价值链高端提升的难度，珠三角港资企业的产业转型升级必然会受到多重的限制。近年来随着东南亚等地区国家基础设施的完善、劳动生产率的提高，中国低端制造业的优势逐渐衰减，势必推动珠三角港资企业生产线的转移。本章最后对港资企业的主要产业和典型企业进行了微观案例分析，从而更加形象具体地呈现珠三角港资企业所面临的问题。

在研究方法上，本章使用调研数据的因子分析找出影响港资企业珠三角发展的核心因素，并通过实际数据的整理和具体案例的分析，指出在我国营商环境转变、产业结构调整的大趋势下港资企业面临的问题是不可避免的。从倒闭的中小企业来看，其中多数不符合政府产业调整所倡导的方向，违背产业升级的经济规律，优胜劣汰是正常现象，而多种因素的叠加加速了其倒闭。解决这些问题需要企业进行产业链的转型升级、提高创新意识，也需要各级政府的合理引导和政策扶持，而不单单是为求助劳动力的低成本而不断迁移。

第五章从劳动力成本的视角出发，深入分析珠三角地区劳动力成本的上升对港资企业生产经营的影响，明确是否会存在促进港资企业转型升级的倒逼机制。本章首先基于 2001~2007 年工业企业数据库，总结了珠三角港澳台资企业的特征性事实，由于工业企业数据库中不存在港资企业或港澳资企业的单独数据，本研究将珠三角地区港澳台资企业作为研究对象。研究发现在珠三角地区相比于内资和外资企业，港澳台商投资企业数量接近内资企业，却吸纳了近一半的劳动力，且包含大量低技能劳动力；港澳台资企业行业分布上，通信设备制造业开始超过传统的纺织服装制造业，出现了转型升级的趋势；研发上，港澳台资企业研发比例呈现逐年递增趋势，却仍然大幅度小于其他企业。其次，本章用企业研发支出作为企业转型升级的代理变量，基于 2005~2007 年工业企业数据库，采用 probit 和 heckman 两步法等计量方法，回归结果显示劳动力成本上升对港澳台资企业从事研发概率和研发支出金额均有显著正向影响，但对不同类型企业存在异质性，劳动力成本增加会更大程度上促使劳动密集型行业企业和大规模企业创新；进一步，将港澳台资企业与内资企业和外资企业进行对比，发现劳动力成本上升均能显著提高三种类型企业研发概率和研发支出额，然而港澳台资企业研发概率的增加远远小于内资企业和外资企业，而研发额的增加与内资企业相似，大于外资企业。再次，本章用企业全要素生产率作为企业转型升级的代理变量，进行稳健性检验，结果依然呈现出显著的促进作用。最后，从企业动态的视角分析了劳动力成本上升对企业进入退出的影响，以佐证企业的转型升级是否与淘汰机制有关，结果显示劳动力成本上升增加了企业退出概率，减少了企业进入的概率，从而产生了淘汰机制，提高了整体生产率。

本章的创新点主要体现在以下两个方面：第一，已有研究考虑了全国层面上的样本，但没有单独重点分析用工荒现象最严重的珠三角这一特殊地区及港澳台资企业所面临的挑战。由于港澳台资企业受技能替代型技术进步影响，吸纳了大量低技能劳动力，使得其更容易受到劳动力成本上升的冲击。第二，本文进一步分析劳动力成本上升对港澳台资企业进入退出劳动力市场的影响；在对港资企业倒闭潮进行佐证的基础上，分析港资企业转型升级背后的现象，即淘汰机制的发挥。

第六章主要研究珠三角港资制造业企业转型升级路径和方式，首先结合后金融危机时代的全球背景和中国内地经济发展方式转型的时代背景，分别从纵向的时间维度和横向的空间与分工变化维度对港资制造业企业发展历史进行分析。从纵向而言，依据重大事件的发生时点对港资制造业发展阶段进行划分，包括2003年CEPA的签署和2008年金融危机的发生，将港资制造业企业发展历程划分为初步探索期、成熟发展期、加速转型期；从横向而言，则从空间上分析港资制造业从集聚珠三角到部分向内陆其他地区甚至国外低成本地区扩散，粤港分工从原本的香港主导到粤港平等合作。其次探讨港资制造业企业发展现状和可能遇到的困难，从市场情况、投资状况、转型升级概况、企业数量变化情况进行分析。最后从宏观理论和微观案例分别分析港资制造业企业转型升级路径，包括生产自动化、管理创新、自主设计、自主品牌、并购重组、自主创新创业、智能化转型等。

研究方法上，本章首先利用文献回顾和动态时序数据并借鉴全球价值链分工理论，结合港资制造业企业在珠三角面临的政策环境的特殊性，分析港资制造业企业在内地的发展历程，为后续的理论模型构建，以及定量分析和案例分析打下基础；其次从定性角度分析珠三角港资制造业企业的发展、遭遇的困难和解决途径，再对影响港资制造业企业发展的主要因素进行定量分析，采用的是面板数据模型的 FE 方法，验证了定性分析的正确性，形成有解释力的结论；最后结合宏观理论分析与微观案例分析的方法，分析外部环境、企业能力等因素对珠三角港资制造业企业发展和转型升级模式及路径的影响，以及这些影响如何导致企业的发展路径不同，先从理论和实际数据的角度从宏观层面对港资制造业企业转型升级路径的概况进行把握，指出珠三角港资制造业正在进行的市场转型、技术转型、经营模式和发展战略转型，是在新的经济形势下为了适应外部环境和克服自身不足而产生的，然后通过详细的案例，从微观层面针对不同发展阶段的港资制造业采取各异的升级方式进行阐释并指出各自特点，使港资制造业企业转型升级路径更加具体化。

第七章首先从粤港两地服务贸易的角度分析港资服务业进入内地的贸易特征，提出接下来服务贸易合作的更合理的分工形式，为港资企业的转型升级提供参考。本章首先对香港服务业的发展历程进行了梳理，将第二次世界大战以来服务业的发展分成了三个阶段，并总结出近年来香港服务业的特征和比较优势。广东是港资服务业进入内地最主要的省份，本章将粤港两地产业结构变化进行了对比，发现两地的第三产业占比都是在不断增加，香港的第三产业占比近年来都是在 90% 以上，两地具有较好的产业合作基础，粤港两地服务业的合作在 CEPA 签订前后具有完全不同的发展阶段，随着 CEPA 的不断完善，服务业开放水平提高，两地合作前景也会越来越好，不过也不可忽视两地市场环境不同、制度局限及企业自身局限的问题。其次，本章基于 2001~2010 年香港与内地服务贸易数据，验证了促发两地服务贸易的主要因素，发现两地服务贸易整体呈现逆向本地市场效应，两地要素禀赋的比较优势促发贸易的现象不明显。这在一定程度上说明，内地对香港服务业的优势主要来源于内地广阔的市场，市场规模更大的内地是香港的服务贸易输出方；从行业角度分析，主要是旅游业呈现较显著的逆向本地市场效应，说明以资本要素禀赋为传统的比较优势相较于以劳动力要素禀赋为传统的比较优势，更能促进旅游服务贸易整体的出口。基于此研究，本章进一步分析了两地服务贸易发展的现状和存在的问题,香港回归20周年之际,CEPA已成为一份更全面的现代化自由贸易协议,确保香港服务业在内地市场继续享受最优惠准入待遇;对于两地服务贸易存在的问题,本文分行业地分析了现状和局限,并针对性地建议采取现阶段最佳服务贸易形式。最后对香港大学深圳医院和的近律师行进行了案例分析,对CEPA框架下两地合作模式及以商业存在形式进入内地的港资企业进行了剖析,更加形象具体地展示了两地合作中制度、文化、市场环境的碰撞和差异及推进两地服务贸易合作中所遇到的问题。

本课题通过理论研究、实证分析相结合,同时结合案例分析方法,深入探究珠三角港资企业的发展历程、转型升级和发展的问题。针对以往研究存在的问题,本课题重点突出个案研究及理论解释,将定性分析与定量分析结合,实证研究与案例分析结合,宏观层面、行业层面与企业微观层面研究结合,文献研究与访谈调研结合。具体的研究方法主要体现在以下四个方面。

第一,利用文献回顾和动态时序数据考察港资企业在内地"局部开放"和"全面开放"中的发展历程,为后续的理论模型构建,以及定量分析和案例分析打下基础。

第二,借鉴全球价值链分工理论,结合港资企业在珠三角面临的政策环境的特殊性,构建理论框架,分析价值链分工对港资企业转型升级的影响。构建开放经济条件下企业利润最大化函数,考察营商环境变动带来的成本变动以及对港资企业的影响。

第三,利用宏观经济数据,采用时间序列的VAR方法,从FDI的溢出效应的视角,实证检验了港资企业对珠三角经济发展、就业、贸易和技术进步的影响,并与FDI对长三角地区的溢出效应进行了对比。

第四,采用微观调研数据,利用计量经济学方法,如多元回归、离散选择回归等,分析影响企业经营模式的因素,港资企业转型升级的影响因素以及CEPA实施对港资企业发展产生的影响。进一步结合管理学的案例分析法以寻找典型案例,分析企业经营模式的选择和转型升级的影响因素。

本课题的研究成果在学术上的创新表现在以下几个方面。

第一,提出港资企业在内地发展的三阶段论:第一阶段是20世纪

80年代后允许港资制造业进入内地生产，第二阶段是CEPA签订后到自贸试验区设立这段时间，制造业的升级转型和港资服务业发展，第三阶段是从自贸试验区设立至今粤港两地经济深度融合发展、产业分工细化，并从历史和经济的角度，结合宏观数据和微观个体案例来分析各个阶段的基本特征和港资企业发展的变化。

第二，从跨境产业分工和产业转移两个角度分析珠三角港资制造业企业的发展、遭遇的困难和解决途径，珠三角港资制造业正在进行的市场转型、技术转型、经营模式和发展战略转型是在新的经济形势下为了适应外部环境和克服自身不足而产生的，这些都会对粤港两地产业分工和合作方式产生重要的影响。

第三，结合外部因素、企业能力与行业特征等因素研究珠三角港资制造业企业和服务业企业发展和转型升级的模式和路径，根据不同行业和不同类型企业的特性，结合企业微观案例，分析这些基本因素对企业的影响存在哪些差异，影响机制有哪些不同，这些影响如何导致不同行业和企业的发展路径不同。

第四，香港服务业（向珠三角）的前移是一种趋势，CEPA的实施加快了这种趋势，本研究结合香港服务业和广东产业结构的特点，分析了CEPA实施对香港的服务业发展和港资服务企业在广东的发展的影响，以及珠三角承接这种"前移"会使香港和珠三角之间的分工模式发生哪些变化。

第一章　港资制造业的起源与发展模式

珠江三角洲是我国改革开放的前沿,以港资为代表的海外资本在珠三角经济快速增长和工业化进程中扮演着至关重要的角色。珠三角借助国内的廉价劳动力、广阔的市场空间以及其先行先试的优惠政策等,与香港形成了著名的"前店后厂"模式,香港制造企业凭借其网络优势嵌入全球价值链之中,并且利用珠三角的成本优势降低生产成本以增强其国际竞争力。然而珠三角港资制造业并不是在珠三角产生并发展起来的,其前身是闻名世界的"香港制造"。自第二次世界大战之后,香港制造业迅速崛起,其中纺织业、塑胶业、钟表业和玩具业等制造业发展尤为迅猛,带动了香港经济快速增长,从而成就了香港"亚洲四小龙"[①]之一的经济增长奇迹,并形成了独特的香港制造业发展模式。而这种发展模式也反映了20世纪80年代初期珠三角港资企业发展的基本特征。因此,研究珠三角的港资企业转型升级必须追溯并探讨香港本土制造业产生的根源及特色。本章将结合香港制造业发展所处历史背景与经济形势,从历史与经济的双重角度分析香港制造业产生与演变的根本原因,研究香港制造业发展的独特模式,这对研究后期香港制造业转移及珠三角港资企业的崛起与升级具有重要的历史与现实意义。

---

① "亚洲四小龙",是指从20世纪60年代开始,亚洲的中国香港、中国台湾,新加坡共和国和大韩民国推行出口导向型战略,重点发展劳动密集型的加工产业,在短时间内实现了经济的腾飞,一跃成为全亚洲发达富裕的地区。

一 香港制造业研究相关文献

香港自 1842 年开埠以来，凭借其优越的地理位置、天然的深水良港和自由经济政策，成为亚洲甚至世界重要的转口港之一。香港工业崛起于 19 世纪 40 年代左右。目前，关于香港制造业发展的文献共分为两大类：第一类是从历史的角度，采用整体宏观描述及个体企业研究等方式客观梳理香港制造业的发展历史；第二类是从经济学的角度，探讨香港制造业发展的特征、动因等。

（一）发展历程

国外文献中较早提及香港历史中制造业发展的是英国政治学家恩达科特，他在《香港历史》(A History of Hong Kong) 中集中描述了 19 世纪香港在发展转口贸易时，相关工业产业的发展。[①] 此时，香港的工业主要集中于航运工业，包括造船、修船以及仓库、码头产业等，可以说此时香港存在一些工业，但并未生根。虽然该书资料非常的详细，但主要的篇幅集中在 19 世纪香港的历史，对 20 世纪的历史描述得还是不多。在 1987 年出版的元邦建《香港史略》[②] 首次采用分期的方法对开埠以来到 20 世纪 80 年代香港政治、经济、社会的发展趋势进行研究，对香港工业的发展做了时间上的区分，然而其对香港工业历史的叙述缺乏全面性和应有的深度，发展阶段划分不太准确。但由此，学者开启了从时间上来划分香港经济发展阶段的研究：金应熙在《香港今昔》[③] 中将香港经济的发展过程分为转口港形成前期（1840~1860年）、转口港时期（1860~1950 年）、工业化时期（1950~1970 年）、工业多元化时期（1970 年至今）[④]，客观描述了香港由转口港到工业

[①] G. B. Endacott, *A History of Hong Kong*. Oxford University Press, 1973.
[②] 元邦建：《香港史略》，香港中流出版有限公司，1987 年。
[③] 金应熙：《香港今昔》，载于邹云涛、金雨雁整理的《金应熙香港今昔谈》，龙门书局，1996 年。
[④] 金应熙：《香港今昔》，载于邹云涛、金雨雁整理的《金应熙香港今昔谈》，龙门书局，1996 年。

化,再到国际金融、贸易、信息中心的曲折发展过程,但本研究侧重客观的经济数据描述,缺少一定历史背景介绍及分析。而饶美蛟在《香港工业发展的历史轨迹》一文中则弥补了相应的不足,将香港工业历史单列一章,从历史的角度探讨香港工业的发展轨迹。他按照美国经济学家罗斯托(Rostow. W)的经济成长分类标准,将香港工业发展史分为工业发展阶段(1947年以前)、工业化阶段(1947~1959年)、工业化持续成长及多元化探索阶段(1960~1979年)、工业转型阶段(1980年以后)[1],在每一阶段加入一定的历史背景分析,并将政策及政府的作用单独列出,突出政策及历史背景在经济增长中的作用。而内地出版的对香港经济研究成果中,卢受采的《香港经济史》[2]则将香港经济的历史单独阐述,涵盖公元前约4000年,从历史、政治、外交、地缘多个角度追寻香港经济发展的历史足迹,利用各种经济统计指标数据阐述了香港转港贸易、自由港贸易、工业化时期、金融危机的历史,并着重介绍各时期的历史事件及社会、经济背景,对各个不同时期香港与内地的关系也做了深度的阐释,突出内地助力香港工业经济腾飞的作用。书中关于香港工业历史的描述分为经济政策史、产业结构史,内容完整,资料丰富,但整本书更加侧重于客观历史的描述,对其内在的经济发展动力与原因分析较少。

总体而言,从历史客观事实角度来分析香港制造业发展历程的文章主要集中于20世纪,相关资料比较丰富,基本按照历史发展的时间顺序来客观描述史实。但都缺乏一定的经济学专业分析,使相关研究略显单薄。

(二) 产业结构

随着经济学方法的兴起及完善,自20世纪80年代初,越来越多的学者开始从经济的视角来探讨香港制造业的特征及产业结构变化的因素等。较早总结"二战"后香港经济发展特点的学者郑德良在《战后香

---

[1] 饶美蛟:《香港工业发展的历史轨迹》,载王赓武编《香港史新编》(上),三联书店(香港)有限公司,1997。
[2] 卢受采:《香港经济史》,人民出版社,2004。

港经济是怎样发展的?》一文中,从产业结构变动的角度提出,受到国际市场因素和商业政策变化的影响,"二战"后香港经济结构从海港经济迅速转向以出口为目标的制造工业,香港选择纺织、成衣加工出口为突破口,打入欧美各大市场,一举带动了香港经济的发展。因此,出口加工业是香港制造业发展的根本特征。[1] 进而沈元章[2]、杨琪婕[3]等采用数据分析的方法,继续探讨香港制造业发展特征:研究发现除出口导向型外,香港制造业发展还存在如部门集中、结构单一,依赖进口贸易及以中小企业为主等特点。黄泽华则从国际视野分析香港的进出口结构,他认为香港在客观上缺乏资源、土地与工资优势,因此,从生产要素总体看,香港参加国际分工并无明显优势,然而由于特殊的历史事件与复杂背景,香港在国际分工中总是扬长避短的,发挥自己的劳动力、资金及技术优势,香港工业特征总体可以概括为20世纪50年代以纺织业为主,60年代以轻纺业为主,70年代则伴随着电子、电器、钟表、摄影及光学仪器工业的兴起和高速发展。[4]

除了采用数据描述的方法外,经济学家开始探讨采用规范的经济增长及产业结构的相关理论来研究。林聪标采用美国经济学家钱纳里(Hollis B. Chenery)的方法,对香港1964~1974年的经济材料进行研究,得出香港"出口带引增长"的结论[5];林江《香港产业结构论》采用霍夫曼指数将香港食品、衣着、纺织、皮革等作为轻工业部门,化学、橡胶、电子、运输设备列为重工业部门,发现香港的霍夫曼指数从未下降到1,也就是香港制造业以轻纺工业为主。[6]

莫凯在其1997年撰写的《香港经济的发展和结构变化》中系统地采用了影响经济发展及经济结构转变的供给因素、需求因素、国际产业

---

[1] 郑德良:《战后香港经济是怎样发展的?》,《学术研究》1980年第3期。
[2] 沈元章:《浅析香港工业的特点、作用与发展趋势》,《世界经济研究》1985年第12期。
[3] 杨琪婕:《香港制造业结构变化浅析》,《世界经济研究》1989年第5期。
[4] 黄泽华:《国际分工与香港工业的发展》,《世界经济研究》1983年第8期。
[5] 林聪标:《香港的贸易结构与经济增长》,载邢慕寰、金耀基编《香港之发展经验》,香港中文大学出版社,1985。
[6] 林江:《香港产业结构论》,四川人民出版社,1994。

分工和政府经济政策等来分析香港经济及产业结构变化的原因[1]，分析方法非常规范，但着重点在于整体经济形势的分析，产业结构变化重点突出在外贸业、制造业及服务业之间的转变，对制造业的规范分析还不够详尽。在此之后，出版的《香港经济转型》[2]、《香港产业结构转型》[3]等都开始采用规范的经济学方法来阐述香港制造业发展的历史。

总体而言，以规范的经济方法对香港制造业的研究也是十分丰富和详尽，文献研究都非常充分。但将历史发展每一阶段的特征与历史事实分别用规范的经济学方法来研究，深入分析香港制造业发展的经济条件与转型原因，就值得进一步探讨，进而引申出香港制造业在1979年后转移的根源与目前发展遇到困境的原因。

（三）企业特征

香港工业的发展除与上述复杂的国际国内环境背景有关外，无可否认，香港工业的发展史离不开香港工商人士和企业机构的经济活动。[4]美国著名经济学家恩莱特在《香港优势》一书中，从工业层面经济竞争力的角度，探讨了生产要素、工业群体、企业组织、工业和消费需求及企业家才能对香港工业发展的影响，其中他认为企业家的主观能动性和香港本身的制度是香港工业发展突出的动力和优势。[5]这一特色也得到香港教授吕大乐的认可，吕大乐在其专著《香港模式：从过去到现在》中提及香港灵活的中小企业"外判承包系统"、独特的"不好阻人发达"的社会秩序及经济的"积极不干预政策"是香港独特的发展模式，是香港工业迅速发展的主要原因。[6]薛凤旋在《香港工业：政策，企业特点及前景》中同样从国际视角及中小企业的特色角度分析香港工业的成长与特色。[7]蔡美琼在《厚生与创业：维他奶五十年（1940～

---

[1] 莫凯：《香港经济的发展和结构变化》，三联书店（香港）有限公司，1997。
[2] 雷鼎鸣：《香港经济转型》，载刘兆佳编《香港二十一世纪蓝图》，香港中文大学出版社，2000。
[3] 冯邦彦：《香港产业结构转型》，三联书店（香港）有限公司，2014。
[4] 霍启昌：《香港史教学参考资料（第一册）》，三联书店（香港）有限公司，1995。
[5] 恩莱特：《香港优势》，商务印书馆，1999。
[6] 吕大乐：《香港模式：从过去到现在》，中华书局，2014。
[7] 薛凤旋：《香港工业：政策，企业特点及前景》，香港大学出版社，1989。

1990）》一文中介绍了维他奶公司如何由劳动密集的小企业，不断改进生产技术和销售技术，依靠传统的家庭机制和意识在现代社会中不断发展、壮大的过程；香港很多大的资本家的发展历程，也是香港工业发展史的有力体现。本研究也将从微观企业的角度来探讨此内容。①

二 复杂的社会背景促进灵活多变的香港制造业崛起

一般而言，在各国经济发展过程中，制造业起着十分重要的推动作用，香港也同样如此。它从"二战"后初期的转口港发展成为亚洲新兴的工业化城市，进而成为世界重要的金融中心、贸易中心、旅运中心。然而香港工业的发展并非一帆风顺。香港的工业崛起于20世纪50年代，在这之前，香港虽然有天然良港但缺乏自然资源，一直以转口贸易为其经济的主要来源，香港的制造业相关产品在出口额中占的比重微乎其微。早前在香港曾出现稍具规模的船舶工业，但20世纪50年代的制造业仍以简单的"家庭手工业"为主，也许照此趋势发展，香港将继续发挥它的比较优势，大力发展贸易产业，制造业将成为外贸产业的附属，并不会大规模发展，甚至成为香港的支柱产业。然而，19世纪60年代以后香港就被英国先后占领九龙和新界，成为英国殖民地，而后又经历了"第二次世界大战"等一系列事件。正是复杂的社会背景促进了香港制造业的崛起，这也是香港制造业"灵活多变"特色的体现。

（一）国外背景

在20世纪初，香港制造业刚刚有发展的趋势，太平洋战争于1941年12月8日爆发了。日本军队进攻香港，直至1945年9月，驻港日军向同盟国投降，日军占领香港3年零8个月，对香港进行了疯狂的掠夺。在此期间，日军封闭了英资、美资及其他同盟资本，并大肆掠夺当地粮食、商品等物资，导致香港居民大批逃亡。1945年底，全港人口

---

① 蔡美琼：《厚生与创业：维他奶五十年（1940~1990）》，香港豆品有限公司，1990。

由 1941 年的 164 万人减少到 1945 年约 60 万人。可以说此时的香港百业凋零、市场萧条，制造业乃至转口贸易业全部陷入瘫痪当中。然而"二战"后一系列国外国内背景的改变促进了香港工业的重新崛起，并进入快速发展期。

首先，"二战"后欧洲工业的严重破坏为香港工业的恢复创造了先天的条件。第二次世界大战后最初两年，欧洲各国的工业受到战争破坏，输出能力大大降低，并需要从香港地区进口一些短缺的工业品，如胶鞋、小型电器等；1947 年 10 月英、法、美等二十三个国家签订《关税贸易总协定》，西方主要国家一再降低主要关税，再次沦为美国殖民地的香港同样享有此优惠条件。市场的扩大加上税收的优惠条件，使得以火柴业、胶鞋业为代表的香港制造业开始恢复。接着，纺织、成衣、印刷等行业也纷纷起步，香港的制造业开始在国际上具备竞争力。截至 1946 年，香港制造业开始有 900 多家。1947 年，根据港英政府的统计处资料，在《国际标准工业分类》（ISIC）明细表中，香港的制造业已经包括以下的行业和产品。

食品工业（ISIC20）：水果及蔬菜罐头或加工业、植物油、酱油、美食粉、面包、饼干、糖果、食糖。

饮料（ISIC21）：汽水。

烟草（ISIC22）：香烟及雪茄。

纺织（ISIC23）：纺纱、织布、整染、针织。

鞋履、制衣及纺织品（ISIC24）：鞋（胶鞋除外），成衣及纺织品。

木材及软木制品（ISIC25）：锯木、木箱。

家俬及陈设（ISIC26）：木家俬、藤家俬。

纸及纸制品（ISIC27）：纸类产品。

出版及印刷（ISIC28）：印刷、报纸。

皮鞋及皮革产品（ISIC29）：无明细分类。

橡胶品（ISIC30）：胶鞋。

工业化学及化学产品（ISIC31）：药、漆、火柴。

石油及煤产品（ISIC32）：无明细分类。

非金属产品（ISIC33）：玻璃及玻璃制品。

基本钢材（ISIC34）：铸钢。

金属制品（ISIC35）：铁罐、搪瓷、热水壶、电镀、手电筒。
非电机类机器（ISIC36）：机械修理。
电机机器及电器配件产品（ISIC37）：电灯胆、电池。
运输设备（ISIC38）：造船及修理、汽车修理。
其他制造品（ISIC39）：纽扣。

从以上统计数据可以看出，"二战"后香港恢复期的工业以轻工业、中小型、外向型为主要特点，并形成了一定的产业规模。其中从业人数在500人以上的产业如表1-1所示。

表1-1 1945~1947年较大规模制造业及其从业人数

单位：人

行业	人数	行业	人数
造船及修船	14484	针织	4839
棉纺	4048	印刷	1952
手电筒	1434	成衣	1157
火柴	985	机器修理	967
植物油、酱油加工	724	电池	581
面包、饼干加工	578	香烟及雪茄加工	573
纽扣	524	玻璃及玻璃产品	521

资料来源：王庚武主编《香港史新编》（上册），三联书店（香港）有限公司，1997。

其次，西方国家经济秩序重建促使香港走上轻工业发展道路。20世纪50年代，西方各国的经济重建完成，贸易自由化开始开展。但是由于其制造业工人的工资较高，他们不得不寻找低工资的国家或地区购买劳动密集型的工业产品。正如以往的外界需求使其成为一个转口埠一样，香港这次同样抓住机会，迅速成长为一个世界性的工业城市。此轮国际竞争中崛起的除香港地区外还有日本，但与日本相比，香港地区缺乏自然资源，内部市场也很小，没有任何条件发展重工业。因此，这种先天的条件决定了香港工业化的走向——发展轻工业。轻工业的特点是技术简单，起步时间较短、生产方式灵活，可以迅速扩张等。于是香港的工业便沿着这条道路发展，带动了经济起飞。直到20世纪70年代，这种模式被中国台湾、韩国等地采取。但是香港工业在20世纪50~70年代，保持着极其强势的发展。

再次，同时期国际市场竞争并不激烈，多数发展中国家采取"进口替代"策略。"进口替代"策略（Import substitution strategy）是指用本国产品替代进口品，或者说，通过限制工业制成品的进口来促进本国工业化。"二战"后许多发展中国家或地区基于西方工业国家的掠夺等问题在制定经济发展战略时，一般从"进口替代"战略开始，例如新加坡、韩国、中国台湾等。直到20世纪60年代很多发展中国家或地区才实行"出口导向"发展策略，而香港直接采取了"出口导向型"发展策略。香港可以说是"亚洲四小龙"里唯一的例外。这种情况使得香港当时在国际国内市场竞争中缺乏有力的竞争对手，把握时机迅速实现了工业化。

（二）国内背景

首先，国内为香港制造业崛起提供了大量的生产资料。第二次世界大战后，大量香港市民回流香港，也有一大批内地资本家及普通居民前往香港。1949年至1950年春，约有75万人从内地移居香港，他们主要是来自广东、福建、上海和其他商业重镇。大批移民涌入香港，带来了大量的资金、机器设备、技术。因此，第二次世界大战后，香港的人口大增，由1946年的60万人增至1960年的307.5万人，如表1-2所示。人口的增加一方面刺激了内部的需求的增加；另一方面源源不断的劳动力供应，使得香港有机会发展工人工资低廉、劳动密集型的轻工业制造业，这也是香港工业的比较优势（Comparative Advantage）所在，避开自然资源缺乏、地价高等不利因素。由表1-2可以看出，香港总人口中，从事制造业的人数比例也在逐渐上升，香港制造业正在逐步崛起。

表1-2 1947~1960年香港总人口、制造业雇用人数及占比变化情况

单位：人，%

年份	总人口	制造业雇用人数	制造业从业人数所占比例
1947	1750000	47356	2.7061
1948	1800000	56815	3.1564
1949	2237000	60205	2.6913

续表

年份	总人口	制造业雇用人数	制造业从业人数所占比例
1950	2015300	81718	4.0549
1951	2242000	86135	3.8419
1952	2364900	75322	3.1850
1953	2490400	92178	3.7013
1954	2364900	98196	4.1522
1955	2490400	110574	4.4400
1956	2614600	128818	4.9269
1957	2756000	137783	4.9994
1958	2854100	156556	5.4853
1959	2967400	177271	5.9740
1960	3075300	215854	7.0190

资料来源：香港统计局，1947~1967年、1969年。

资本是制造业存在和发展的前提，据学者爱德华（Edward）估计，20世纪香港大部分的外资来源于中国内地。[1] 同时相比于其他国家和地区，香港地区的政治格局稳定，尤其是新中国成立后，中国政府明确提出在将来适当的时机通过和平谈判的方式解决香港问题，使得各国投资者都对香港充满信心，大量资本源源涌入。资金的流入进而形成高的资本形成总额，为香港的工业化做出了巨大的贡献。

表1-3　1947~1959年香港的资本形成总额

单位：百万港元，%

年份	本地生产总值	资本形成总额	资本形成率
1947	1575	95	6.0
1948	1790	149	8.3
1949	2355	226	9.6
1950	2820	183	6.5
1951	2885	160	5.6

---

[1] 转引自何镇源《经济成长因素与香港工业发展》，《社经》1964年第7期。

续表

年份	本地生产总值	资本形成总额	资本形成率
1952	2670	295	11.1
1953	2800	234	8.4
1954	3000	318	10.6
1955	3300	363	11.0
1956	3635	410	11.3
1957	3900	567	14.5
1958	4135	559	13.5
1959	4500	776	17.2

资料来源：转引自何镇源《经济成长因素与香港工业发展》，《社经》1964年第7期。

其次，内地"禁运"迫使香港集中力量推行"工业化"。1951年，正当香港以对外贸易带动整体经济迅速恢复和发展的时候，中国抗美援朝战争爆发了。随即不久，联合国在美国带领下开始对中国实行贸易禁运政策，禁止所有战略性物资运往中国，香港刚恢复的转口贸易受到沉重打击，如图1-1所示，1952年起香港的转口贸易额大幅下滑，进而导致整体经济陷入衰退之中，人均GDP由1951年的1600港元减少到1952年的1402港元，减少12.4%。[①] 正如《香港年鉴》所述："1952年，香港商业的历史，是近百种行业累亿元的亏损，逾百家商行的搁浅与倾覆，上千家商业机构的自行收束与改组，数以万计店员的失业书写成功的。"[②]

由于禁运，香港的转口、航运、金融和其他有关的各种服务业都受到了严重的影响，不得不加速向工业方面发展。可以说是禁运的打击迫使香港集中力量推行工业化。他们致力发展加工出口导向型的制造业，出口贸易也由以转口贸易为主变为以输出本地产品为主，香港很快由单纯的转口港变为新兴的工业城市，成为亚洲最早实现出口导向型的经济发展战略的地区之一。在制造业的快速带动下，香港整体经济1953年便开始复苏。

---

① 香港华润贸易咨询有限公司编印《香港经济贸易统计汇编（1947~1983）》。
② 香港《华侨日报》编印《香港年鉴》第六回上卷。

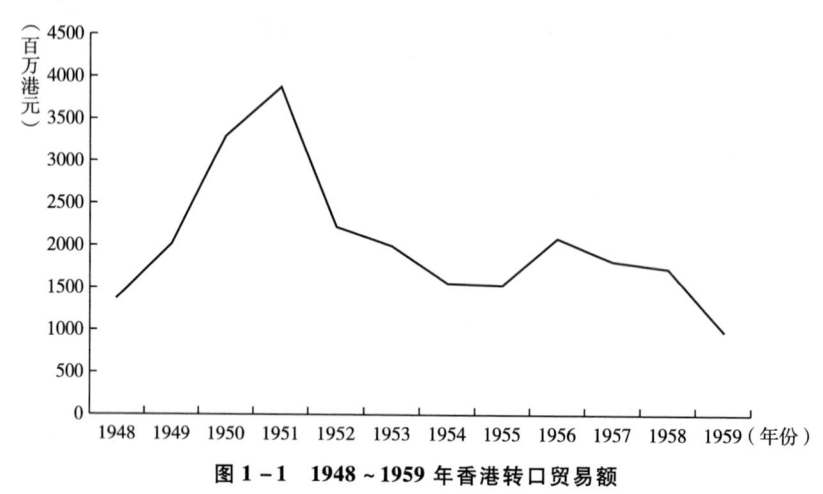

图 1-1　1948~1959 年香港转口贸易额

资料来源：香港统计局，The Industrialization of Hong Kong, 1947~1967。

再次，"二战"后内地对香港的支持政策为香港带来稳定的发展格局。进入20世纪60年代，中国政府明确宣布对香港实行"长期打算、充分利用"的稳定政策，加上东南亚一些国家的政局动荡，军事冲突频繁，促使世界各地投资者更加涌入香港，推动了香港制造业的高速发展。

(三) 经济政策

除了上述复杂的国际国内形势外，香港自身的经济政策也为香港工业化发展提供了良好的发展条件、经济环境及政策优势。

1. 先天的资源禀赋

香港得天独厚的优势包括：卓越的天然深水良港、绝佳的地理位置及丰富的旅游资源。但在不同的历史阶段，香港利用的自然优势则不同。外贸是香港工业的基础，因此如何参加国际分工是香港工业发展的关键。在国际分工理论中，由于各国自然条件、地理环境相差很大，构成生产成本的各种生产要素，即土地、劳动力和资本的投入比例也不相同，这就造成各国的最终产品间差价。在国际分工条件下，各种生产要素的最有效的利用将会比在闭关自守的情况下得到更多的社会总产品。从国际分工的角度看，香港的生产要素状况如何？它的优势又在何处呢？首先从资源角度来看，香港除劳动力资源尚富裕外，其他自然资源基本没有，就连淡水也要靠内地供应。再看土地，香港的土地大多是难以利用的山丘和岩石，可耕地只占土地总面积的14%，食品供应的80%以上须靠进口。在那些数量不多的可利用土地上，要种植、居住、开厂、建造公共设施和各类办公用机构，香港成为寸土如金之地。因此，从生产要素总体看，香港参加国际分工并无明显优势。它的产品在正常情况下是难以和韩国、中国台湾地区、新加坡竞争的，何况其主要出口地区是美国和西欧等发达资本主义国家，市场竞争十分激烈，产品成本高对竞争极为不利。

但是从实际情况看，结果并不与上述推论相一致。首先，香港拥有天然良港，这就为各类贸易的发展提供了前提条件，从而使贸易活动始终成为香港经济活动中的重要组成部分。同时，香港又是中西方文化交汇的地方，各种不同风格的经营方式在这里易于生存发展，各种不同来源的资本易于在这里交汇融合，社会具备了吸纳劳动力、资本的良好条件，使得劳动密集型产业、资本密集型产业在这里得到了充分的发展。同时，本地的英国与华人贸易行从事进出口与转口贸易的经验丰富，与海外地区的商人建立了长期、密切的联系网络。因此，本港生产的工业产品可通过相同的海外商业渠道推销出去。

其次，地理位置优势影响香港的经济结构。从时区条件方面看，香港地处纽约和伦敦时差的中转站，是全球各类资本市场24小时全天候运作的重要一环，因此香港拥有成为国际金融中心的重要天时条件。从地理条件上看，如果以香港为圆心，以飞行时间为半径，5小时航程覆盖的地区集中着全球半数以上的人口，与那些实行工业化的国家相当靠近，这无疑有助于香港成为国际商品、资本、技术、信息、劳动力流动的重要集散地。可以说香港具有在全球贸易交往中不可替代的重要航运位置。另外，香港依附内地，是中国这一东方潜在最大市场联系外部经济世界的重要窗口和桥梁，为香港促成和推动各类要素流动提供了得天独厚的地利条件，这无疑也会对香港工业发展产生有利的影响。

再次，在20世纪50年代末和60年代初经济转型中，大量内地的居民携资本来香港，因此香港发展工业的要素——资金和劳动力都非常充裕,在国际分工中香港以发展技术要求较低、劳动力使用较多的工业品生产保持了自身的优势,促进了其工业不断发展。

2. 自由的经济制度

香港的自由经济政策和量入为出的财政方针,对实现工业化是有利的。早在1840年,香港就开始初步实行自由经济的基本制度,直到第二次世界大战后,香港形成了完整的自由港制度。20世纪60年代港英财政司郭伯伟表示"我们是一个经济极度开放的地区,无形之手是我们经济的最佳指引者"。这一时期香港实行自由经济政策主要是在实物经济领域,包括对外贸易、本地商业、房地产业、制造业等等。特别是对外贸易方面,既不限制进口也不补贴出口,除烟草、酒类、不含酒精饮料、甲醇、汽油类及化妆品类外,其余一律不征收关税。香港的低关税甚至零关税政策有助于加强香港工业品在国际市场上的竞争能力。

20世纪80年代起,香港财政司的夏鼎基(Charles Philip Haddon-Cave)提出,不主张对经济完全放任自由,而是主张"极少干预",正式提出"积极不干预"政策。市场的活力得以释放,经济运作得以灵活发展。政府不会特别扶持某个产业,也不会特意阻止经济活动的出现。在这种营商的制度框架下,低税率、资金自由流动、有限的劳工福利与保障等政策给了资金流动与投资很大的自由度。正是因为这些政策,各国来港厂商在投资方向、经营范畴、资金进出和产品出口等方面都非常宽松自由,并享有低税率和简单税制带来的好处,加上社会稳定、法律健全,香港构成了良好的投资环境,逐渐成为世界公认的国际贸易、金融、航运和信息中心。因此这种自由经济政策对香港进出口贸易及成长为新兴的工业化城市起了重要的作用。

3. 政府的重视及支持

为了促进制造业的发展,港英政府采取了一系列措施,支持半官方和民间的机构进行这方面的努力。1960年港英政府制定法律,成立了半官方的法定工商社团——香港工业总会和半官方的保险机构——香港出口信用保险局。1966年又成立了两个半官方的机构——香港贸易发展局(简称贸发局)和香港生产力促进局。这四个半官方机构按照自己的职责,积极为全港工业企业提供市场调研、专业顾问、技术咨询、人员培训以及消除风险等方面的服务。香港贸发局还通过其本身和它在全世界许多地方的办事处，进行香港产品的宣传推广工作。

此外，成立于1934年的香港中华厂商联合会每年都会举办一些香港工业产品展览会，不仅使香港厂商有机会获得介绍自己产品的机会，而且使人们及时了解香港工业的最新发展。香港工商界努力提高港制品的质量，建立港制品的良好信誉，逐步拓展海外市场。他们经常研究国外市场的发展和变化，设法赶上世界消费需求和潮流，使香港产品走向国际市场。

三 劳动密集出口型工业体系带动香港经济起飞

复杂的社会背景使得香港在"二战"后的几十年里，经济迅速发展，由一个转口港跃升为新兴经济体，跻身于世界工业经济体行列。在此期间，香港人口迅速回升，制造业体系正式形成，带动了香港经济的繁荣与起飞。

（一）香港经济总体形势

1. GDP 增长迅速

第二次世界大战结束后，香港只经历了短暂的恢复期，很快就进入高速增长的轨道。1947~1978年32年间，香港的本地生产总值由15.35亿港元增加到852.06亿港元，年均增长率达到19.98%，如表1-4所示[①]。香港经济的高速发展，源于它能够在20世纪40年代末就恢复了亚洲重要转口港的地位，50年代起又成为新兴的工业化城市，70年代又成为举世公认的国际贸易、金融、航运中心，也是亚洲重要的国际都会和旅游点。因此，国际上把资源匮乏、土地狭小并在第二次世界大战中遭受严重破坏的香港如此迅速地改变面貌的现象，称为"东方奇迹"。

---

① 由于香港在1960年代后期才开始编算本地生产总值的数据，因此早期的数据多源于部分学者的研究，正式的官方数据从1966年才开始出现。

表1-4　1947~1978年香港的本地生产总值及增长率

单位：百万港元，%

年份	本地生产总值	增长率	年份	本地生产总值	增长率
1947	1535		1963	10393	20.07
1948	1997	30.10	1964	11853	14.05
1949	2632	31.80	1965	13911	17.36
1950	3150	19.68	1966	14234	2.32
1951	3222	2.29	1967	15427	8.38
1952	2980	-7.51	1968	16475	6.79
1953	3125	4.87	1969	19359	17.51
1954	3352	7.26	1970	23015	18.89
1955	3685	9.93	1971	26532	15.28
1956	4047	9.82	1972	31973	20.51
1957	4355	7.61	1973	41043	28.37
1958	4617	6.02	1974	46900	14.27
1959	5157	11.70	1975	49255	5.02
1960	5895	14.31	1976	62751	27.40
1961	7434	26.11	1977	72724	15.89
1962	8656	16.44	1978	85206	17.16

资料来源：香港华润贸易咨询有限公司编《香港经济贸易统计汇编（1947~1983）》，1984。

1950~1955年，香港本地生产总值的平均增长率为3.37%，这一时期是香港工业的开始。香港迅速建立了劳动密集型工业体系，开拓国际市场。1961~1965年，香港工业发展更为迅速，GDP年平均增长率达到18.8%。

2. "亚洲四小龙"中最为突出

香港经济的增长速度和增长水平与同时期的亚洲其他三小龙相比，也是名列前茅。如表1-5所示，在1960~1970年，香港地区最先实行外向型的出口工业化的策略，经济增长最为显著，这种优势一直保持到20世纪70年代末。而台湾地区虽然也于50年代开始进行工业化，但政策完全与香港地区不同。它的内部市场规模比香港地区大，采用了近 10 年的进口替代政策促进本土工业的发展，直到内部市场饱和才开始实行"出口导向"型发展政策。韩国的内部经济规模更大，初期同样采用促进本土工业发展代替进口的发展策略。新加坡采取进口替代的时间较短，工业化开始几年后便迅速转向出口导向，60 年代末期，经济也开始迅速发展。综合亚洲"四小龙"的发展道路，虽然各个国家和地区的经济背景与经济政策有所不同，但最后都是以面向出口市场为主导，创造了经济的奇迹。香港地区在初期表现尤为突出，但到了 70 年代末，开始受到限制，也导致香港工业后期的转移与转型。

表 1-5 亚洲"四小龙"本地实际 GDP 增速比较

单位：%

地区	本地实际 GDP 增速	
	1960~1970 年	1970~1980 年
中国香港	10.1	9.8
韩　国	9.5	8.2
新加坡	9.2	9.3
中国台湾	9.6	9.7

资料来源：W. E. James, S. Naya, G. M. Meier, *Asian Development: Economic Success and Policy Lessons*。

3. 经济结构呈现"失衡性"

经济结构和经济增长是反映社会经济活动的具有较强关联性的两个不同的指标。如果把经济增长视为经济总量不断扩大的过程，那么经济结构的合理性则是保障经济持续增长的前提，能否形成与市场要求相吻合的社会经济结构，对经济增长速度产生重要的影响。由于香港本身并没有早期的统计资料，本研究只能从世界银行公布统计的香港本地生产总值在各部门及行业间的分布来大致分析。

如表 1-6 所示，20 世纪 50 年代及 60 年代末，香港制造业份额大幅增加；同时，与制造业出口相关的服务行业，如贸易与金融等增长比较迅速。而农业及矿业，则日益衰减。总的来说，香港在 20 世纪 50~70 年代，第二产业开始迅速上升，差不多维持了 20 年；与此同时，第三产业也开始发生变化。作为一个人口稠密并以贸易为率先发展产业的地区,香港服务行业一直占据重要地位。直至70年代后期,香港制造业开始衰落,而服务业所占比重则进一步增加,这也标志着香港由工业化城市向服务业城市转型的开始。

表1-6 1950~1980年香港生产总值的产业分布

单位:%

产 业	1950~1960年	1960~1970年	1970~1980年
农业	3.4	2.6	1.3
矿业	0	0.2	0.1
制造业	15.5	30.9	27.4
建筑业	5.5	9.8	6.4
电力、煤气及饮水	1.6	2.2	1.5
运输及通讯	12.2	11.3	7.3
贸易与金融	25.6	37.6	42.5
其他	36.2	5.4	13.5

资料来源:世界银行,World Tables,1983。

(二)香港制造业发展情况[①]

1. 制造业初期以"船舶工业"为主

20世纪40年代末期,香港的整体经济是以进出口贸易为主要支撑的。船舶工业是当时香港最大规模的制造业。其制造船舶是为了巩固香港作为亚洲重要转口港和贸易中心的地位。至于一般制造业,主要生产棉线、针织品、食品等,但总体产量不高,以自给自足为主。

由表1-7可知,以雇用人数相对比例来看,1947年香港最重要的七

---

① 探究香港经济及制造业的发展状况,最大的难题在于统计资料的不完整。国民生产总值方面,港英政府直到1973~1974年才在财政预算案中第一次公布1966~1971年的本地总产值的估算数据。制造业方面,1971年以前的统计资料仅限于制造业钢铁行业的就业人数、性别比例及行业企业数,直到1973年《工业生产普查(英文)》才第一次载有各行业的产值数据。因此,本文若干的研究数据来源于权威学者的估算。

个工业部门分别为：运输设备、纺织、金属制品、橡胶品、出版及印刷、工业化学及化学产品、食品工业。但1953年，香港的工业开始进入快速增长阶段，完成了转口港向工业城市的转变。而到了1959年，重要的工业部门则变为纺织业、制衣及纺织品、食品工业、木材与软木制品、家私及陈设等，行业较1947年有了较大调整。在此期间，除了船舶业的衰退，其他一些产业也发生了重要的变化。

表1-7 香港主要制造业人数及企业数变化（1947~1959年）

单位：人，家

行业	1947年 人数	1947年 企业数	1949年 人数	1949年 企业数	1951年 人数	1951年 企业数
食品工业	2095	70	2685	103	4721	161
饮料	294	6	505	10	733	19
烟草	572	3	1303	3	1631	5
纺织	9328	405	15575	405	29409	476
鞋履	38	2	157	3	225	4
制衣及纺织品	1191	35	1176	39	2101	46
木材及软木制品	332	20	609	37	756	45
家私及陈设	286	6	361	11	499	16
纸及纸制品	71	5	169	7	414	11
出版及印刷	2525	67	4025	108	5580	268
皮鞋及皮革产品	125	4	139	6	185	7
橡胶品	3778	55	4277	52	5871	46
工业化学及化学产品	2193	39	2671	61	2876	68
石油及煤产品	8	1	8	1	8	1
非金属产品	1026	20	1782	38	2065	59
基本钢材	400	15	1063	24	1163	23
金属制品	5440	93	10787	175	13451	242
非电机类机器	967	54	1159	73	2566	103
电机机器及电器配件产品	940	22	897	27	1407	32
运输设备	14557	10	9132	22	8618	21

续表

行业	1947年 人数	1947年 企业数	1949年 人数	1949年 企业数	1951年 人数	1951年 企业数
其他制造品	1189	29	1515	46	1659	60
其中：塑胶玩具与产品	0	0	42	4	131	9
总　计	47355	961	60037	1255	86069	1722

行业	1953年 人数	1953年 企业数	1956年 人数	1956年 企业数	1959年 人数	1959年 企业数
食品工业	5210	204	6448	305	6833	357
饮料	855	30	950	29	928	29
烟草	1243	5	1237	6	1527	9
纺织	1019	529	39237	618	43474	667
鞋履	531	7	822	27	2012	65
制衣及纺织品	2622	72	8354	215	33681	542
木材及软木制品	1063	68	1901	121	2779	179
家私及陈设	653	18	769	28	2628	130
纸及纸制品	384	17	509	27	864	50
出版及印刷	5645	294	6754	362	8181	607
皮鞋及皮革产品	174	9	322	13	295	16
橡胶品	5780	53	8766	67	8537	105
工业化学及化学产品	2871	77	3120	94	3310	115
石油及煤产品	0	0	0	0	23	4
非金属产品	2071	61	2212	69	2082	88
基本钢材	1058	21	1444	29	2353	69
金属制品	15472	301	24734	465	23809	557
非电机类机器	2013	128	2977	188	4166	279
电机机器及电器配件产品	1651	42	10512	47	2778	83
运输设备	9845	28	5706	41	11603	62
其他制造品	2018	74	5706	193	14071	449
其中：塑胶玩具与产品	310	17	2146	91	9663	299
总　计	62488	2055	134626	3035	185597	4761

2. 新型产业迅速崛起

20 世纪 50 年代中期，纺织业迅速崛起并维持其"领导工业"地位，1959 年，纺织业基本占据所有制造业雇用人数的 1/4；其次，制衣业迅速崛起，雇用人数占比由 1947 年的 2.5% 增长至 1959 年的 19.0%，与纺织业并驾齐驱。而相对下降比较明显的包括橡胶业、工业化学与化学产品业以及运输设备业。这也体现了香港工业逐渐由与"船舶"有关的制造业转型为"劳动密集型"的轻工产业的特点。与此同时，其他产业也不断有新产品出现，涌向国际市场。例如电器与电机工业在 20 世纪 60 年代初期开始生产电子元件、收音机，到了 60 年代末期电子收音机成为该工业的主要产品；原本被列入"其他"项的塑胶玩具与产品业也逐渐回升，生产的塑料玩具、塑胶花及其他产品在 50 年代中期迅速畅销，使塑胶产品成为单独的工业，成为香港重要的工业之一。到了 20 世纪 60 年代，香港制造业继续高速发展，特别是面向出口的纺织、制衣及塑胶、电子等产业。1970 年香港产品总出口额达到 123.47 亿港元，比 1960 年增加 3.3 倍，平均每年递增 15.7%。

（三）香港工业的发展特征

赖德尔（Reidel）曾在《香港工业化模式》（*The Hong Kong Model of Industrialization*）一文中对"二战"后初期的"香港工业化模式"的特征做出精要的概括：

> 香港擅长制造标准化的消费品以供出口至高收入国家，同时，这块殖民地以亚洲国家为其提供原材料，也有赖于西方国家提供生产资料。另一项关键特征是其出口行销的方法。香港依靠制造商、批发商和欧美大型连锁零售商来行销其产品这一特征，加上其制成品的高度标准化，几乎没有需要"研发"，即意味着香港企业家只需要尽可能地发挥所长：生产。[①]

---

① Reidel, J. The Hong Kong Model of Industrialization: Kiel: Institut fur Weltwirtschaft.

短短几句话,概括了香港工业化模式的重点:出口、轻工业、标准化,因此,下文分别从以上几点扩展来探讨香港工业的发展特征。

1. 出口导向型

前文提及,第二次世界大战后全球经济结构调整,改变了之前的国际分工:工业化发达的国家将一些生产程序日益成熟的产业如成衣、玩具等转向劳动力及其他成本低廉的发展中国家或地区进行生产。最早转向海外生产的产品,都是标准化的消费品,并不需要复杂的生产技术,香港厂家的主要角色就是按照订单的要求,进行生产、加工即可。因此,香港在"工业化"初期,便采用"出口导向型"的工业化策略,并取得成功。这与一般发展中国家或地区首先采取"进口替代"型的策略完全不同。如表1-8所示,1948~1959年,本地出口的增幅急速扩大,平均每年增长率可达27.2%,由此推断,香港的工业发展完全是由出口带动的。

表1-8 1948~1959年香港本地出口、转口与进口额(当年价格)

单位:百万港元

年份	出口	转口	进口
1948	200	1383	2027
1949	300	2019	2750
1950	420	3296	3788
1951	550	3883	4870
1952	680	2219	3779
1953	740	1994	3872
1954	860	1551	3435
1955	1000	1534	3719
1956	1115	2095	4566
1957	1200	1816	5150
1958	1260	1729	4954
1959	2828	996	4949

资料来源:香港政府统计处,The Industrialization of Hong Kong, 1947~1967。

港英政府在1969年的年报中也宣称"估计约百分之九十的工业产值来自出口"。1971年的《产业结构调查》更是详细列出香港制造业产品出口额占产值的比重。由此可见，香港制造业产品的出口始终是占据产值绝对比例的。

表1-9 1971年香港各制造业产品出口额占该产业产值的比例

单位：%

产品名称	出口占比	产品名称	出口占比
成衣	88.3	化学品	43.6
电器及电子产品	83.6	食品	30.1
塑胶品	82.6	烟草	26.9
橡胶品	81.4	运输设备	25.9
仪器	0	非金属矿物制品	24.4
鞋类	71.7	机械	22.9
皮革制品	50.4	纸品及印刷	12
金属及金属制品	50.3	饮料	1.2
木器及家具	45.4	其他	82.1
纺织品	45.3	制造业产品合计	65

资料来源：香港政府统计处，《1971年产业结构调查》。

出口导向型经济可以分为"生产者驱动"与"消费者驱动"两种模式。在工业化初期，香港担任的是一个"代工"的角色，没有负责设计的任务，更不会有自己的品牌。廉价的劳动力就是香港的独特优势。产品生产完后，再直接出口到海外批发，经销商经过中介将产品出口至外国的百货公司①，如表1-10所示，出口至发达国家和地区的出口额占总和额比例1960年为67.5%，而到了1970年，甚至达到了84.2%，其中对美国的出口额又占据了超过一半。按照"全球商品链"价值体系，香港属于消费者驱动市场型：当地的制造商作为代工生产者，根据贸易公司、海外连锁零售商、买家、代理商的制成品要求，投入生产。

---

① 吕大乐：《香港模式：从过去到现在》，中华书局，2014年。

表1-10 1960年、1965年、1970年香港工业化时期产品分地区出口额及占比

单位：百万港元，%

出口地区	1960年 出口额	1960年 占全部出口额比例	1965年 出口额	1965年 占全部出口额比例	1970年 出口额	1970年 占全部出口额比例
全部地区	2876	100	5027	100	12347	100
发达国家	1935	67.5	3971	79	10399	84.2
其中：						
美国	745	36	1719	34.2	5190	42
日本	101	3.5	133	2.6	492	4
英国	585	20.4	818	17.1	1481	12
发展中国家	932	32.5	1056	21	1948	15.8
其中：						
中国内地	13	0.5	18	0.4	30	0.2
东南亚国家	462	16.1	477	9.5	618	5

资料来源：香港政府统计处，1960年、1965年、1970年报。

2. 中小型企业为主

香港土地狭小，资源有限，这些都决定着香港不具备大规模发展重工业的条件。而轻工业由于所需资本少、技术简单，而且资金周转快，转行业或者改变所生产的花色品种也比较方便，很适合香港多数厂商的具体情况。同时，这些生产厂商以小型工厂为主，在香港被联合国列为"新兴工业化"地区的1981年，香港共有注册工厂47996家，其中49人以下的小厂占到92.4%，500人以上的仅占据0.3%。

表1-11 1951~1987年部分年份香港大、中、小型工厂占工厂总数的比例

单位：%

年份	小型厂（1~49人）	中型厂（50~499人）	大型厂（500人以上）	工厂总数
1951	79.6	19	1.4	1788
1955	82.4	16	1.3	2499
1961	84.8	14.2	1	5554
1865	81.8	17.1	1.1	7656

续表

年份	小型厂（1~49人）	中型厂（50~499人）	大型厂（500人以上）	工厂总数
1867	82.8	16	1.2	9454
1971	88.8	10.6	0.6	26149
1975	92.2	7.4	0.4	29230
1981	92.4	7.3	0.3	47996
1985	92.8	6.9	0.3	58065
1987	93.1	6.6	0.3	50409

资料来源：香港政府统计处，《1988年香港制造业》。

根据很多国家或地区的发展经验，工业化将逐渐淘汰传统式经营的小工厂，发展大规模生产方式的大工厂，使生产的平均规模随着经济发展而扩大。但香港的经验却恰恰相反。工业化的进程不但没有淘汰小工厂，反而是小型工厂不断增加，使得制造业的平均企业规模逐渐缩小。根据经济学的企业发展理论，大企业首先可以在技术上采用更为先进的技术、设备，降低平均成本；其次可以通过分工和专门化增加效率；再次可以更好地占有市场，发挥垄断力量。但为什么香港的小型工厂不但没有被淘汰，反而在激烈的竞争中日渐茁壮呢？

莫凯在《香港经济的发展和结构变化》一书中指出，形成这种中小企业灵活发展最重要的因素就是"企业家精神"，这也是恩莱特在《香港优势》一书中所重点强调的"香港企业家精神"："自开埠以来，香港一直是外向型的城市，信息流通快捷、经济环境宽松，人们养成了靠自己的性格，并意识到'只有自己当家作主，才能保证最佳的生活'。而推动香港蓬勃发展的正是这种精神"。薛凤旋曾总结香港中小企业盛行的原因："香港的工业行业加入门槛并不高，以致很多熟悉行业运作的如有经验的熟练工人，动了做老板的念头，导致了小厂数目不断增加。"[①] 也就是说，香港的最初生产加工、配装等程序，从业者只要懂得相应的技术，便有条件进入此行业中。同时，在香港制造业内部

---

① 薛凤旋：《香港的小型工业》，香港大学研究中心，1985。

存在一个相当庞大的"外判"系统①，即某些较大的或者有实力的工厂从海外买家或者贸易公司接到订单，会因为旺季繁忙或者订单量过于庞大，将业务外判给其他代工工厂来进行。也正是这个"外判"系统，一方面孕育了香港的很多企业家。香港人创业欲望强烈，只要有些经验，都愿意自立门户。另一方面也提高了生产的灵活性，使香港制造存在一个弹性的生产系统。

3. 劳动密集型

林江曾对香港制造业的霍夫曼比例进行研究，将食品、成衣、纺织、皮革、纸品及印花列为轻工业部门，化学、橡胶、金属装备、电机电子、运输设备列为重工业部门，结果发现香港霍夫曼比例在1973～1989年从未下降到1以下。

表1-12 1973～1989年香港的制造业霍夫曼比例

单位：亿港元，%

年　份	1973	1976	1978	1980	1982	1984	1986	1989
轻工业产值	65.16	78.66	102.92	162.09	188.45	271.6	335.17	473.08
重工业产值	39.22	51.21	76.91	133.99	162.78	235.78	270.65	347.98
霍夫曼比例	1.65	1.54	1.3	1.21	1.16	1.15	1.24	1.36

资料来源：林江，《香港产业结构论》，四川人民出版社，1994。

也就是说，香港从未出现过"重工业"化趋势，轻工产业长期担任主要角色。而轻工产业最主要的特色就是劳动密集型。劳动密集型是按照生产投入过程中各种生产要素的配备比例而划分的一种经济类型，即劳动投入较多而资本、技术投入较少的经济类型。20世纪50年代初，香港开始迈向工业化时期，资本、技术、劳动力等三大生产要素中，劳动力是最充裕的，因此劳动力价格也就是工资是最低的。根据比较优势原理，香港制造业以劳动密集型产业为主也就不足为奇了。按照香港经济学家饶美蛟的计算：1973年香港劳动密集型工业产值占制造业总产值的93.5%，而资本密集型的产值仅占到6.5%。但在20世纪70年代末，随着技术水平的提高及工资的上涨，劳动密集型制造业占全部

---

① 吕大乐：《香港模式：从过去到现在》，中华书局，2014。

制造业产值的比例开始有所下降。20世纪60年代起,香港的企业家先后意识到技术的重要性,开始向批发、零售、设计等业务方面转型。

表1-13 1973年、1978年香港制造业各行业产值占总产值的比例

单位:%

行业名称	1973年	1978年
资本密集型制造业		
化学品及化学产品	1.2	1.8
基本金属品	1.7	1.6
工业机器	0.8	1.4
运输设备	2.1	1.4
水泥混凝土	0.1	0.5
烟草	0.5	0.8
非金属矿产	0	0.6
小计	6.5	8.1
劳动密集型制造业		
食品	2.6	2.8
饮品	0.9	0.9
木材及软木产品	0.7	0.9
家私陈设	0.5	0.8
纸及纸制品	1.2	1.3
印刷出版	2.5	2.7
纺织	31.2	19.1
鞋履	0.4	0.5
制衣	22	22.6
皮革及皮革制品	0.4	0.5
橡胶品	0.6	0.3
塑胶品	7.5	7.2
陶瓷玻璃品	0.6	0.3
建筑用黏土	0.01	0.02
金属品	5	6.5
电机机器	11.6	14.1

续表

行业名称	1973 年	1978 年
科学仪器、钟表及化学产品	1.4	6.2
其他	4.3	3.6
小计	93.5	91.9
制造业总产值（百万港元）	26267	63729

资料来源：王庚武主编《香港史新编》中《香港工业发展的历史轨迹》，三联书店（香港）有限公司，1997。

四　典型的"香港制造"产业及企业

（一）特色产业

香港工业迅速崛起的过程中，涌现出一些突出的产业。表1-14列出了1960~1975年香港产品出口的分布情况，由于统计限制，本文采用莫凯在《香港经济的发展和结构变化》一书中研究的数据来分析，其中产品分类的方法是按照商品贸易分类法。主要选取纺织业、制衣业、塑胶业及电子工业来分析。

表1-14　1960年、1965年、1970年、1975年香港各类产品出口分布

单位：%

产　品	1960 年	1965 年	1970 年	1975 年
纺织品	21.3	16.4	9.1	8.3
金属制品	0	1.8	2.2	2.2
机械	0.1	0.1	0.3	1.9
电机	1.2	6.8	11.4	12.7
家具及室内设备	0	1.8	1	0.7
旅行用品、手袋	0.5	0.9	1.4	2
成衣	46.5	41.5	39.2	50.1
鞋	4.8	3.1	2.6	1.2
科学仪器	0	0.3	0.6	1
钟表	0.2	0.2	0.8	2.1

续表

产　品	1960 年	1965 年	1970 年	1975 年
塑胶制品	0.3	0.4	0.9	1
玩具	6	9.7	10.6	8.1
首饰	0	1	1.4	2
假发	0	1.9	8.4	0.2
其他	19.1	13.9	10.1	6.5

1. 纺织业

纺织业是第二次世界大战后到 20 世纪 50 年代香港发展最快的轻工行业，也是香港唯一拥有当时最先进的技术装备的轻工行业，香港纺织业被称为香港工业的"领头羊"和全世界最现代的纺织业之一[①]。香港纺织业发展始于 1947 年，主要是一批沪、苏、浙企业家在香港开设了多家较大型的纺织厂。1947～1954 年，香港的纺纱能力增加了 10 倍，而从 1955 年到 1962 年，纺纱能力又增加了 1.5 倍。截至 1962 年底，香港共有纱厂 35 家，纱锭 60 万枚，雇用工人 19000 多名，年产棉纱 60 万巴。与此同时，香港还有大小布场 263 家，拥有织布机 2 万多台，雇用工人 25600 多名；大小染厂 146 家，雇用工人 5200 多名。1966 年，香港开始生产人造纤维，此后产量增长也十分迅速。在此期间，香港的纺织业生产了大量的优质棉线、毛线等，除出口和本地销售外，也为新兴的制衣业提供了充足的原材料。

但香港纺织品更容易受到进口国家的配额限制，1950 年代末期，大量的香港棉纺织品出口到英国，引起了当地纺织工业的关注，进而对英国政府施加压力，要求英国限制从香港输入棉纺织品，结果 1959～1962 年三年间，香港自动限制出口到英国的纺织品。这是香港纺织品首次受到配额限制。再接下来，香港成为关税及贸易总协定的正式会员，纺织品配额受到"自愿限制方案"（Voluntary Restraint Program）的限制，导致纺织品在香港总出口中所占份额日益下降。同样属于此类的还包括家具和鞋产业。当纺织品受到限制时，香港便

---

① 港英政府：《香港 1955》，政府新闻处，1955。

提高品质，开始转向毛纺、混纺、成衣等方面进行转型。

2. 制衣业

制衣业在香港起步较晚，20世纪50年代，香港的制衣业，一般品质较低，主要输往西方国家，以美国为主。1958年美国与香港地区之间实行棉织品贸易限制后，为了尽量利用配额和提高回报率，香港制衣业提高生产技术和质量，增加产品的附加值，香港输美服装大量增加，制衣业也以此为契机得到迅速发展，香港很快成为世界知名的服装出口地之一。1960年制衣业和纺织业的合计产值超过了造船业，有接近半数的工厂工人受雇于纺织和制衣业。到了1970年，香港服装出口总值已经达到43.3亿港元，占香港全部产品出口的35%。这一年制衣业雇用人数比纺织业多两倍，成为制造业的最大行业。自此香港制衣业逐渐往高品质、高附加值的道路发展。

3. 塑胶业

塑胶业是第二次世界大战后新兴的行业。1967年以前，香港的塑胶制品包括塑胶花、塑胶玩具和塑胶用品三大类。20世纪60年代中期，香港生产的塑胶花盛极一时，几乎独占了整个国际市场。但不久，塑胶花不受人们欢迎了，塑胶花厂基本关闭或者转产。至于塑胶玩具，早期玩具主要以塑胶为原材料，1960年有85%的玩具用塑胶做成。以后生产玩具的厂家在此基础上，结合新的生产技术，逐渐形成了一个新的产业——玩具业。塑胶用品还包括日用品，例如厨具、雨衣等。1967年，塑胶制品的出口总值为9.23亿港元，占香港产品出口总额的12%。同属于此类型的还包括旅行用品和首饰等。它们虽然仍然是劳动力密集型产业，但是产品多样化、变化性强。香港的厂商利用其灵活多变的特点，通过新产品、新设计、新款式提高塑胶产品品质和产品价值，使塑胶业发展顺利。

4. 电子工业

香港最早的电子工业是1959年成立的晶体管收音机，该厂专门为SONY牌收音机进行装配工序，1950年电子工业产品的出口额不足50万港元，而1969年已经增加到4.94亿港元，占香港产品出口总额的5%。1970年，香港的电子工业已经开始生产计算机零部件，从此进入计算机时代。同属于此类型的还有机械、科学与光学仪器和钟表等。这类产品在20世纪60年代中期或70年代初期兴起,增长迅速。到了70年代,香港电器与电子产品出口已经超越纺织品,成为仅次于制衣业的香港本地出口产品。

(二) 特色企业

关于企业家在经济发展中的作用,以熊彼特(Schumpeter. J.)为首的经济学家认为"企业家是一个创新者,他发挥开发新产品、找寻新材料来源、开拓新市场、采用新生产技术和发展新的组织形式等作用,同时也承担了一定的风险"。香港在工业化阶段,幸运地拥有了一群卓越、能干的企业家,推动了香港的工业化。香港企业家具有拼搏精神,追求成就的欲望强,驱使本港的工业发展。制造业著名企业家安子介回忆自己在1950年创办华山染厂的情况时说道:"当时建厂十分艰苦。华南染厂建在九龙青山道,那时香港经常断水,而染厂正需要大量用水,我们只好到山上去泵水使用。"[①]"二战"后,许多成功的企业家都有类似的经历。本文以长江实业及利丰集团为例,从企业的发展历程及企业家精神的角度探讨香港独具特色的经济发展历程。

1. 长江实业

长江实业(集团)有限公司(简称长江实业)为长江集团的旗舰,是一家地产发展及策略性投资公司。它是香港一家跨国企业,集团在香港的分公司包括三家同为恒生指数成分股的上市公司:长江实业、和记黄埔有限公司及电能实业有限公司;在香港联合交易所主板上市的长江基建集团有限公司、长江生命科技集团有限公司、和记电讯香港控股有限公司、和记港陆有限公司及TOM集团有限公司。长江实业到目前为止为香港规模最大的地产发展商之一。提及长江实业,人们的第一反应都会想到香港首富,也就是长江实业的创始人李嘉诚。而他的奋斗史也恰恰反映了香港的制造业发展史。

(1) 手工作坊式的塑胶产业起步

李嘉诚于1928年在中国东南部的沿海城市潮州出生,1937年7月7日,日本侵华战争全面爆发,1938年日军轰炸潮州。1939年6月,

---

① 屈月英:《我眼中的安子介》,1992。

刚刚读初中的李嘉诚与家人辗转到香港，一家人寄居在舅父家里。此时，香港恰逢乱世，1941年12月8日，太平洋战争爆发，圣诞节前夕，香港英军向日军投降。港币不断贬值，物价飞涨，李家生活愈加困难，而父亲李云经又在这时因劳累过度染上肺病。因此，李嘉诚很早便辍学步入社会。1945年8月，日本投降。李嘉诚被调入高升街的一间钟表店当店员，学会了钟表装配修理技术。几经跳槽，李先生不足15岁时到一家塑胶贸易公司任职。凭着努力，他18岁做了部门经理，20岁升为总经理。然而正是他具有香港企业家"追求创业"的精神，1950年夏新中国成立之初，22岁的李嘉诚决定开始创业，创立了"长江塑胶厂"。之所以选择塑胶产业，是因为他确定塑胶产品作为时代的新兴事物，具有低廉、耐用的特点，比木材和金属产品具有更大的发展潜力。因此，他选择了生产塑胶玩具和家庭日用品为发展的突破口。

当时，"内地数十万难民"涌入香港，香港闹房荒，因此资金、厂房、设备都受到较大限制，只能采用落后的手工旧作坊的生产方式来进行生产，李嘉诚同时身兼老板、操作工、技师、推销员、会计等多个职务。由于李嘉诚对推销轻车熟路，订单逐渐增多，发展非常顺利。

（2）开发新产品，生产塑胶花

一帆风顺式的发展背后往往蕴含着较大的危机。长江塑胶厂曾出现产品质量等相关问题。随着塑胶工厂的日益增多，竞争也日益激烈。竞争的规则就是优胜劣汰，粗劣的产品必然会被逐出市场。1955年，经历"质量门"事件后，凭借真诚与诚信长江塑胶厂终于出现了转机，产销渐入佳境。李嘉诚生产的塑胶产品在香港市场占有了一定的份额。但是如果没有新的产品出现，迟早还是会被激烈的市场竞争所淘汰。1957年，李嘉诚阅读新一期的英文版《塑胶》杂志，无意看到一则消息：意大利一家公司利用塑胶原料制造塑胶花，正全面倾销欧美市场。这则消息使李嘉诚意识到：塑胶花也会在香港流行。于是李嘉诚到意大利考察，回港后经过精心的研制和数次的实验，带领长江塑胶厂率先在1957年生产出了第一批塑胶花，并且价格低廉、款式新颖。这些塑胶花迅速抢占香港及东南亚市场，凭借塑胶花这一契机，李嘉诚和他的长江塑胶厂迎来了创办以来的第一次飞跃。李嘉诚在香港快人一步研制出塑胶花，填补了香港市场的空白。长江塑胶厂走物美价廉的销售路线，大部分经销商非常爽快地按李嘉诚的报价签订供销合约。有的为了买断权益，主动提出预付50%订金。李嘉诚掀起了香港消费新潮流，长江塑胶厂由默默无闻的小厂一下子蜚声香港塑胶业界。

（3）扩大规模，构建股份制公司

虽然塑胶花为长江塑胶厂带来了丰厚的利润，但如果不扩大规模、添加设备、改变原有的生产条件，那么长江实业很难在市场竞争中保持领先地位。因此，他决定学习西方的企业组织结构及管理方式，将"长江塑胶厂"进行股份制改革。首先第一步改革是组建合伙式的有限公司，将筹集到的资金用于租赁厂房，投入生产。1957年底，长江塑胶厂正式改名为长江工业股份有限公司，总部由新莆岗搬到北角，李嘉诚任董事长兼总经理。厂房分为两处，一处生产塑胶玩具，另一处仍生产塑胶花。李嘉诚把塑胶花作为重点产品。塑胶花为李嘉诚带来数千万港元的盈利，长江塑胶厂成为世界最大的塑胶花生产厂家。第二步改革是发展到相当规模，申请上市。果然，1972年11月长江集团在香港创业板上市。此时，李嘉诚把香港企业家所具备的灵活、创新精神发挥到了极致。

（4）寻求海外销路，扩大市场规模

长江公司塑胶花在香港市场占有一定份额后，李嘉诚开始考虑效仿纺织品、制衣业等行业，打开海外销路，以此带动生产。李嘉诚寻找各种机会，带领欧洲的开发商参观长江公司，并用自己的真诚与物美价廉的产品，获得了欧洲最主要市场的批发商的青睐。从此，李嘉诚的产品直销欧洲市场，接下来他又积极开拓世界市场，并成为"塑胶花大王"。

（5）介入地产市场，走向事业辉煌

从李嘉诚艰苦的创业历程可以看出，他是一位善于洞察先机、勇于开拓的商业奇才。20世纪50~60年代，塑胶花业兴旺一时，它除了物有所值、美观耐用的优点外，还迎合了人们赶时髦的心理。但是万物"盛极必衰"，塑胶花于是1958年，李嘉诚在港岛北角建起了第一幢工业大厦，兴建一幢12层高的厂厦，靠出租物业赚取相应的利润，正式介入地产市场；1960年，又在柴湾兴建了第二幢工业大厦，1967年，"左"派暴动，地价暴跌，李嘉诚以低价购入大批土地，全部兴建楼宇收租物业，虽然资金回笼较慢，但是有稳定的租金收入。同时物业增值，到了 1979 年，长江物业的利润已经开始超过塑胶花。

总体来看，整个 20 世纪，香港在世界政治、经济格局中极为特殊的地位带给了香港众多的商机。而李嘉诚成功地抓住了这些机会。首先 20 世纪 50 年代，在李嘉诚创业初期，大批逃避战乱的人们涌向香港，给香港带来了大量的资金、技术、劳动力，也使香港本地的市场容量扩大了许多，为长江塑胶厂提供了劳动力、资金及市场；同时，香港经济由转口贸易转向加工贸易，香港的工业以纺织、成衣业为龙头，塑胶、玩具、日用五金等产业相继崛起，成为香港经济新支柱，李嘉诚的塑胶厂的创立、兴起与发展恰好顺应了这一经济转型的历史潮流。但李嘉诚之所以能成功地把握每一次历史机遇，也与他自身所代表的"创新、坚持、诚信、灵活"的香港企业家精神是分不开的。

2. 长江制衣

长江制衣集团于 1949 年由陈瑞球博士创办，并于 1970 年上市，是香港最大服装集团之一，是享负盛名的 OEM/ODM 成衣生产商。公司成立至今已有六十多年的历史，是一个多元化的制衣企业，业务遍布全球，员工超过 2 万人，门店超过 1200 间，是一个集成衣制作、纺织、批发于一体的跨国集团，主要生产男女装、西裤、休闲裤、外套、马球衬衫及 T 恤等。旗下子公司 YGM 贸易有限公司是香港上市公司，出产香港品牌成衣。厂房分设内地、马来西亚及港、澳等地区，业务遍及东南亚、美国、意大利、法国及英国各地。长江贸易有限公司是该集团另一上市公司，主营成衣批发及零售业务，并代理皮尔卡丹、华伦天奴等名牌服装。集团以香港地区为基地，并扩展中国其他城市以至世界各地。该公司在美国、英国、法国、新加坡、孟加拉国和内地都设立了办事处；并于香港、内地（无锡、番禺、东莞）及孟加拉国和柬埔寨建立了生产线。外销市场以欧美、日本及东南亚为主。

创办人陈瑞球，1926 年 10 月 22 日生于广州，被称为"香港纺织大王"，现任长江制衣集团、YGM 贸易有限公司主席，香港著名实业家、工业家、慈善家、社会活动家，曾获香港政府授予"太平绅士"并颁授最高荣誉——"大紫荆勋章"及英女王颁授"英帝国官佐勋章"。在香港，提起陈瑞球的名字，人们自然会联想起香港的纺织制衣业，而他正是香港光荣的旧经济及香港现代创业精神的写照。以面积计算，香港拥有世界上最多的百万富翁。他们大多数在房地产或股票市场致富；陈瑞球则属于少数的例外。他致富之道是传统的：就是先制造，后销售。

1937年，陈瑞球11岁丧父。不久，抗日战争爆发，陈瑞球一家搬迁到澳门。一年后，澳门发生霍乱疫症，陈家又迁往香港。然而，1941年香港沦陷，为躲避战乱，陈家逃往广州，不久再辗转至澳门。从此，陈瑞球结束了求学生涯，走上了经商之路。直到1945年9月16日，香港解放，陈家再次移居香港，传承祖业，继续做传统的布匹丝绸生意。1949年，陈瑞球在香港创办长江制衣厂，主要生产衬衫供应本地市场，其后更出口至欧美市场。他对香港纺织业制衣业的发展曾做出突出的贡献。

首先，20世纪60年代初期出口配额制成立时，殖民地政府倾向于将所有配额分给英资和印资的出口商，陈瑞球与已故林根成先生联合各大商会代表向政府力争公平分配配额方法，最终获政府同意，出口商和厂商各分一半配额。此举不但为香港制衣业奠下基石，也为香港成衣出口带来三十多年的平稳增长，使纺织业及制衣业成为本港的一个主要工业。

其次，纺织制衣业是由纺纱、织布、针织、漂染和成衣这几个主要生产环节所组成，早年每个生产环节都有自己的商会。为了将各个不同的纺织漂染制衣业商会凝聚起来，陈瑞球和业界翘楚于1988年成立香港纺织业联会，他亦在众望所归下成为该会首届主席。陈瑞球定期向政府剖析实况，提供意见，多年来无私地捍卫业界的整体利益；最令人称道的是，经过他多番努力争取，香港纺织业联会终于在立法会功能团体组别争取到一个席位，为香港成衣出口三十多年的平稳增长奠下基石。

陈瑞球不只是照顾他的同业，他更相信成衣业要健康成长，就必先照顾前线工人。20世纪80年代香港尚未有强积金，长期服务金（员工被解雇或退休，雇主要按年资做出补偿）成为员工离职的唯一保障。陈瑞球以资方代表的身份，以多种方式参与香港的劳资关系发展，成为业内的理性声音，致力平衡东主的需要与工人的利益；最终促成长期服务金计划的落实。长期服务金计划被誉为香港劳资双方经协商而达成共识的里程碑。

3. 利丰集团

香港利丰集团起源于广州的华资贸易（1906～1949年），是香港历史最悠久的出口贸易商号之一。初时该集团只从事瓷器及丝绸生意；一年之后，增添了其他的货品，包括竹器、藤器、玉石、象牙及其他手工艺品，以及烟花爆竹类别。1937年12月28日，利丰有限公司正式在香港创立。截止到2012年，集团旗下有利亚（零售）有限公司，利丰集团、利邦与利越时装有限公司。利丰（零售）有限公司业务包括大家所熟悉的OK便利店、玩具"反"斗城和圣安娜饼屋；业务网络覆盖中国内地、香港和台湾，新加坡、马来西亚及东南亚等其他市场，逾600家店。利和集团，以专业物流服务为根基，为客户提供经销、物流、制造服务领域内的一系列服务项目。业务网络覆盖大中华区，东盟，美国及英国，经营着90多个经销中心，在内地设有18个经销公司，10000家现代经销门店。利邦时装有限公司是大中华区其中一家大型男士服装零售集团。现在在中国内地、香港、台湾和澳门收购经营11个包括Cerruti 1881, Gieves & Hawkes, Kent & curwen 和 D'urban 等中档到高档的男士服装品牌，全国有超过350间门店，设于各一线城市之高级商场及百货公司。利越时装有限公司，负责中国内地里奥（LEO，意大利）、捷宝（GIBO，意大利）、古杰师（UFFIZI，意大利）、奥维路（OVVIO，意大利）、绿适（Roots，加拿大）品牌销售业务。

它虽然并不是传统的香港制造业，但其发展也能间接体现出香港制造业的发展历程。

（1）植根香港的出口贸易商

1935年初，由于战争原因，冯柏燎先生将成立于广州的利丰集团转移到香港。在香港初期，利丰集团仍然主要从事进出口业务。1939年第二次世界大战爆发，反而促进了香港贸易的发展，尤其是输往英国的港制手电筒最受欢迎，因此，在此期间，利丰成立了——域多利电筒制造有限公司。但随着香港的沦陷，占领当局实施贸易垄断政策，香港大多数的贸易、制造陷入瘫痪。直到1945年，日本投降，利丰产业迅速恢复，主要经营藤器、竹器家具，中国土特产如象牙、爆竹等，主要出口美国，货源则大多数来自香港本地及内地。

（2）积极参与工业化进程

香港工业化开始后，纺织、制衣业进入全盛时期，塑料、玩具、钟表、金属制品等也相继发展，并带动了香港航运、金融等产业的发展。面对香港经济的转型，利丰也及时调整策略，积极参与工业化进程。尤其是1949年以后，难民潮涌入香港，劳动人口突然增加，有助于香港发展以制造生产为主导的劳工密集市场经济，利丰最初的出口产品类别包括服装、玩具、电子产品及塑料花。塑料品、烟花及纺织品这罕见的组合，让利丰成为香港以现金计算的最大出口商之一。

当时，塑料花业一度成为仅次于纺织业的第二大产业，利丰向当地厂家大规模采购塑料花产品出口海外，并成立了"伟大实业"公司，专门生产塑料花。最值得称道的是，它采用了上文提及的"外判"的生产方式，按件计发，将塑料花瓣派发给家庭，由家庭的主妇及儿童做成塑料花成品，为数以千计的人提供了就业的机会。除了塑料花外，利丰还涉足藤器、木器等产品的生产，后来随着业务的发展，利丰专门从事采购代理服务。

（3）专门化采购业务

20世纪70年代初，亚洲四小龙迅速崛起，以低成本的方式互相竞争。西方的零售商则越来越倾向于直接与亚洲供货商交易。在此情形下，利丰再难以按照以往外向型的出口模式继续盈利。于是公司决定上市，实行所有权与经营权分开，专注于做生产的管理者，为以美国为主的零售商提供增值服务，包括在亚洲物色最具效益的生产基地和协助这些美国企业处理在亚洲的采购业务等。

利丰集团的发展也与香港工业化的进程息息相关，为香港工业品的对外出口做出了巨大的贡献。同时，利丰自身的业务结构，也能反映香港工业化的转变历程。

五　小结

从历史发展的进程可以看出，制造业是香港经济中最主要的产业部门，长期以来是香港经济的基础。总体而言，香港的制造业从实际出发，适合当时的自然条件、"二战"后国际市场的有效需求和香港商界的传统需求，取得了近三十年的生产和出口的持续增长，形成了独特的香港制造业发展模式——"灵活多变""出口加工型""劳动密集型""中小企业为主"。但随着客观条件的不断变化，香港制造业暴露出局限性问题。例如"轻""小"为主的香港制造业缺少规模经济的优势；劳动密集型为主使得香港制造业在工资、物价趋升的情况下成本不断提高。这些都成为香港制造业自 20 世纪 70 年代开始增速放缓的原因。

第二章 珠三角改革开放与"跨境分工"体系的形成

20世纪70年代末80年代初,美、欧、日等西方国家和地区陆续爆发经济危机,采取了更严厉的贸易保护政策,同时亚洲"四小龙"中其他国家和地区制造业对香港形成一定竞争;香港内部的制造业工资、土地成本进一步提高,使得香港制造业再一次遇到困境。中国内地在1978年12月做出了改革开放的决定,使得香港与内地的经济合作达到一个新高潮,也为饱受困扰的香港制造业提供了新的发展契机。香港很多制造业公司开始将生产工序移到华南地区,特别是珠江三角洲,利用当地廉价的土地和劳动力,在那里设立分包、合资或附属机构的业务。但与生产有关的大多数工作,例如策划指挥、贸易融资、运输、研究与发展、产品设计和市场推广等,是在香港进行的。香港与珠三角就此形成了闻名世界的"前店后厂"的跨境分工合作体系。这种模式促进了香港内部经济结构的转型,也大大带动了广东省外向型经济的发展。本章以香港与珠三角的这种"跨境合作"分工体系为研究对象,分析香港产业结构转型的原因及内地改革开放的特点,并结合典型的港资企业转移的案例,讨论"跨境分工"的分工机理、运作模式及对两地经济关系产生的影响。

一 "跨境分工"体系相关文献研究

所谓"前店后厂"模式,一般是指在对采购营销与加工生产跨地域分工的基础上进行产业协作的经济合作形式。它源于集生产和购销于一体的传统手工作坊经营方式，但在新的历史条件下，它已经演变成为两地之间产业分工协作的通俗而形象的说法。本文所说的"前店后厂"的跨境分工模式，主要指由于香港厂商把加工生产迁移到广东省，利用其自身海外贸易窗口优势，承接海外订单，从事制造和开发新产品、新工艺，供应原材料、元器件，控制产品质量，进行市场推广和对外销售，扮演"店"的角色；而珠江三角洲地区则利用土地、自然资源和劳动力优势，进行产品的加工、制造和装配，扮演"厂"的角色。港澳在前，珠江三角洲在后，彼此紧密合作，因而该模式被称为"前店后厂"。学术界将香港与珠三角"跨境分工"体系的这种现象普遍称为产业转移。而陈广汉则认为从严格意义上讲，"产业转移"现象与"前店后厂"模式是有区别的。"前店后厂"是经济全球化在微观的企业层面上所表现的价值链的分工与商品链的延伸。事实上，香港的劳动密集型制造业并没有整体性地向内地转移，而是将商品链的一部分（主要是生产环节）转向邻近的珠三角地区。香港本地企业负责订单处理、购买原材料、供应半成品等环节，珠三角则作为生产加工的基地。① 按照这一观点，"前店后厂"的跨境分工体系则可以理解为是在粤港两地产业转移的基础上，形成的一种跨境（学术上通常称为"跨国"）垂直分工体系，进而在两地分别形成"生产"及"销售"不同的产业集聚体系。因此，本部分研究将基于产业转移、产业集聚、国际垂直分工三个角度来探讨粤港"跨境分工"体系形成的一般机理，并就目前学者对粤港两地"前店后厂"模型的研究理论进行述评。

（一）"跨境分工"体系的一般机理

1. 产业转移相关理论

产业转移通常是指某一国家或地区通过多种方式，将某些产业转移到另一国家或地区的经济行为和过程，是国际或地区间产业分工形成的重要因素，也是转出地区与承接地区产业结构调整和产业升级的重要途径。②

---

① 陈广汉：《粤港澳经济关系走向研究》，广东人民出版社，2008，第4页。
② 陈建军：《中国现阶段的产业区域转移及其动力机制》，《中国工业经济》2002年第8期，第37~44页。

产业转移对于经济发达国家和地区而言，是其经济结构优化调整、实现其全球战略布局、提高整体竞争力的途径；对于发展中国家和地区而言，是其促进产业优化升级、技术进步和推进经济增长的过程。香港与内地"跨境分工"体系使得双方的产业结构得到优化，共同推进了经济的增长。

1930 年代，国际学者基于大卫·李嘉图（David Ricardo）在《政治经济学及赋税原理》中所提及的比较优势原理，通过比较分析世界不同国家，特别是发达国家和欠发达国家之间的工业化过程，发现产业在不同发展程度的经济体之间具有梯度转移特征，而后诸多学者在此基础上提出了雁行学说、产品生命周期以及边际产业扩张等产业转移理论模式，从宏观上解释了国际产业转移的动因和模式。随着国际产业分工的不断加深和经济全球化的加快，国际上对产业转移的研究越来越多地从产业转移的机理与模式向产业转移效应、技术创新与竞争优势等方面转变。①

（1）雁行形态理论②

1935 年由日本学者赤松要（Akamatsu）提出的雁行发展模式理论结合"二战"后东亚国家经济及产业结构变迁，提出东亚国家的经济发展形态符合雁行形态理论，描述后起国某一特定产业（如 19 世纪日本棉纺工业）产生、发展的过程。该学说认为，在工业化初期阶段，一些发展中国家由于经济和技术落后，不得不向发达国家开放某些工业产品的市场。当这些工业产品的国内需求达到一定数量时，本国生产该种产品就具备了基本的市场条件和技术条件，国内该行业逐步掌握了相关的生产技术，并凭借资源和劳动力的价格优势占领国内市场，最终实现该产品的出口，达到了经济发展和产业结构升级的目的。由于这一行业产品的成长经历了"进口—国内生产—出口"三个阶段，如果把这一过程用曲线绘成图形，在一个以横轴为年代、纵轴为市场的坐标图上，展示这三个阶段的曲线就如三只大雁在飞翔。因此，这一理论被形

---

① 刘红光、刘卫东、刘志高：《区域间产业转移定量测度研究》，《中国工业经济》2011 年第 6 期，第 79~88 页。

② Kaname Akamatsu., Synthetic Dialectics of Industrial Development of Japan. Journal of Nagoya Commercial High School, 1937（15），pp. 179 – 210.

象地称为"雁行形态论",这种理论表明,产业具有从发达国家转移到后进国家、从发展水平较高的地区迁往较低的地区的特征,其转移方式都是把整个产业移出。

(2) 产品生命周期理论①

产品生命周期理论是美国哈佛大学教授雷蒙德·弗农(Raymond Vernon)1966 年在其《产品周期中的国际投资与国际贸易》一文中首次提出的。他认为由于每一种产品都会经历引入期、成长期、成熟期和衰退期四个阶段,技术发达国家对该产品的生产会随着衰退期的来临而丧失竞争优势,从而不得不将产品生产转移至其他国家,由此产生了不同国家和地区间的产业转移。

(3) 劳动密集产业转移理论②

刘易斯(Arthur Lewis)劳动密集型产业转移理论认为,20 世纪 60 年代以来,随着技术进步和人口增长趋缓,发达国家的部分劳动密集型产业逐步丧失了比较优势,从而逐渐将其转移至发展中国家。该理论以赫克歇尔—俄林的要素禀赋理论为基础,将产业转移与比较优势的演变相结合,较好地解释了劳动密集型产业的转移规律。

(4) 边际产业扩张论③

这一理论是由日本经济学家小岛清(Kojima)在分析日本对外直接投资的有关资料后提出的。小岛清认为,按照比较成本论,一国应生产并出口具有比较优势的产品,并从比较劣势的产业开始对外直接投资。相对于技术和资本密集型产业而言,劳动密集型产业首先进入边际产业的行列。他提出了"产业移植的比较优势"这一重要概念,建议在投资国与接受国之间从"技术差距最小的产业依次进行移植",同时"由技术差距较小的投资国的中小企业做这种移植的担当者"。这一理论提出了产业转移的顺序选择。

(5) 全球价值链理论

该理论由哈佛大学波特(Porter,1985)教授最早提出。经济全

---

① Raymond. Vernon, International Investment and International Trade in the Product Cycle. Quarterly Journal of Economics, 1966, 80 (2), pp. 190 – 207.

② 〔美〕阿瑟·刘易斯:《国际经济秩序的演变》,商务印书馆,1984。

③ 〔日〕小岛清:《对外贸易论》,南开大学出版社,1987。

球化进程中产品内分工的出现及发展,使世界价值创造体系在全球出现了前所未有的垂直分离和重构。全球价值链理论表明,产业按生产环节进行区域分工,具有不同资源禀赋比较优势的区域生产不同零部件,而在区域分工中生产总是集聚在特定区域内展开的。其启示:承接产业转移应与培育产业集群区有机结合,形成两者互动。一方面,由于某地的资源或劳动力等方面的优势,分散在附近的同类企业,为了追逐外部规模经济逐步转移至该地,并且高密度地集聚在一起形成产业集聚;另一方面,依据本地的比较优势,引进外商投资,使国外或地区外产业转移到本地,进而形成集聚。这对承接地如何培育产业集群,以及园区、集中区的开发与建设,具有一定的理论参考价值。

2. 产业集聚相关理论

产业聚集是指在产业的发展过程中,处在一个特定领域内相关的企业或机构,由于相互之间的共性和互补性等特征而紧密联系在一起,形成一组在地理上集中的相互联系、相互支撑的产业群的现象。产业集聚的形成和发展都离不开产业转移,产业集聚本身就包含着产业转移的因素,并且产业集聚是产业转移的结果。

(1) 古典分工理论经济学

阿尔弗雷德·马歇尔在其《经济学原理》一书中,首次提出了产业聚集及内部聚集和空间外部经济(External Economies)的概念,并阐述了存在外部经济与规模经济(Scale Economies)条件下产业聚集产生的经济动因。他指出,所谓内部经济,是指有赖于从事工业生产的个别企业的资源、组织和经营效率的经济;而外部经济则是有赖于这类工业产业的一般发达的经济。[1] 作者提出了三个导致产业聚集的原因:一是聚集能够促进专业化投入和服务的发展;二是企业聚集于一个特定的空间,该空间能够提供具备特定产业技能的劳动力,从而确保工人较低的失业概率,并降低劳动力出现短缺的可能性;三是产业聚集能够产生溢出效应,使聚集企业的生产函数优于单个企业的生产函数,企业从技术、信息等溢出中获益;并将集聚的效应归纳为劳动市场共享、中间产

---

[1] 〔英〕Alfred Marshall. Principles of Economics, first published in 1890,人民日报出版社,2009。

品和技术外溢三方面。

（2）产业区位理论

德国经济学家约翰·冯·杜能创造性地提出了一种强调区位运输差异的理论[①]，开创了区位理论的先河。在其《孤立国同农业和国民经济的关系》一书中，作者寻求解释德国工业化以前某典型城市周围的农业活动的模式，杜能最早用多种要素来解释聚集经济现象，其农业圈模型区位外生市场的假设，是规模收益不变和完全竞争的标准假设完美结合的典范，他更是因此而被称为边际主义的创始人。

而阿尔弗雷德·韦伯在《工业区位论》一书中，首次提出了聚集的概念，并从微观企业区位选址的角度提出了产业区位理论。从企业最小生产成本出发，韦伯认为费用最小区位是最好的区位，而聚集能使企业获得成本节约，阐明了企业是否相互靠近取决于聚集的好处与成本的比较。他把区位因素分为区域因素（Regional Factor）和聚集因素（Agglomeration Factor），其中聚集因素可以分为两个阶段：第一阶段，通过企业自身的扩大而产生聚集优势，这是初级阶段；而第二阶段则是各个企业通过相互联系的组织实现地方工业化，这是最重要的，也是高级聚集阶段。[②]

（3）新制度经济学交易费用理论

新制度经济学对产业集聚研究的主要贡献在于，它的交易费用理论、不完全契约理论和制度演进理论是研究产业集聚（网络状中间组织形式）中的结构和治理机制的重要理论基础。科斯提出交易费用的概念[③]，威廉姆森等许多经济学家又进一步对交易费用理论进行了发展和完善。威廉姆森（Eaton. Williamson）将交易费用分为事前的交易费用和事后的交易费用，事前的交易费用是指由于未来的不确定性，需要事先规定交易各方的权利、责任和义务，在明确这些权利、责任和义务的过程中就要花费成本和代价，而这种成本和代价与交易各方的产权结构的明晰度有关；而事后的交易费用是指交易发生以后的成本，这种成

---

① 〔德〕约翰·冯·杜能：《孤立国同农业和国民经济的关系》，商务印书馆，1997，第20~190页。
② 〔德〕阿尔弗雷德·韦伯：《工业区位论》，商务印书馆，1997。
③ 〔美〕Ronald H. Coase. The Nature of the Firm. Economic，1937（11）.

本表现为各种形式：其一，交易双方为了保持长期的交易关系所付出的代价和成本；其二，交易双方发现事先确定的交易事项有误而需要加以变更所需付出的费用；其三，交易双方由于取消交易协议而需支付的费用和机会损失。[①]

总之，新制度经济理论所强调的重点是社会关系的重要性，该理论认为，不管在企业内部还是企业之间，社会关系一方面可以降低管理费用，另一方面又可以提高企业的创新活力。这种社会资本，是形成产业聚集的出发点之一，也是产业聚集能够带来竞争优势的条件之一。

（4）新竞争优势理论

迈克尔·波特（Michael E. Porte）将产业集群纳入区域竞争优势的框架进行分析，认为产业集群是一种组织形式，它将某一行业内的竞争企业以及与这些企业相关联的合作企业，如供应商、生产厂商和相关机构聚集在某个特定领域，形成了区域内特色的竞争优势。[②] 斯科特将交易费用分析方法运用到区域产业集群发展中。斯科特认为企业的垂直分工将增加外部交易活动，由此将促使那些存在经济联系的生产企业向集群区域集中，大量企业的集聚将降低外部交易成本。[③]

（5）新经济地理学理论

综合上述研究可以发现，上述大部分理论受到比较优势理论及新古典分析框架的束缚，它们在规模报酬不变和完全竞争市场结构的假设条件下，把产业转移与产业集聚的根本动因归结为不同区域比较优势的差异性，或者不同产业在特定发展阶段对所在地区要素条件的不同要求。以克鲁格曼经典文献为基础而发展起来的新经济地理学（NEG），在规模经济和不完全竞争的 D–S 框架（或 OTT 框架）下实现了立足于消费者（同时也是生产者）和企业区位选择的一般均衡分析。该理论认为，经济增长表现为生产活动的空间集聚，而由经济活动的空间转移

---

① 〔美〕Oliver. Eaton. Williamson：《交易费用经济学：契约关系的规则》，原载于美国芝加哥大学法学院《法律经济学杂志》1997 年第 10 期。

② 〔美〕Michael E. Porte：《国家竞争优势》，华夏出版社，2002。

③ 〔美〕Krugman P. Increasing Returns and Economic Geography. Journal of Political Economy, 1991（99）。

而形成的集聚又是规模经济、运输成本（广义概念，既包括看得见的运输网络形成的有形运输成本，也包括地方保护引起的贸易壁垒等因素）和要素流动三大因素相互作用的结果。特别地，它强调区域之间的运输成本是决定区域产业转移的关键变量。也就是说，经济发展过程中伴随运输成本的变化，企业的利润结构以及个体的福利结构也随之改变，企业依据利润最大化原则、个体依据福利最大化原则进行区位选择，最终导致新的区位均衡形成，这一过程表现为产业空间布局的变化过程，也就是产业转移[①]。新经济地理学以迪克西特－斯蒂格利茨模型（Dixit－Stiglitz Model，简称 D－S 模型）的垄断竞争分析框架为基础，借助新贸易理论和新增长理论的核心假定——收益递增思想，并建立了描述产业聚集的"中心—外围"模型（Core—Periphmy）（克鲁格曼，1991）。该模型的基本假定为：一个国家，两种产品：农产品和制造品。农产品是同质的，其生产是规模报酬不变的，密集使用的生产要素是不可移动的土地，因此农产品的空间分布很大程度上由外生的土地分布情况决定；制造业包括许多有差异的产品，其生产具有规模经济和收益递增的特征，很少使用土地。而正是由于规模经济的存在，每种制造品的生产将只在为数不多的地区进行，从而实现了产业的聚集。因此，我们可以看出，"中心—外围"模型依赖于外部经济，即规模经济、收益递增以及运输成本和需求的相互作用。

3. 国际垂直分工相关理论

关于国际垂直分工现代专业化理论基础的研究框架大致可以分为两类：一类是在"扩展"的标准国际贸易理论框架内的研究，假设由于技术进步等因素的影响最终产品的生产过程可以进行产品内分割并分散生产，根据比较优势或者资源禀赋原则，按照产品不同生产阶段的不同要素密集度被分散到不同地区进行生产；另一类是引入产业组织理论和契约理论的研究，关注交易成本、不完全契约等问题。

(1) 比较优势理论

比较优势理论分为相对比较优势理论和绝对比较优势理论，大卫·

[①] 叶振宇、叶素云：《中西部地区承接产业转移的研究评述》，中国社会科学院工业经济研究所工作论文，2010。

李嘉图的相对比较优势理论是对亚当·斯密的绝对比较优势理论的重要扩展。而瑞典经济学家赫克歇尔—俄林及萨缪尔森研究表明,比较优势由各国资源要素禀赋决定,并建立了 H－O 模型系列。这一分析框架仍然适合国际垂直专业化分工贸易的分析。因为,不同生产区段的要素(包括技术)密集度差异使得具有不同技术水平和要素禀赋的国家在不同的生产区段产生比较优势。琼斯扩展了比较优势的范围,将特殊资源的禀赋也作为比较优势,分析了其对贸易模式的影响。[1] 国内学者卢锋在解释垂直专业化分工的起因及分析其经济影响时,都同样应用了比较优势理论的模型框架。[2]

（2）新贸易理论

Ishii 与 Yi[3]、卢锋（2004）等认为国际垂直专业化分工是比较优势和规模经济两方面因素决定的结果,不同生产阶段既可能存在规模经济差异,也可能存在要素投入比例差异,通常是后者决定了不同生产阶段的国别分工结构,而前者强化了这种分工。产品在不同生产阶段可能有不同的有效规模,在生产过程能够分割的情况下,可以依据有效规模安排各个部门的生产实现规模经济效应。

（3）产业组织与契约理论

一些学者将产业组织与契约理论的概念纳入贸易模型以解释国际垂直专业化分工,说明企业在垂直一体化生产与契约外包之间的动态选择问题,着重从产业组织方面阐述了垂直专业化分工和产品内贸易产生的原因、方向、利益分配等问题。[4][5]

从上文关于国际垂直专业化分工文献中可以看到,国际垂直专业化分工是目前经济全球化的重要体现,国际垂直专业化分工对全球分工和贸易带来巨大的变化。比较优势仍然是国际垂直专业化分工的基础,但

---

[1] Ronald W. Jones, H. Kierzkowski. The Role of Services in Production and International Trade: a Theoretical Framework. Oxford: Blackwell Publishing, 1990 (3), pp. 12 - 15.

[2] 卢锋:《产品内分工:一个分析框架》,《经济学季刊》2004 年第 4 期。

[3] J. Ishii, K. M. Yi. The Growth of World Trade. Federal Reserve Bank of New York, 1997 (8).

[4] G. M. Grossman, E. Helpman. Managerial Incentives and the International Organization of Production. Journal of International Economics, 2004, 63 (2), pp. 237 - 262.

[5] P. Antras, E. Helpman. Contractual Frictions and Global Sourcing. National Bureau of Economic Research, 2006, no. w12747.

是其作用在逐渐弱化,规模经济成为国际垂直专业化分工越来越重要的动力及垂直专业化分工安排的重要影响因素,运输成本、贸易壁垒等影响了国际垂直专业化分工的发展。

(二) 已有的"跨境分工"体系相关研究文献

1. 分工机理

关于香港与内地"前店后厂"跨境模式的分工机理,目前研究都是基于上述的相关理论。第一类是"比较优势理论",该理论认为在粤港两地生产成本差别和比较优势的基础上,加上毗邻的地理位置、密切的历史联系和人文文化,在比较利益驱动下形成"前店后厂"跨境分工模式,如郑天祥[1]等。第二类是傅高义提及的"增长极"理论及产业结构转移理论对该模式的影响,他认为香港与广东存在生产力"级差",从而发生发达地区的产业向低成本地区转移等一系列经济现象,本质上也属于"比较优势"的范畴。[2] 第三类是"垂直分工"经济体,封小云认为香港与广东的"前店后厂"合作是在全球化产品价值链"垂直分工"基础上自然产生的粗放式的经营,这种模式属于一种落后的互补性合作,是一种简单的、低层次的生产资源的组合。[3] 以上三类理论基本上是由李嘉图的比较优势学说及赫克歇尔—俄林的生产要素禀赋理论衍生而来。第四类从制度经济学的角度,探讨粤港合作之间的"交易费用"。侯广辉把粤港"前店后厂"作为一种经济组织形式,从资本投入、政府交易、地理因素、人文因素等角度分析得出,"前店后厂"合作模式是在当时情况下最合适的规制结构,所以也是各种合作模式中交易费用最小的一种模式,但这种交易模式缺乏"契约形式"的保证,合作还处于松散的阶段,违约成本高。[4]

除定性研究外,也有学者从定量的角度来对香港的产业转移进行研究,如张光南利用产业结构偏离度的方法,探讨香港制造业内部产

---

[1] 郑天祥:《粤港澳经济关系》,中山大学出版社,2001。
[2] 傅高义:《先行一步——改革中的广东》,广东人民出版社,1995。
[3] 封小云、龚唯平:《香港工业2000》,三联书店(香港)有限公司,1997。
[4] 侯广辉:《粤港"前店后厂"经济合作模式的交易费用分析》,暨南大学硕士学位论文,2002。

业结构与就业结构的效益偏离，他认为对于行业生产效率极低的产业，如制造业的鞋履制造业、家具及装置制造业、家庭电器用具及电子玩具制造业和服务行业的饮食业等，香港政府应该把这类产业继续转移到珠三角，集中精力发展产业结构和就业结构效益比较好的行业。[①]

最后一类是采用调查形式分析香港企业在内地的投资动机，探讨产业转移的因素。调查结果表明，大部分公司在内地最初投资时，主要考虑"接近香港"、"廉价劳动力"、"良好运输条件"以及"优惠政策"等因素，新建工厂主要考虑"廉价劳动力""个人关系""更优惠政策"等。

综上所述，目前学界对"前店后厂"的这种跨境分工体系形成的研究结论大多集中在上文所述的前五类观点中，本研究在产业转移、产业集聚、国际垂直分工三大理论的研究基础之上，综合了维纳布尔斯[②]及李宏艳的新经济地理学分析模型[③]，探讨跨境生产与垂直分工体系形成的机理。

2. 分工影响

关于香港与内地"前店后厂"的分工效果，从短期的作用来看学者们对其基本持赞成的观点，认为"前店后厂"对于粤港两地的经济发展作用是巨大的，如宋恩荣[④]、陈广汉[⑤][⑥]等。其中陈广汉就曾高度概括这种模式的作用，他认为，一方面"前店后厂"的模式使香港制造业在高成本下继续生存和保持竞争力；另一方面，改革开放以来，全球价值链向中国内地延伸，也导致了粤港澳在制造业的分工与协作。这种解释的视角也为粤港进一步的区域合作及粤港制造业分工的未来转型升

---

① 张光南：《香港制造业的就业结构与产业结构效益分析》，《统计与预测》2003年第6期。
② Venables A. J. Equilibrium Location of Vertically Linked Industries. International Economic Review, 1996, p. 37.
③ 李宏艳：《跨国生产与垂直专业化分工——一个新经济地理学分析框架》，《世界经济》2008年第9期。
④ 宋恩荣：《香港与华南的经济协作》，商务出版社，1998。
⑤ 陈广汉：《粤港澳经济关系走向研究》，广东人民出版社，2006。
⑥ 陈广汉：《港澳珠三角区域经济整合与制度创新》，社会科学文献出版社，2008。.

级提供了理论的依据。

但也有学者从深层次探讨这种合作模式面临的问题。关智生、黎熙元在《试论粤港关系中的经济合作问题》中提出，粤港两地日益密切的经济交往只是一般的市场交易关系，还是属于"低层次"的合作关系[①]；黎熙元1998年的《再论粤港关系中的经济合作问题》提出这种低层次的合作关系虽然有所进展，但根本合作矛盾仍未解决，如广东仍是发展普遍技术层次较低的产业、企业难以形成规模效益、缺乏大规模高质量的跨地区企业集团、双方仍未建立良好的合作机制等。[②]

在当时的条件下，对这种方式是否要继续保留，学者们也有相应的论述。邓树雄、胡敦霭指出粤港两地的产业结构梯度仍然存在，形成"前店后厂"模式的条件虽有变化，但仍然存在。所以他们赞成对"前店后厂"模式提出修正，而不赞成取消，对模式调整的意见主要集中在提升产品的技术含量上，特别是对于"后厂"的技术提升。[③] 而更多的学者目前都认为"前店后厂"模式是在1980年代初特定的历史、经济、政治背景下所形成的。随着广东经济的崛起，目前广东在高新技术产业发展水平和许多物质技术条件方面，不比香港差，部分学者赞成把这种垂直型分工转向水平型分工，改变广东在"前店后厂"合作中的地位，争取"店厂平行"或"厂店合一"。

二 珠三角改革开放与香港制造业转移

根据罗斯托的经济成长阶段理论，当一个社会的经济进入成熟的阶段，其经济结构必然发生相应的变化，经济的主导部门将转移到耐用消费品的生产或者服务业方向。20世纪70年代后，香港的制造业发展开始出现问题，产业结构不得不进行及时调整。

[①] 关智生、黎熙元：《试论粤港关系中的经济合作问题》，《中山大学学报》（社会科学版）1992年第6期。
[②] 黎熙元：《再论粤港关系中的经济合作问题》，《当代港澳》1998年第6期。
[③] 邓树雄、胡敦霭：《珠江三角洲及港澳地区的社会经济发展》，香港浸会学院、第三届粤港关系学术研讨会工作委员会，1990。

(一) 香港制造业面临的外部挑战

1. "四小龙"竞争压力增大

20世纪50年代以来,亚洲的一些国家和地区如韩国、新加坡、中国台湾地区等相继实现了工业化,并在20世纪60年代开始采取"出口导向"策略代替"进口替代"策略。他们生产的产品与香港地区类似,出口地同样是欧美发达国家,因此彼此间的竞争越来越激烈。如表2-1所示,20世纪60年代,香港地区的轻工业品出口额还远远高于韩国、台湾地区,但到了70年代中期,只有成衣、玩具、首饰、仪器处于领先位置,而传统的纺织、金属制品等已被台湾地区和韩国超越。同时,其他国家如泰国、印度尼西亚等虽然工业化起步比较晚,但他们的劳动力和原材料也比香港价格低廉,使得他们的劳动密集型产品也对香港产生了威胁。

表2-1 1962~1975年中国香港、台湾地区以及韩国主要工业品出口额的比较

单位:十万美元

工业品	年份	香港地区	台湾地区	韩国
纺织品	1962	1033	330	22
	1975	4333	6480	6489
金属制品	1962	236	14	6
	1975	1222	1368	1241
机械	1962	30	14	3
	1975	984	2202	768
电机	1962	186	13	1
	1975	5630	6979	4416
成衣	1962	2007	111	11
	1975	20360	8884	11321
鞋履	1962	226	3	2
	1975	517	3085	1912
仪器	1962	23	1	0
	1975	428	364	231
钟表	1962	9	0	0
	1975	1301	503	434

续表

工业品	年份	香港地区	台湾地区	韩国
塑胶制品	1962	40	12	1
	1975	501	1249	883
玩具	1962	291	1	0
	1975	3242	1740	690
首饰	1962	98	0	0
	1975	1020	141	166

资料来源：莫凯《香港经济的发展和结构变化》，三联书店（香港）有限公司，1997。

2. 西方国家贸易保护主义加强

20世纪70年代，以美欧为主的西方发达国家开始出现"滞胀"，经济危机不断出现。尤其是1971年1月至1979年4月出现的石油危机直接导致了世界性的经济危机。由于这些国家长时期采取凯恩斯主义扩大有效需求而刺激经济增长的政策，通胀率居高不下，形成了经济停滞与通货膨胀并存的现象。因此，西方发达国家不得不采用贸易保护主义限制进口的措施，特别是配额制度，来抑制通胀。由于此次"石油危机"及"滞胀"的影响，一方面香港石油提价，造成制造业成本增加，竞争力下降；另一方面欧美发达国家不断强化贸易保护主义政策及配额制度日益严格，导致香港制造业尤其是纺织业出口额度大幅下降。

（二）香港制造业面临的内部制约

1. 生产成本增加

由于缺乏自然资源及土地，香港的制造业长期以来偏重纺织工业，而土地、资本密集型的重工业及其他初级产业则受到很大的限制。进入1980年代以后，这种以纺织、制衣为主导的劳动密集型的产业开始受到劳工短缺、工资及土地成本上涨等因素的困扰。尤其是工资的上涨压力最为明显。表2-2显示了一些行业工资的变化。随着工业化的起步，制造业产生了对劳动力的需求，因而也提升了制造业的工资，使得大量的劳动力投身于制造业。由于产品需求大，只有大幅度提高工资才能吸引劳动力。因此，1980年代初，各行业工资涨幅极大，大大增加了企业的生产成本。

表 2-2　香港部分制造业名义工资指数

行业	1958年=100		1964年=100		1973年=100	
	1961年	1967年	1967年	1973年	1974年	1977年
纺织	124	192	127	244	104	137
成衣	126	222	134	248	98	133
塑胶制品	180	292	115	222	99	136
胶鞋	121	202	135	273	104	133
金属制品	143	287	156	320	100	143
电子产品	—	—	136	303	106	142

资料来源：香港政府统计处。

2. 缺乏技术创新

由于"二战"后早期的香港企业家，多是在实际操作中掌握生产技术及管理经验的。根据港英政府1966年年中人口普查结果，从事制造业的雇员中只有2%拥有大学学历。因此，大部分厂商是通过有效地运用生产技术来直接进行产品生产。

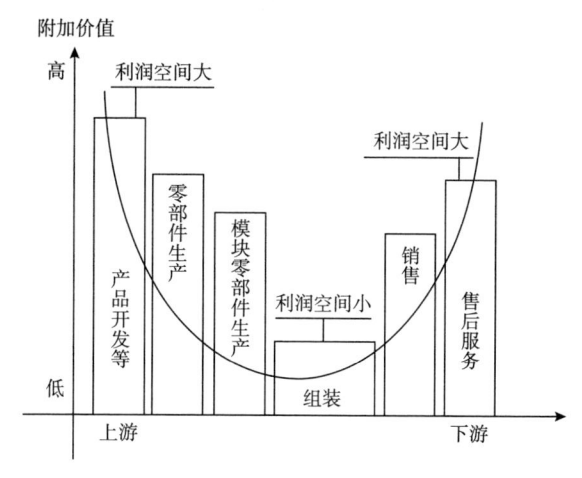

图 2-1　制造业的"微笑"曲线

经济学家通过大量的研究及统计发现，只进行中间工序的生产及组装是利润空间最小的劳动，而产品的开发、销售、认证、推广等前端程序和后端程序才是附加值最大的任务序。以中间工序为主的香港制造业产品的科技含量及附加值都很低,并且容易受到前端和后端工序的挤压。在需求及供给途径受到经济危机影响时,香港将成为危机转嫁的对象。同时,根据1985年亚洲四小龙高科技产品在经济合作与发展组织的国家市场占有率及排名的相关资料[1],在27项高科技产品中,台湾地区占14项,韩国占5项,而香港地区只占有4项。这种态势严重影响了香港制造业的发展及其国际市场的竞争力。这也是香港制造业增长速度放缓及必须进行转型升级的原因之一。

3. 服务业回报率更高

香港工业化的成功导致经济快速增长、城市化进程加速,人民生活水平也大幅提高,进而引致社会对建筑业、公共事业、商业、运输和通信、金融及各类服务事业的需求。同时,在各个重要的产业部门中,制造业的人均附加值增长最慢,相对比而言,批发、零售、酒店及饮食业与金融、保险、地产及商业服务业等的回报率则更高。

表2-3 香港重要产业部门的人均附加值(以当年价格计算)

单位:港元

部门	1985年	1994年	1994年是1985年的倍数
制造业	61151	155277	2.54
建筑业	66105	221024	3.34
批发、零售、酒店及饮食业	100981	307158	3.04
运输、仓储及通信业	99898	267644	2.68
金融、保险、地产及商业服务业	276384	751283	2.72
社区、社会及个人服务业	95380	263969	2.77

资料来源:香港历年统计年报。

另外,在珠三角设立工厂的香港公司扩展业务规模,也对香港相关的生产型服务业产生了巨大的需求,使得大量的资金和劳动力从制造业流向服务业,推动服务业的高速增长[2]。因此自1980年代开始,香港制

---

[1] 转引自冯邦彦《香港产业结构转型》,三联书店(香港)有限公司,2014。
[2] Wong, Richard Y. C., Tao, Z. and Chan, C. S., An Economic Study of Hong Kong's Producer Service Sector and Its Role in Supporting Manufacturing, 2000(5).

造业占本地生产总值比重不断下降，而服务业的比重则不断上升，香港服务业开始迅速发展起来。香港作为国际贸易、金融、交通、信息中心的地位得到进一步的加强与巩固，逐渐成为国际知名的金融中心、旅游中心、航运中心、贸易中心等。

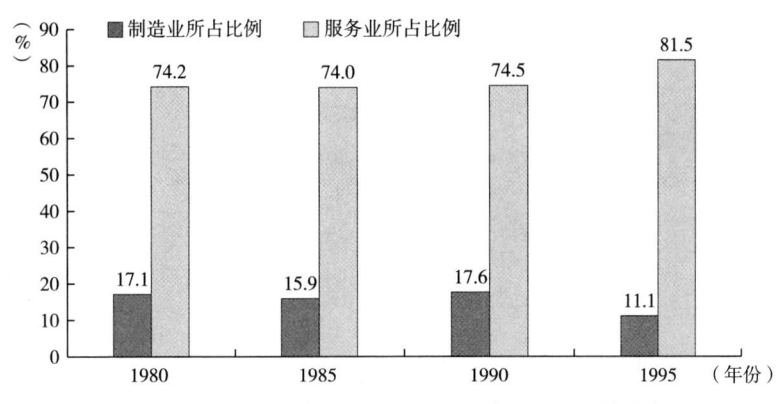

图 2-2 香港制造业与服务业占生产总值比重的变化

（三）珠三角的改革开放与香港制造业的发展机遇

综上所述，香港制造业在20世纪70年代后期遇到了发展的各种困难。面对这种情况，香港必须开始转向资本和技术密集型产业发展，这就是所谓的"工业升级"；或者寻找供给廉价土地和劳动力的生产基地，也就是所谓的"工业外移"，而内地改革开放与经济特区的建立为香港制造业提供了发展的空间和机遇，促使香港的工业化再一次发生变革，加速了香港工业化的转型。

1. 经济特区的建立

1978年，党的十一届三中全会做出了实行改革开放的重大决策。1979年，党中央、国务院批准广东、福建在对外经济活动中实行"特殊政策、灵活措施"，并决定在深圳、珠海、厦门、汕头试办经济特区，福建省和广东省成为全国最早实行对外开放的省份，明确提出特区内允许华侨、港澳商人直接投资办厂，也允许某些外国厂商投资设厂，或同他们兴办合营企业和旅游等事业。1980年5月《中共中央、国务院关于〈广东、福建两省会议纪要〉的批示》指出：广东、福建两省毗邻港澳，利用港澳扩大对外贸易有独特的优越条件，潜力很大，肯定了广东、福建两省在对外经济活动中，实行特殊政策和灵活措施是正确的。由此，改革开放政策正式全面推行，首先设立了深圳、珠海、汕头与厦门四个经济特区，继而在沿海的各个城市地区进行全方位的开放。在当时的经济条件下，内陆地区的劳动成本低、土地价格低廉，因此，内地的开放促使了香港劳动密集型产业逐渐北移，尤其是邻近香港的珠三角地区最为集中。

2. 外向型经济发展

除成立经济特区外，国家政策也明确要求大量发展外向型经济，深圳、珠海经济特区海关，在管理上实行"内紧外松"原则，特区所需的机器设备、原材料、零部件等生产资料允许免税进口；特区产品和进口产品一律不得内销等。港资企业初始以"三来一补"（来料加工、来件装配、来样制造和补偿贸易）的局部开放形式为主，其后有合作经营、合资经营及全外资经营（"三资"）等投资形式。在这种发展模式下，港澳地区的制造业利用珠三角开放的机遇，将工厂（生产环节）转移到珠三角，而珠三角的企业则逐渐借鉴香港和国际的一些经济管理体制，吸收港澳资金和外资，利用廉价的要素优势，发展外向型的市场经济。从而在港澳和珠三角之间形成了制造业之间"前店后厂"的跨境分工模式。

因此可以说，"前店后厂"的跨境分工合作模式是香港制造业在遭遇内忧外患情况下，抓住内地市场局部开放的机遇，将香港的体制、资金和它掌握的国际市场与珠三角的劳动力、土地等资源优势相结合而形成的。

三 "跨境分工"的制造业发展体系正式形成

我国1978年开始实施改革开放政策，以吸引外资投资。香港的厂商抓住了这个契机，纷纷将其劳动密集型产业转移至珠江三角洲一带，建立各种合资、独资企业，进行生产，而将产品的设计、管理、运输、贸易等有关服务留在了香港。这种合作模式，使香港的产业结构与华南地区融为一体。香港作为国际市场窗口，华南地区作为生产基地，形成了"前店后厂"的跨境分工体系。香港制造业的内迁过程也是大规模发展的过程。香港厂商以前很少在内地设厂,如今迅速成长为内地最大的外商投资者。据香港贸易发展研究部在1998年发布的《香港制造业的现状与前景》中描述,1996年香港企业在内地开设的工厂已经达到40万家,雇用员工超过500万人。仅仅在珠三角地区,制造业投资达600亿港元,员工超400万人,产品类别包括电子产品、皮具、玩具、成衣、钟表等。[①] 广东与香港经济关系日益紧密,经济合作关系也带动了两地在金融、旅游、商业咨询等方面进一步交流。香港凭借其金融服务中心、贸易中心和运输中转中心的有利地位,为中国市场通向世界市场架起了桥梁。而广东省在成为香港工业生产基地的同时,也逐步发展成为我国对外开放的前沿基地。

(一) 形成机理——基于新经济地理学与国际产业垂直分工的分析框架

前文提及,近年来,新经济地理学以 Dixit – Stiglitz Model (D – S 模型) 的垄断竞争分析框架为基础,建立了描述产业聚集的 "中心—外围" (Core – Periphery) 模型。1996 年,维纳布尔斯 (Venables)[②] 又将跨国生产引入 NEG 模型。中国学者李宏艳在该模型基础上,引入跨国公司生产,建立加入垂直关联因素的两个国家 (A 和 B)、两种要素 (劳动和资本)、三个产出 (农业、中间品制造业、最终品制造业) 的 NEG 模型,分析发达国家与发展中国家之间在垂直专业化分工生产过程中的均衡水平、决定因素、投入产出关联影响以及对发展中国家分工利益的影响。[③] 本研究在此基础上,简化农业部门,并结合香港与珠三角的经济典型事实,来探讨粤港 "跨境分工" 体系形成的机理。

1. 模型阐述

(1) 模型假设

假设存在劳动力较充裕、生产劳动密集型产品的发展中国家 A 和

[①] 香港贸易发展研究部:《香港制造业的现状与前景》,1998。

[②] Venables, A. J. "Equilibrium Location of Vertically Linked Industries." International Economic Review, 1996 (37), pp. 341 – 359.

[③] 李宏艳:《跨国生产与垂直专业化分工——一个新经济地理学分析框架》,《世界经济》2008 年第 9 期。

资本较充裕的生产资本密集型产品的发达国家 B，其中劳动力 L、资本 K 均在国内可流动，但 L 不可在国际流动。同时，假设存在两个产业部门：中间品制造业、最终品制造业，其中在中间品制造业环节中引入跨国生产。同时，再假设制造业是垄断竞争和规模收益递增的，中间品制造业的产品是最终品制造业产品生产的投入，两个产业间存在垂直的投入产出关联。由于两国要素禀赋不同，因此生产的中间品不同，A 国生产的是劳动密集型中间品，即多为初级加工品，处于价值链低端环节；B 国生产的是资本密集型中间品，即多为设计、技术、研发等，处于价值链高端环节。制造业产品在国际运输存在交易成本 τ（$\tau \geq 1$）。

（2）基本函数

根据假设，一国制造业在生产最终品时既要投入本国生产的部分，也要投入另一国生产的部分，从而引入跨国生产因素，即两国企业用本土和对方国家生产的中间投入品结合生产供本国消费和对方国家消费（出口）的最终品。下文分别建立两国的消费效用函数与生产函数。

首先令 A、B 两国消费日的消费效用为 CES 形式，

$$C_d = \left[\sum_{i=1}^{n_d} c_{di}^{\frac{(\sigma-1)}{\sigma}} + \sum_{j=1}^{n_d^*} \left(\frac{m_{dj}^*}{\tau_d} \right)^{\frac{(\sigma-1)}{\sigma}} \right]^{\frac{\sigma}{(\sigma-1)}} \qquad 公式（1）$$

其中 c_{di} 表示 A 国对本国生产的每种制造业最终产品的消费量，n_d 为 A 国最终产品的数量，$\frac{m_{dj}^*}{\tau_d}$ 表示 A 国对 B 国生产的制造业最终产品的消费量，n_d^* 表示 B 国最终产品的数量；σ 是国内外产品间的不变替代弹性，在 D－S 框架下相当于需求价格弹性。中间品制造业效用函数同理，将所有变量下标改为 μ 即可。

根据效用函数，最终品制造业价格指数如下，其中 P 为单个产品价格：

$$P_d = \left[\sum_{i=1}^{n_d} p_{di}^{\frac{(\sigma-1)}{\sigma}} + \sum_{j=1}^{n_d^*} (p_{dj}^* \tau_d)^{\frac{(\sigma-1)}{\sigma}} \right]^{\frac{\sigma}{(\sigma-1)}} \qquad 公式（2）$$

中间品价格指数同理。

其次，制造业被划分为两个产业，生产函数的投入系数是不同的，采用 C—D 形式如下：

中间品制造业生产函数： $\quad Q_\mu = L_{\mu i}^\alpha K_{\mu i}^{1-\alpha}$ 公式（3）

最终品制造业生产函数： $\quad Q_d = L_{di}^\delta K_{di}^{1-\delta-\theta} C_\mu^\theta$ 公式（4）

其中上游制造业中间品的密集度由 α 决定，下游制造业最终品的密集度由 δ 和 θ 决定。根据假设，当上游中间品投入较多时，则下游最终品的劳动、资本投入比例较低；反之亦然。这显示了中间品和最终品在不同国家之间存在的劳动力、资本密集度的差异。

再次，假设制造业产品的市场结构是垄断竞争的，因此当达到均衡时，利润为零，产品价格为边际成本加成，所以：

$$p_{\mu i} = \lambda w^\alpha r^{1-\alpha} \frac{\beta_\mu \sigma}{\sigma - 1}$$

$$p_{di} = \phi w^\delta r^{1-\delta-\theta} p_\mu^\theta \frac{\beta_d \sigma}{\sigma - 1}$$

为简化分析，令 $\quad \dfrac{\lambda \beta_\mu \sigma}{\sigma - 1} = \dfrac{\phi \beta_d \sigma}{\sigma - 1} = 1$

因此得： $\quad p_{\mu i} = w^\alpha r^{1-\alpha}$ 公式（5）

$$p_{di} = w^\delta r^{1-\delta-\theta} p_\mu^\theta \quad 公式（6）$$

（3）模型均衡

根据最终品制造业消费者效用最大化，得到 A 国消费者对 A 国和 B 国最终品的需求函数，其中支出为 e：

$$c_{di} = \frac{p_{di}^{-\sigma} e_d}{P_d^{1-\sigma}}, \; m_{dj}^* = \frac{p_{dj}^{*-\sigma} \tau_d^{1-d} e_d}{P_d^{1-\sigma}}, \; e_d = \mu Y_d \quad 公式（7）$$

同理对中间品的需求函数是：

$$c_{\mu i} = \frac{p_{\mu i}^{-\sigma} e_\mu}{P_\mu^{1-\sigma}}, \; m_{\mu j}^* = \frac{p_{\mu j}^{*-\sigma} \tau_\mu^{1-d} e_\mu}{P_\mu^{1-\sigma}}, \; e_\mu = \theta n_d p_d X_d \quad 公式（8）$$

于是 A 国中间品总产量为：

$$X_\mu = c_{\mu i} + m_{\mu j} \quad 公式（9）$$

最终品总产量为：

$$X_d = c_{di} + m_{dj} \quad 公式（10）$$

B 国的中间品总产量为：

$$X_\mu^* = c_{\mu i}^* + m_{\mu j}^* \qquad 公式（11）$$

最终品总产量为：

$$X_d^* = c_{di}^* + m_{dj}^* \qquad 公式（12）$$

为了进一步考察制造业的垂直专业化分工现象，引入 ν、ρ、η 分别表示 A、B 两国产出价值比、价格比和支出比，具体公式为

$$\nu_\mu = \frac{n_\mu p_\mu X_\mu}{n_\mu^* p_\mu^* X_\mu^*}, \quad \nu_\mu = \frac{n_\mu p_\mu X_\mu}{n_\mu^* p_\mu^* X_\mu^*} \qquad 公式（13）$$

$$\rho_\mu = \frac{p_{\mu i}}{p_{\mu i}^*} = \frac{w^\alpha r^{1-\alpha}}{w^{*\alpha} r^{*1-\alpha}}, \quad \rho_d = \frac{p_{di}}{p_{di}^*} = \frac{w^\delta r^{1-\delta-\theta} P_\mu^\theta}{w^{*\delta} r^{*1-\delta-\theta} P_\mu^{*\theta}} \qquad 公式（14）$$

$$\eta_\mu = \frac{e_{\mu i}}{e_{\mu i}^*}, \quad \eta_d = \frac{e_{di}}{e_{di}^*} \qquad 公式（15）$$

为研究方便，现假设两国制造业产量相同但产值不同，即 $X_d = X_d^*$，将公式（5）（6）（7）（8）（10）（12）（14）（15）综合代入公式（13）中，可得

$$\nu_d = \frac{p_d^\sigma (1+\eta_d) - \tau_d^{\sigma-1}(\eta_d + \tau_d^{2-2\sigma})}{p_d^{1-\sigma}(1+\eta_d) - \tau_d^{1-\sigma}(\eta_d + \tau_d^{2\sigma-2})} = g_d(\rho_d, \eta_d, \tau_d) \qquad 公式（16）$$

同理，将公式（5）（6）（7）（8）（9）（14）（15）综合代入公式（13）中，可得

$$\nu_\mu = g_\mu(\rho_\mu, \eta_\mu, \tau_\mu) = g_\mu(\rho_\mu, \nu_d, \tau_\mu) \qquad 公式（17）$$

联立上述两式，可知最终产品的生产受产品的价格、要素的价格、对投入的支出，也就是影响其需求的若干因素，以及运输成本的影响，因此其与中间产品的成本关联；中间产品的需求又受最终产品需求的影响。因此可以认为，运输成本与需求关联的影响因素是决定最终产品与中间产品生产区位，即决定不同国家在垂直专业化分工中所处地位的主要条件。

2. 基本结论

（1）运输成本越低，垂直分工体系越明显

借鉴李宏艳对模型估计的影响参数，其中根据模型假设，给定参数

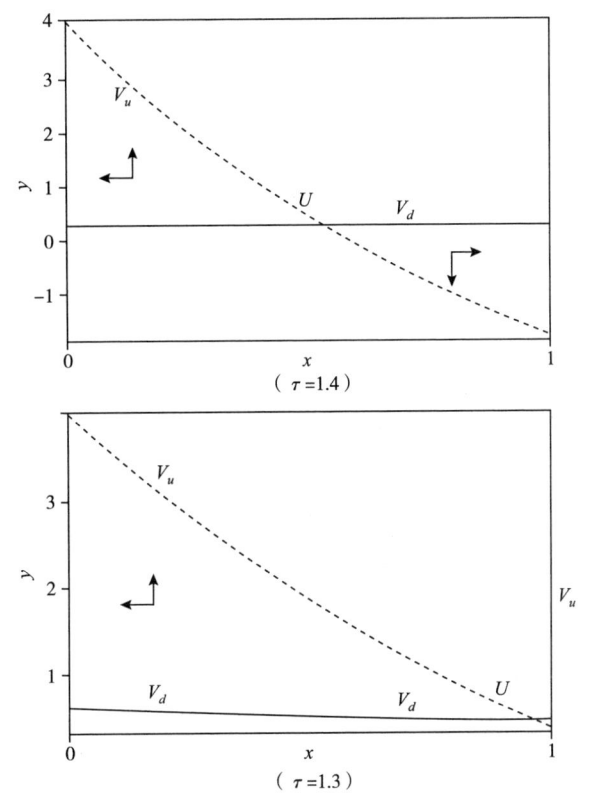

图 2-3 不同运输成本下 v_d 和 v_μ 的模拟关系

$w=0.8$，$r=1.6$，$\eta_d=1.2$，$\tau_\mu=\tau_d$，$\alpha=0.5$，$\delta=0.2$，$\theta=0.6$，根据不同运输成本数值模拟出 v_d 与 v_μ 之间的关系，横轴 x 表示 v_d，纵轴 y 表示 v_μ，如图 2-3 所示。U 点为经济的均衡点，此时若 v_d 下降，v_μ 将会增加。这也就意味着若 B 国因为某些因素对资本密集型的最终产品需求增加，那么 A 国的劳动密集型的中间产品的生产将会增加，也就意味着此时已经形成垂直分工体系。从图 2-3 可继续推论，当运输成本进一步减少时，当 v_d 逐渐增加时，v_μ 几乎接近于 0，也就是说，B 国几乎只生产最终产品，而将中间产品的生产全部转移至 A 国。实际上，这里的运输成本不仅包括距离上的运输成本，还包括影响两地贸易的各种政策性贸易壁垒等，这就意味着当运输成本很低或者经济接近完全自由时，跨国公司可以通过贸易中间产品降低生产成本，于是同一产品价值链被分割，不同增值环节在不同国家集聚，从而确定了不同国家的垂直专业化分工地位。

（2）伴随垂直专业化分工程度的加深，跨国公司生产价值链中的低端环节相对集聚于发展中国家，高端环节相对集聚于发达国家

垂直专业化分工中的垂直关联从生产技术角度体现为投入产出系数，即下游每单位最终品产值中对上游中间投入品消耗价值量的比重 θ 的变化。θ 越大，则垂直关联越紧密，投入产出系数越大。依照上文设定的参数值，模拟 ν_μ、ν_d 和 θ 之间的关系，如图 2-4 所示。

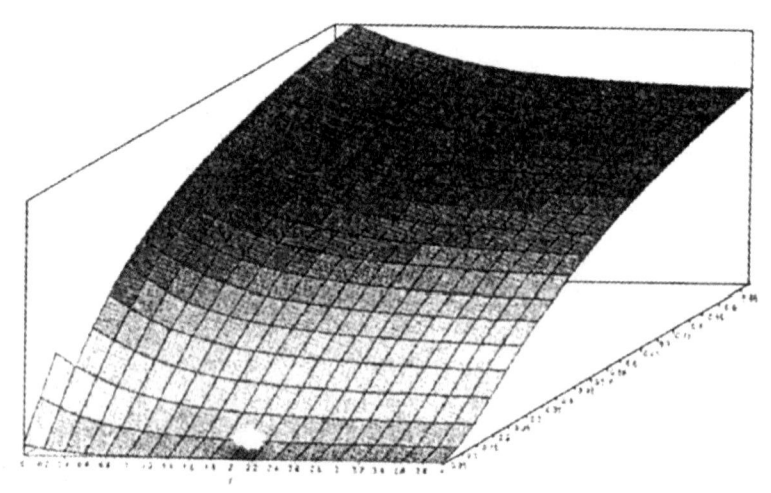

图 2-4　θ 与 ν_d（底面横轴）、ν_μ（纵轴）的互动模拟关系

ν_μ 与 θ 的关系表现为正相关变动，即中间品对最终产品的投入影响越大，中间产品的生产越向发展中国家 A 集聚；上游投入品在下游生产中的比重越大则上游中间品产出水平越高，并且上游中间品生产向发展中国家 A 集聚。而 ν_d 与 θ，即中间品对最终产品的投入影响越大，最终产品的生产越向发达国家 B 集聚，也就意味着随着国际生产垂直关联程度的不断加深，同一产品低端的中间投入品生产环节逐渐向发展中国家转移，而发达国家的跨国公司掌握对产品的研发、设计、销售、管理等高端生产环节。

3. 跨境分工的基本事实

通过新经济地理学的基本理论与模型阐述，在两国存在比较优势的

前提下，运输成本与投入产出系数是影响跨国垂直分工体系形成并发展的重要因素。接下来，本文就结合1978年左右粤港两地的经济环境及政策因素等分析"跨境分工"体系的基本原理。

(1) 比较优势

以往学者研究香港制造业内迁的理论基础基本是一致的，大家都认为在历史条件的影响下，制造业转移的主要原因是香港劳动力短缺和昂贵的人力资本，其次是土地价格和租金高，生产成本上升使劳动密集型工业在香港丧失了生存的空间。根据廖柏伟、王于渐的研究，从生产成本的角度来看，20世纪90年中国内地的广州、深圳、东莞的制造业工资、租金与香港相比，前者只是香港的15%~21%[1]，如表2-4所示。

表2-4 1990年珠三角及香港的工资与租金的对比

单位：港元

地 区	制造业工人月工资	每平方米月租金
广 州	1000~1200	27
深 圳	800	15~29
东 莞	740	10
香 港	5520	93

按1990年香港制造商在华南地区雇用的400万工人计算，每一年仅仅工资一项就节省2000亿~2500亿港元。因此，可以说劳动力和土地供应充足及价格低廉，正是珠江三角洲的优势所在，也是吸引港商的最重要的前提条件。

(2) 运输成本

从地理位置上来看，香港与深圳相连，与珠三角其他城市地理位置也非常临近。地理位置的临近可以大大地减少运输费用。

上文提及，运输费用绝不仅仅指地理上的衡量成本，还包括人缘风俗、政策制度、贸易壁垒的相关因素。首先，香港与珠三角双方有着共同的种族、语言、文化、历史和风俗，双方在贸易及合作上更容易达成共识；其次香港与珠三角虽然市场制度不同，但从改革开放起，珠江三

---

[1] 廖柏伟、王于渐：《中小企业及香港的经济发展》（研究报告），1992。

角洲地区开始以市场经济为导向,并努力地逐步建立起与市场经济运行机制和国际惯例相适应的法律法规,给予港商一系列的优惠措施,于是港商开始了对内地小量的试探性的投资;经过这种试探性的投资阶段后,香港厂商对广东的整体投资环境有了一个新的认识。而且广东省出台更多的规范性文件鼓励外商投资,减少了港商投资广东的不确定性,使得运输成本进一步降低,于是香港与内地正式开启了"跨境分工"模式。

(3) 投入产出要素

由于比较优势及运输成本的降低,香港与内地初步形成了"跨境分工"的体系,但前店后厂的垂直分工模式进一步的完善则是由投入要素所驱动的。由于垂直分工体系开始形成,香港的制造业企业转移到广东的珠江三角洲投资,而由转口贸易起家的不少港商获取海外订单容易,具有固定的出口营销渠道且熟悉国际市场,因而在珠江三角洲投资的港资企业产品以出口外销为主,有一半以上的港资企业产品全部出口。同时,由于珠三角与香港的铁路、高速公路和内河水运交通便捷,运输时间短、成本低,特别是当时珠三角本身的港口设施建设落后、国际航线少、集装箱运输不发达,而作为亚太地区国际航运枢纽和世界最大集装箱吞吐港口的香港,港口设施先进、国际航线密集、集装箱运输高度发达,因而长期以来在珠三角投资的港资企业大多将产品经铁路或高速公路运往香港,再由香港转出口输往欧美等目的地市场。

如表2-5所示。其中进口是指来自内地所有货物中,曾经以合约形式约定将原材料或者半成品运往内地加工后重新运回香港的部分;本地产品出口一项是指香港所有运输到内地的产品中,有合约约定在内地加工后再返回香港的部分,也就意味着出口的目的是在内地加工后再运回香港,其余的作为内销使用。

表2-5 内地与香港加工贸易的比例

产品	进口		出口	
	1989年	1994年	1989年	1994年
纺织品	12.8	30.3	84.8	79.4
成衣	84.5	83.1	85.1	96.4
塑胶及制品	73.4	87.1	83.9	79.8

续表

产品	进口		出口	
	1989年	1994年	1989年	1994年
机械及电机	77.8	82.2	56.7	57
音像及影视器材	85.2	94.7	94.6	90.6
钟表	94.6	96.4	98.5	98.7
玩具	94.1	94.2	96.4	93.8
金属制品	30.2	51.1	64.2	54.4

从表 2-5 中可以看出，香港的货品中有的是先在香港制造，输到内地加工后再返回香港；有些是将原材料直接输往内地，这就意味着内地生产的产品或者中间产品中绝大多数用于香港的出口或本地销售。以成衣为例，1989 年有 84.5% 的成衣是在内地加工后再返还香港的，这说明成衣的投入产出要素比已经非常高。

伴随投入产出要素比的提高，最后的均衡结果将是生产价值链中的低端环节相对集聚于发展中国家，高端环节相对集聚于发达国家，也就意味着中间产品的制造环节将集中于珠三角，而最终产品的销售、研发等资本密集型工作将集聚在香港进行。事实也的确如此，香港工业在北移的过程中，并没有把企业的所有部门转移出去，转移的只是中间产品的制造环节。香港制造业的北移使得香港由过去的生产与管理合一的制造中心转变为脑力劳动的管理服务中心，在香港保留的公司转向进行生产的前期开发和后期的管理与服务，从事争取订单、扩大市场、原材料供应、开发设计、策划管理、财务管理与运营销售等工作。本地的生产企业开始逐步实现高科技化和高附加值化。同时，为服务业的发展提供了资源和空间，促进了香港多个国际性服务型经济中心的确立和巩固。

据香港经济研究中心的调查，到 2003 年止，大约有 95% 的香港服装和皮革工业、90% 的塑料工业、85% 的电子工业和 90% 以上的手表与玩具工业已从香港转移到以珠江三角洲为主的内地投资。1980 年香港的加工制造业雇用约 100 万工人，到 2003 年仅雇用约 20 万工人，而同时在珠三角地区的港资企业雇用约 1000 万工人。因此，可以说粤港之间"前店后厂"的合作模式是特定历史条件下的产物，并会在新的经济形势下演进与改变。

(二) 发展阶段及特点

正因为内迁能够解决长期困扰香港制造业厂商的问题，有利于降低成本、扩大生产规模，提高产品的国际竞争力，因此从 1980 年开始，香港厂商先是在深圳地区，接下来逐渐在整个珠三角地区设立工厂。

1. 跨境分工体系的初始阶段

20 世纪 70 年代末，香港制造业借助改革开放的契机，开始了制造业的内迁过程。此时主要以"三来一补"方式运作，即港方提供原料、设备、技术和管理，内地提供厂房和工人，成品运回香港包装和出口。劳力密集行业率先北移，例如制衣、塑料、钟表、电子等；上游工厂大多属资本和技术密集型，北移的步伐较慢，当更多下游厂家已搬往内地，工业原料厂亦紧追其北移。

改革开放之初，广东省的工业基础十分薄弱，其优势只是"一块地皮两只手"[①]，而外商对内地的改革开放政策心存疑虑，于是采取投资少、见效快、简单明了的形式到广东进行投资[②]。广东省通过"三来一补"企业吸引外资，是在改革开放之初广东吸引外资的主要形式。1983 年之前，在广东省实际利用外资的构成中，"三来一补"企业所占比例在 30% 以上。从两地生产上的关系来看，"三来一补"就是两地建立在生产上的初级合作关系，这一情况也与珠三角缺乏资金、技术的情况相吻合。但是"三来一补"只是承担的简单的加工生产，香港负责产品设计、市场推广的环节。

此阶段的分工体系主要有以下几个特点：（1）产业合作主要由民间组织推动。双方的合作模式主要是香港的企业家或商会借到广东探亲、考察之机，尝试投资建厂，具有投资规模较小、投资区域相对集中、投资领域有限的特征。（2）合作的产业相对低端。来料加工、来样加工、来件装配和补偿贸易的"三来一补"是广东（特别是珠三角）在改革

[①] 陈广汉：《粤港澳经济关系走向研究》，广东人民出版社，2008。
[②] 方奕涛：《广东"三来一补"与"三资"企业形式外资比较》，《国际经贸探索》1999 年第 2 期。

开放初期创立的一种企业贸易形式。双方的合作主要集中在资源密集型、劳动密集型产业，诸如食品饮料、纺织服装等轻工行业。（3）粤港产业合作的基础在于要素互补。广东拥有丰富而廉价的土地和劳动力，而香港则具有资金、技术、设备和管理优势，正是这种要素差异成为粤港产业合作的内在动力。（4）受政治因素影响较大。这一时期乃中国改革开放初期，因对内地改革开放政策的连续性持怀疑态度，香港投资者多显得比较谨慎，同时，广东地方政府思想上处于初步解放阶段，粤港双方的合作空间和领域还相对有限。总体来看，此阶段粤港产业合作尚处于试探、摸索阶段，两地经济发展呈不同步状态。

2. 跨境分工体系的正式形成阶段

20世纪80年代仍有港商对内地的投资环境抱观望态度，90年代北移的港厂有爆炸性的增长。80年代中后期，随着广东市场体制的不断完善，外商对广东投资环境逐渐熟悉和对中国改革开放政策的信心逐渐增强，在"三来一补"企业继续存在的同时，以直接投资的"三资企业"（中外合资经营企业、中外合作经营企业、外商独资经营企业）为主，逐步从垂直分工向水平分工转变，原有的初级合作形式已经不能满足两地发展的要求。香港需要进一步向内地转移制造业，腾出空间发展具有高附加值的第三产业，提高自身的竞争力。因此，珠三角在原有的"三来一补"的基础上进一步制定了合作经营、合资经营和独资经营的优惠政策。2007年广东的港资企业中，约9成在1991年后成立，尤以1996~2000年为高峰。1990年代"三资企业"模式普及，港商扩大生产规模，自行买地设厂，发展内销业务。因土地和工资成本低廉，港商可承接的货量大增，因此不少原属中型的厂商在内地设厂后，业务相较在香港投产时倍增。

1990年代香港的厂房陆续收缩，工人分批遣散，公司在香港保留办公室，负责接单、银行、会计、物流、法律等服务。为再降低成本，近年来这些后勤服务亦北移，长驻内地工作的港人逐年上升，从1988年的52300人增至2005年的237500人。在这种情况下，香港把整个生产线和工序都搬到了珠三角地区。这时珠三角承接香港工业生产的加工和生产工序，成为生产基地；香港则保留了订单、设计、销售等环节，形成了正式的"前店后厂"模式。

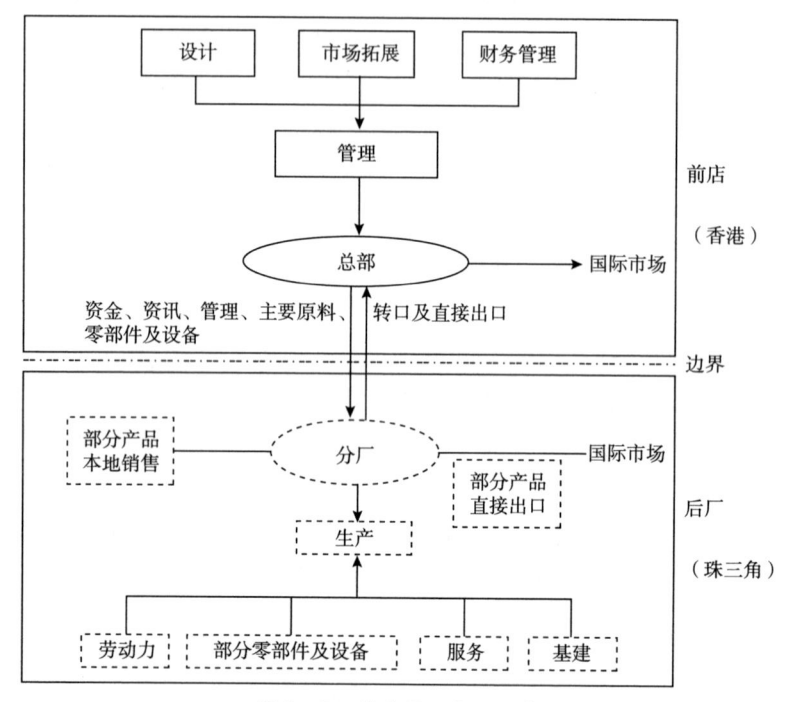

图 2-5　前店后厂分工示意

这种模式下，在广东实际利用外资的构成中，"三资"企业所占的比重从 1989 年的 34.1% 增加到 1999 年的 84.3%，如表 2-6 所示。截至 1996 年，已约有 80% 的香港工厂或生产线转移至广东珠三角地区，香港"三资企业"及"三来一补"企业达 66000 多家。[①]"三资"企业在广东发展迅猛，对广东经济的快速发展起到了重要的作用。在这些三资企业中，大部分是从香港转移过来的，从开始的来料加工到整个加工制造业的产业转移。经过多年的发展，"三资"企业中轻工业的比例明显大于重工业，其产品销售也以出口为主，轻工业品成为广东省工业品出口的重要组成部分，促进了广东省整个工业的"轻型外向"的发展格局。[②]

---

① 吴云端：《粤港经济合作的历史、现状与前景》，《肇庆学院学报》2003 年第 6 期。
② 杨顺娟：《广东"三资"企业发展现状及增效对策探讨》，《南方农村》2004 年第 4 期。

表2-6 "三资"企业和"三来一补"企业利用外资额

单位：亿美元

时期	广东"三资"企业利用外资额	广东"三来一补"企业利用外资额
1979~1990年	65.74	14.34
1991~1997年	557.84	16.51
1998~2002年	625.43	74.81
合计	1249.01	105.7

资料来源：《广东统计年鉴》（1980~2003年）。

1988年内地出现的通货膨胀并没有改变中国改革开放的基本方针。1992年邓小平南方谈话则标志着中国第一阶段改革开放的成果得到充分肯定。进而中国的改革开放政策不断向广度和深度推进，粤港产业合作渐入佳境，"前店后厂"合作模式成型并走向成熟，粤港两地经济发展多呈同步状态，并具有以下几个特点：（1）"前店后厂"合作模式建立并成熟。粤港经过近十年的合作探索，"前店后厂"合作格局已然形成并走向成熟。这一时期，粤港顺应国际产业转移和产业结构调整的需要，进行合理分工。一方面，香港鼓励制造业的价值链低端部分通过投资的形式大规模向广东转移，同时，充分利用自身的相对优势，面向全球市场，致力于发展产品的设计研发、品牌包装、市场营销网络等价值链高端环节。另一方面，广东则充分利用自身生产要素的低成本优势，积极吸纳来自香港等地区和国家的外资，大规模进行OEM（贴牌加工）、ODM（委托设计生产），迅速成为香港及其他外资企业的制造业加工生产基地。粤港之间的合作犹如"后厂"与"前店"的关系。（2）粤港产业呈现差异化发展特征。这一时期，随着香港第二产业向广东及内地的加速转移，服务型经济特征更为突出。1999年，香港的服务业在本地生产总值中所占比重高达86.1%，十年间上升了5.9个百分点。同时，广东则进入快速工业化阶段。1999年，第二产业占GDP比重达47.1%，十年间增长了4.5个百分点。总体上，粤港两地经济呈现出明显的同步增长状态。（3）粤港产业合作领域不断拓宽和深化。这一时期，随着改革开放政策的不断深化，香港在广东的投资领域不断扩大，香港的低端服务业如零售、财务、休闲等产业开始进入广东[1]，但受制于粤港制度上的差异以及服务贸易保护政策，粤港服务业合作仍未成为主流。

（三）分工效果

1. 港资企业生产规模不断扩大

从生产规模来看，由于成本低廉和政策优惠，香港制造商内迁后的规模明显上升。根据香港贸发局的数据，在抽样选出的24799家在内地设有工厂的香港公司中，有88.5%的公司在香港雇用的员工少于50人，其中雇用少于10人的占64%；而同样是这24799家公司，有超过2/3的公司在内地雇用的员工超过100人，其中更有8.5%的公司雇用超过1000人。[2] 可以看出，香港厂家凭借自身的经济实力、技术及经验，在内地经营起大规模的生产网络，远远大于其在本港的生产规模。

表 2-7　1996年在内地设厂的香港公司数量

单位：家

雇用内地员工数	雇用香港员工数				合计
	<10人	11~50人	51~100人	>100人	
<100人	5973	1479	362	39	7853
100~500人	8063	2909	1032	146	12150
500~1000人	1214	960	426	89	2689
1000~5000人	571	708	502	165	1946
>5000人	39	46	39	37	161
合　计	15860	6102	2361	476	24799

资料来源：香港贸易发展局数据库。

2. 香港本地制造业不断提高技术水平

香港大部分生产线内迁后，本土剩余的制造业开始向资本密集型及技术密集型转移，有更多的精力及资金投入高科技产品的研发当

---

[1] 罗小龙、沈建法：《从"前店后厂"到港深都会：三十年港深关系之演变》，《经济地理》2010年第5期。

[2] 卢受采：《香港经济史》，人民出版社，2004。

中，发展高附加值新产品。从香港统计局对1986~1996年制造业增加值占生产总值比例的统计可以看出，本地制造商自内迁后趋向生产一些较高值的产品，包括食品、饮品及烟草；电子零件；塑胶制品；家庭电器用具及电子玩具等。

表2-8　1986~1996年部分制造行业的增加值在生产总值中所占的百分比

单位：%

类别	1986年	1993年	1996年
食品、饮品及烟草制造	28	37	38
服装制品业	32	28	27
纺织制品业	27	26	25
纸张及纸品制造	24	28	27
印刷、出版及有关行业	40	43	37
化学、橡胶及非金属矿产制品业	25	26	27
塑胶制品业	29	34	33
基本金属、金属制品、机械及设备制造业	30	30	28
办公室、会计及计算机器材制造业	21	18	20
电子零件制造业	30	37	34
家庭电器用具及电子玩具制造业	24	31	30
专业及科学设备制造业	17	18	19

资料来源：香港统计局研究报告《一九八六至一九九六年香港制造业结构的转变》。

3. 双边贸易额不断增加

在相关政策及制造业内迁的推动下，香港与内地的贸易发展迅速。两地的贸易额从1978年的108.45亿港元，增加到2000年的12579.68亿港元，增长115倍，自1985年起，内地成为香港最大贸易伙伴。

表2-9　1978~2000年内地与香港的贸易额及占香港贸易总额比例

单位：百万港元，%

年份	两地贸易额	占香港贸易总额的比例	内地在香港贸易伙伴中的排名
1978	10845	9.3	3
1979	17048	10.5	3

续表

年份	两地贸易额	占香港贸易总额的比例	内地在香港贸易伙伴中的排名
1980	28195	13.4	3
1981	40478	15.5	2
1982	44733	16.6	2
1983	61227	18.2	2
1984	95100	21.4	3
1985	120175	25.8	1
1986	140549	25.4	1
1987	205398	27.2	1
1988	288572	29.1	1
1989	343440	30.3	1
1990	394512	30.8	1
1991	501078	32.4	1
1992	628412	33.4	1
1993	740089	34.9	1
1994	854720	35.3	1
1995	987078	34.8	1
1996	1049814	35.8	1
1997	1116117	36.3	1
1998	1044046	37.6	1
1999	1057148	38.6	1
2000	1257968	38.9	1

资料来源：香港历年统计年报。

4. 港资成为广东 FDI 的主要来源

1986～1999 年，广东省累计引进港商直接投资 628.2 亿美元，占同期广东省累计引进外商直接投资 848.0 亿美元的 74%，而在 1988 年以前，港商在广东投资占同期的广东引进外商投资的比例更高达 85% 左右。因此，香港是广东最大外商投资来源地，广东也是香港在内地投资最集中的省份。

表 2-10　1986~1999 年广东省 FDI 及港资 FDI 比较

单位：亿美元，%

年份	广东省 FDI	广东省港资 FDI	所占比例
1986	6.7	6.2	93
1987	5.9	5.0	85
1988	9.2	8.4	91
1989	11.6	9.1	78
1990	14.6	9.9	68
1991	18.2	13.6	75
1992	35.5	34	86
1993	75.0	65.3	87
1994	94.0	77.7	83
1995	101.8	79.7	78
1996	116.2	83.9	72
1997	117.1	84.3	72
1998	120.2	81.3	68
1999	122.0	73.4	60

资料来源：《广东统计年鉴》（1980~2003 年）。

四　珠三角港资企业独特的发展特征

从上文可知，自港资企业转移至珠三角以来，香港资本的大量进入对广东经济的崛起以及制造业的发展起到了至关重要的作用，从 1978 年到 2002 年，GDP 的年均增长率达到了 18.8%，而工业增加值的年均增长率更是高达 19.3%，两者都显著高于全国平均水平，而且远远超过了被称为经济奇迹的"亚洲四小龙"。珠三角有以香港为基地的公司带动，并获得香港的生产服务商有效率的支援，经过三十多年的发展壮大，已经成为发展最快的出口型制造业地区，是名副其实的"世界工厂"。本节集中探讨中央政府与香港特区政府签订的《关于建立更紧密经贸关系的安排》（CEPA）之前港资制造业在珠三角的发展情况与特色。

(一) 港资企业多集中于珠三角东部地区

东莞和深圳是港资企业最为集中的地区。根据香港工业总会 2003 年发布的《珠三角制造—香港制造业的蜕变》的调查结果，在总数为 122809 家的香港公司中，大约有 52%，也就是 63000 家公司于 2001 年在内地从事经济活动，其中 7000 家为制造业生产公司，占香港制造业机构总数的 35%。同时，估计内地有 59000 家工厂为香港企业工作，其中 53300 家集中在广东省；其中 21300 家属于外资企业，32000 家为香港公司提供生产工序的工厂，属于外来投资形式。

东莞和深圳是港资企业数目最多、发展最集中的城市，其次是广州、惠州、中山。由此可见，港资企业在内地的工厂绝大多数集中在珠三角东部。由于交通等原因，在珠三角西部则较少。

(二) 港资企业带动珠三角居民就业

据调查估计，约有 1000 万名广东省工人直接或间接在港资企业从事制造业相关工作。雇用工人数以东莞居首位，为 403 万人，其后依次是深圳、广州、惠州、中山，另外约有 134 万人在广东省其他地区工作，如图 2-6 所示。由此可见，珠三角的港资企业为当地居民的就业，也做出了巨大的贡献。

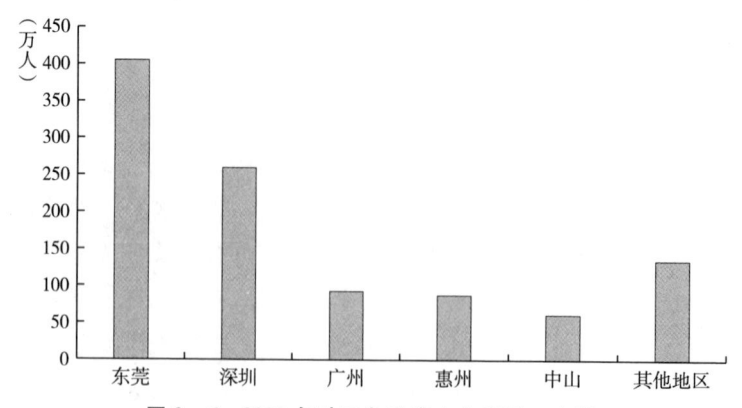

图 2-6 2003 年珠三角港资企业雇用工人数

(三) 港资企业多集中于纺织服装等传统行业

根据香港经济研究中心及香港工业总会2005年展开的调查,从珠三角九大城市规模以上港资企业在传统产业(纺织服装、食品饮料、建筑材料,金属制品业)、新兴产业(电子信息、电器机械、石油化学)及潜力产业(森工造纸、医药、汽车)的分布比较结果来看,广州、珠海、江门、佛山、肇庆的港资企业还是以纺织服装等传统的产业为主,而港资企业最集中的东莞和深圳已经开始转型发展电子信息等新兴产业(见图2-7)。但总体来看,按照广东省的制造业发展规划,在新兴产业的发展中,港资企业所占比例极少。

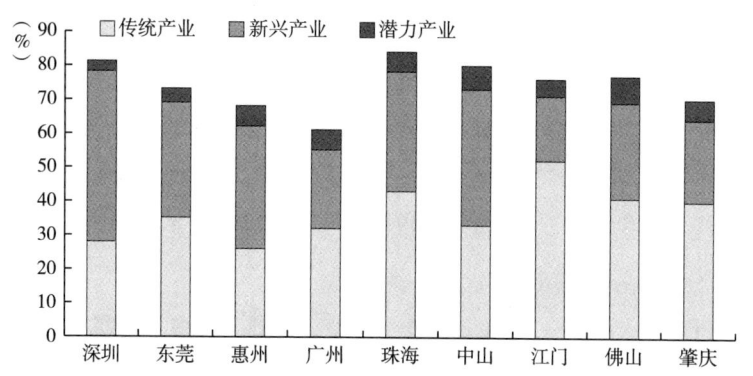

图2-7 2003年珠三角规模以上港资企业在三大类产业中分布的比较

(四) 生产模式仍以原件制造OEM为主

珠三角港资企业的生产模式仍然较初级。OEM(原件制造)、ODM(原创设计制造)、OBM(品牌产品制造)是制造业通常采用的三种生产模式。一般而言,OBM对研究开发的需求较大,其次为ODM,而OEM则由买家提供产品的设计及规格,企业直接生产即可,通常是制造商较初级的生产模式。按照香港经济研究中心及香港工业总会2005年的调查,样本中受访企业82.1%从事OEM,25%从事ODM,12.8%从事OBM。在各城市中,从事OEM比例最高的城市为肇庆和东莞,最低的是惠州和佛山,但也超过70%。因此,OEM是珠三角港资企业最重要的生产模式,也是最初级的生产模式。

从事 ODM 的企业比例最高的是广州（39.3%）、珠海（32.5%）和惠州（32.4%），最低的为江门（9.5%）。而从事 OBM 的企业则更少，尤其是港资企业最集中的深圳和东莞，比例仅为 5.8% 和 2.5%，由此可以看出，在港资企业转移到珠三角的初期，生产方式还是以代加工为主，属于生产合作的初级阶段。

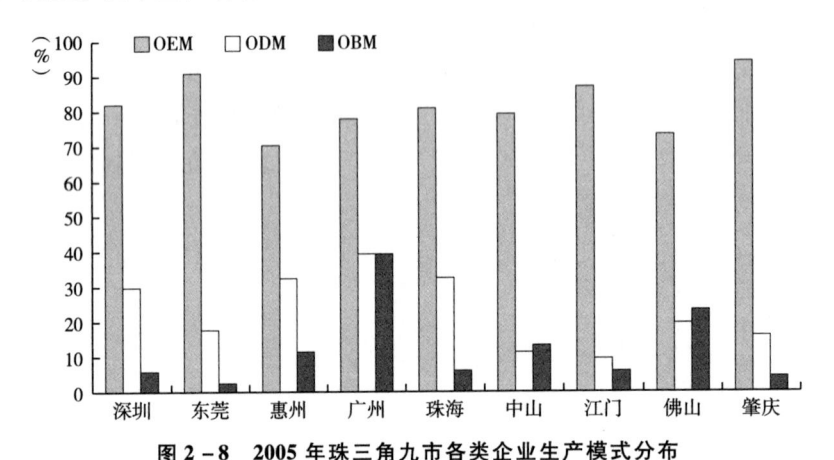

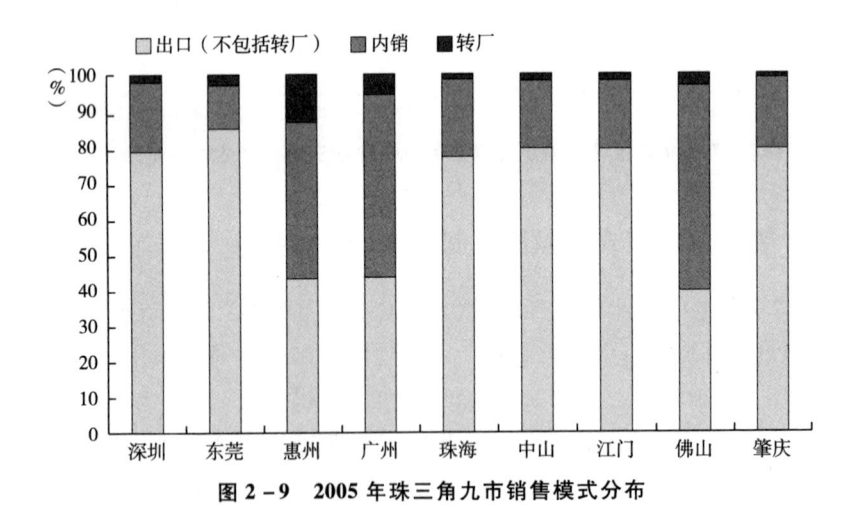

图 2-8 2005 年珠三角九市各类企业生产模式分布

图 2-9 2005 年珠三角九市销售模式分布

（五）制造业产品以出口为主要业务

在受访的企业中，大部分的港资企业是以出口为主要业务的，尤其在东莞、中山、深圳、江门、珠海、肇庆出口业务占 75% 以上，这类企业更接近于传统的"三来一补"企业。这类企业以出口为主,来料加工是其对外贸易的主要形式。但是在广州、佛山和惠州,则开始以内销为主,转厂业务也比其他城市高。

五 典型的"香港—珠三角制造"产业及企业案例分析

(一) 典型产业

1. 服装业

服装业是劳动密集型产业,同时涉及的机器和生产流程相对简单,服装工厂的迁移比其他行业工厂的迁移容易,对当地服务的要求也比其他行业低,其供应链相对简单,不需要上游供货商同时迁移。因此,珠三角可以凭借廉价的劳动力及丰富的自然资源提供快速而可靠的服装生产,香港企业一般在香港进行协调、市场推广和财务管理,而在珠三角或其他地方进行生产。由于内迁,香港的服装工业生产总值和从业人数从 2004 年的 230 亿港元和 24000 人下降到 2008 年的 80 亿港元和 13000 人。同时,香港服装业雇员多为高层管理人员以及在香港制造的多为高附加值产品,因而需要高质量、成本也更高的劳动力投入。香港在全球服装行业居于领先地位。数个引领全球的服装企业的总部都设在香港。据估计,香港企业掌控了全球服装贸易的大约 1/4。香港企业自 20 世纪 80 年代开始将生产转移到珠三角地区,只有小部分生产仍保留在香港。无论大小,绝大部分香港服装企业为著名品牌和零售商进行代工生产,这些厂商及品牌包括 Armani、HugoBoss、BananaRepublic 等。香港服装公司得益于香港的开放、管理技能、金融业、国际联系、交通系统和通信基础设施,并通过将生产转移到内地抵消了在劳动和其他成本方面的不利条件。2009 年香港纺织和服装的出口值为 2545 亿港元,占香港出口总值的 10.4%。其中本地出口值为 44 亿港元,同比下降 80%。香港纺织和服装转口总值为 2478 亿港元,占香港总转口值的 10.3%。纺织服装转口总值中源自内地的加工贸易转口值为 1184 亿港元,而源自内地的非加工贸易转口值为 456 亿港元。因此源自内地的纺织和服装转口总值为 1640 亿港元，占香港转口总值的 6.8%、服装转口总值的 66%。

2. 玩具业

玩具业是首批进入珠三角的香港行业之一。香港企业在世界玩具产业中扮演着极为重要的角色，2002 年，香港和内地共占全球玩具产量的 75% 左右。中国超过 70% 的玩具制造商位于广东省，主要在东莞，其中许多是港资企业。香港玩具厂商生产各类玩具产品，在市场、客户、物流和生产方面都积累了深厚的经验知识，并开拓了广阔的网络。香港玩具制造商已经建立一些著名的品牌，包括彩星、美昌、银辉、Toy2R 以及 HotToys。2008 年香港的"家庭电器用具及电子玩具制造业"工业生产值为 1.51 亿港元，2009 年香港玩具、婴儿车、游戏及运动货品的出口额为 1049 亿港元，占香港总出口额的 4.2%。美国和欧盟是香港地区玩具出口两个最大的市场，占全部出口的 56%。香港玩具、婴儿车、游戏及运动货品的转口额为 1047 亿港元，占总转口额的 4.3%，其中有 501 亿港元的转口额来自内地的出口加工贸易。

3. 钟表业

全球钟表业大多数重要厂商集中在瑞士、日本、中国香港和内地。目前，在高档品牌手表方面瑞士制造商被公认为无可匹敌。大多数著名品牌和昂贵品牌来自瑞士。香港公司经营的重点主要集中在中低端产品。他们在中档手表市场具有主导地位。大部分香港公司专注于 OEM①，但有些已经进军 ODM② 及 OBM③ 业务。大部分香港公司是经验丰富的营销者，已经建立分销渠道。内地较低的成本，导致绝大多数

---

① OEM 俗称代工（生产），基本含义为品牌生产者不直接生产产品，而是利用自己掌握的关键的核心技术负责设计和开发新产品，控制销售渠道，具体的加工任务通过合同订购的方式委托同类产品的其他厂家生产。

② ODM 本意是"原始设计制造商"，是指制造商设计出某产品后，在某些情况下可能会被另外一些企业看中，要求配上后者的品牌来进行生产，或者稍微修改一下设计来生产。这样可以使其他厂商减少自己研制的时间。

③ OBM 即代工厂经营自有品牌，由于代工厂做 OBM 要有完善的营销网络作支撑，渠道建设的费用很大，花费的精力也远比做 OEM 和 ODM 多，而且常会与自己的 OEM、ODM 客户有冲突。

的香港钟表公司将其大部分生产设施搬迁到内地。香港钟表业是香港四个主要出口产业之一，2009年，香港钟表出口价值为437亿港元，转口贸易额为434亿港元，相当于香港转口贸易总额的1.8%。内地的钟表加工贸易企业通过香港转口为169亿港元。截至2008年底，在珠三角地区的港资钟表和相关配件企业有2000家。

（二）典型企业

1. 利华国际（香港）有限公司

利华公司1956年成立于香港，前身为利华衬衣G.W.B&D.工厂有限公司（以下简称利华衬衣有限公司）。2007年，利华衬衣有限公司与利邦的外套制造部合并，更名为利华公司（利华）。1981年利华衬衣有限公司成为第一批在内地建立生产设施的服装生产商之一，目前工厂主要生产在广东省，而公司总部仍保留在香港。利华的传统业务是为西方品牌公司进行OEM，但目前业务已扩展至ODM。公司集中于高端品牌产品的生产，为ArmaniCollezioni、ArmaniExchange、BananaRepublic、CalvinKlein、CountryRoad、HugoBoss、PaulSmith、RalphLauren、Reiss136等客户提供产品，同时也为日本大众时装零售公司UNIQLO生产中端产品。利华专注于少数有全球规模（HugoBoss）或在某一重要市场有分量（Country Road）的客户。美国是其最大的市场，占其收入的40%，欧盟、日本、澳洲和其他地区市场合计占其收入的40%，中国内地市场占了其收入余下的20%。截至2003年，利华约有员工7000名，大部分在中国内地。产品设计、客户服务、广告推销、销售由在香港和纽约的办公室负责，而生产则在广东省进行。公司年产服装超过一千万件，包括男女各式服装和成衣。

2. 银辉玩具（香港）有限公司

银辉是一家总部设于香港的家族式企业，业务包括OEM、ODM和OBM玩具生产。银辉成立于1977年，至1993年，于东莞建厂房，拥有自建厂房超过7万平方米的生产制造基地，聘有员工达500人，是一家大型国际化生产企业。目前生产大部分在东莞进行，在香港没有制造活动。银辉在美国、英国、德国、法国、荷兰和西班牙设有分部，在中国内地的北京、上海、广州、成都和武汉也设有办事处。截至2010年，欧洲和美国各占银辉全球销售的 40%，中国内地占不到 10%，其余分布在世界其他地区。公司起初单纯从事 OEM，而现在只有 10% 的收入来自 OEM，大部分业务集中在自有品牌玩具的开发和生产。银辉玩具视品质为企业生命。早于 1994 年它就成功成为亚洲第一家通过 ISO9001 认证的玩具企业。同时银辉玩具的高品质科技创意产品，也让银辉玩具屡屡荣获各类国际国内大奖，如"德国纽伦堡最佳创意玩具"，"世界吉尼斯最小直升机"，全球 500 强企业美国玩具反斗城"全球最佳供应商"，"中国十佳优秀玩具公司"，"中国玩具创星大赛金奖"，"中国妇婴孕童产业博览会优秀创意玩具"等。银辉玩具曾与不同的全球著名的动漫及品牌公司合作，其中包括美国漫威（MARVEL）公司蜘蛛侠复仇者联盟，迪斯尼（玩具总动员），华纳（飞天小女警），法拉利（Farreri），奔驰（Benz），德国（TOLO）多乐系列，日本樱桃小丸子（Chibi Maruko Chan），法国（Oupas）欧博士系列等等，产品畅销全球中高端市场。

六 小结

综上所述，港澳与珠三角之间"前店后厂"的跨境分工体系的形成，导致二者间商品、资本、人员和信息等生产要素的大量流动和日益密切的经贸关系，"前店后厂"成为粤港澳区域经济一体化发展的雏形和基础。这种以市场为基础、以比较优势为原则、以国际市场为导向的区域资源的合理配置不仅推动了珠江三角洲地区高速的经济增长和工业化进程，使珠三角成为世界性制造业基地，而且使香港贸易、金融、物流商贸等现代服务业得到了迅速发展。

因此，可以说粤港这种跨境分工体系的形成不仅推动了珠江三角洲地区高速的经济增长和工业化进程，使珠三角发展成为"世界制造业基地"，而且使香港从劳动密集型制造业中心转变成为国际金融、贸易和航运中心。港澳与珠江三角洲地区的经济联系日益密切，成为支撑中国经济发展的重要基础。

第三章　港资企业对珠三角经济发展的贡献研究

珠三角地区能在三十多年的时间里取得如此骄人的经济发展成就,得益于制造业崛起推动的高速经济增长和经济结构的转型。珠三角地区制造业的发展与承接港澳地区制造业的转移密切相关,港资企业功不可没。从20世纪80年代开始,珠江三角洲地区利用毗邻港澳的区位优势和改革开放先行一步的制度创新优势,把握住港澳和东南亚地区产业转移的机遇从而迅速崛起。在广东和珠三角地区的外来直接投资中,港澳资本捷足先登,起到了重要的示范和带动效应。随着港资的流入在初期形成了香港与珠三角"前店后厂"的加工贸易模式,香港主要制造业80%以上的工厂或加工工序转移到了广东,其中转移到珠三角的占94%,这一迁移催生了珠江东岸地区加工工业的高速发展。港资启动了珠三角的工业化进程,导致珠三角外向型经济的快速发展,同时也创造了众多间接经济效益,比如技术、知识和人力资本在珠三角的外溢效应,珠三角基础设施建设的发展,珠三角人们社会观念的转变。1979~2014年,广东实际利用外资3676.36亿美元,其中62.4%来自香港。港资企业对广东经济增长的贡献有多大?港资企业对广东的出口有怎样的影响?港资企业对珠三角就业有怎样的影响?这些都是本章试图回答的问题。

一　港资企业对珠三角经济发展贡献的背景分析

第二次世界大战以来,香港凭借其独特的优势,经济持续高速发展，成为实现赶超的亚洲"四小龙"之一，成就斐然。在不同的时代背景下，香港总能抓住机遇，实现产业的转型升级。1950年前后，由于承接国内躲避战乱的移民、资金、技术，香港的转口贸易大大发展，出口型轻工业成为香港发展和繁荣的主要动力。制造业对GDP的直接贡献在1970年达至顶峰，为30.9%，对就业的直接贡献达45.3%。自20世纪70年代末之后，香港地区由于工资和土地成本的上升，以劳动密集为特征的制造业发展受到成本上升的约束，香港经济开始向多元化方向发展。珠三角特别是经济特区的发展为港澳地区的制造业发展创造了新的机遇。香港劳动密集型的制造业开始向土地、劳动力成本低下的内地，尤其是毗邻的珠江三角洲地区迁移。香港提供各类生产服务的功能，而珠三角集中成为其生产基地，逐渐形成了一个"前店—后厂"的地域分工模式。这一区域合作和产业分工模式，成功利用珠三角和港澳的优势，参与国际产业分工体系和国际市场竞争。这也实现了香港经济的第二次转型。同时，内地廉价的资源维持了香港制造业的成本优势，产品通过香港港口转到世界各地，也进一步拉动了香港港口、航运、物流、资本市场以及其他相关服务业的发展。20世纪80年代开始，香港传统产业的比重逐渐下降，贸易、航运、金融等经济成分进一步上升的同时，香港经济也从一种多元化的发展模式转变为服务经济为主导。香港逐步形成了以服务业为主导的四大支柱产业。这四大支柱产业包括金融、贸易及物流、旅游、工商支援及专业服务业。2015年，四大支柱产业占香港本地生产总值的60%左右[①]。

二 港商直接投资对经济发展贡献的相关研究文献

(一)港商直接投资对经济发展贡献的一般理论

与国内投资不同，FDI来源于其他国家或者地区，其中包含了其他国家先进的生产技术和管理经验，因此FDI不仅是一种物质资本，还携带了人力资本、技术知识、管理经验等非物质资本，是一种广义的资本

---

① 香港统计署网站。

概念。FDI 为东道国带来了高素质的人力资本、先进的管理经验和生产技术，是资本、专利及其相关技术的综合体。伴随着外资企业在东道国开展的各种经济活动，他们所拥有的人力资本、先进的生产技术和管理经验等要素会通过各种渠道向东道国本土企业扩散，引起本土企业技术革新，生产力的进步以及劳动力总体素质的提高，给本土企业及其经济发展带来正的外部效应，这种正的外部效应就是 FDI 的溢出效应。按照 FDI 溢出效应的影响范围可分为：水平溢出效应和垂直溢出效应。

1. 水平溢出效应

水平溢出效应，也称为行业内溢出效应。水平溢出效应的内涵广泛，包括示范效应，是指本土企业通过模仿、学习等方式获取外资企业的先进技术和管理经验；竞争效应，是指外资企业的进入增加了行业竞争的激烈程度，促使本土企业提升效率，加快技术革新，但是也可能导致本土企业丧失市场份额，降低企业生产率；培训效应，是指外资企业的技术人员或者管理人员流动到本土企业后，给本土企业带去先进的生产技术和管理经验。第一，FDI 对东道国的产业有促进作用。Caves (1974) 以澳大利亚和加拿大制造业的截面数据为例进行研究，发现 FDI 对两国的制造业存在正的技术溢出效应，并根据技术溢出效应对当地企业的具体影响，第一次比较全面地阐述了 FDI 的技术溢出效应，主要分为三种：一是 FDI 会对东道国的垄断行业造成冲击，遏制垄断行为，进而改善资源配置；二是 FDI 会对东道国企业造成竞争压力或者示范效应，刺激东道国企业改进技术和管理，提高资源利用效率；三是东道国企业会学习和模仿外资企业，在技术或者管理上追赶外资企业，以提高自身的竞争力，而外资企业受此影响，也会不断地加快技术转移。Haddad 和 Harrison (1993) 利用 1985~1989 年摩纳哥的制造行业企业面板数据，研究了 FDI 对全要素生产率的影响。研究结果显示，东道国企业的生产率增长与外资份额高低呈负相关关系。第二，FDI 对东道国的产业有制约作用。Elsadig Musa Ahmed (2012) 研究了 1999~2008 年马来西亚的外商直接投资情况，研究将人力资本、劳动力吸收能力、物资资本等作为控制变量，采用时间序列模型（OLS）进行回归分析，结果显示 FDI 的流入对全要素生产率起着明显的抑制作用。Sinani 和 Meyer (2004) 探讨了 FDI 的技术转移和竞争对爱沙尼亚国内企业生产率的影响，样本时间为 1994～1999 年，研究的重点是探讨流入的 FDI 和东道国企业的特征如何对技术溢出产生影响。

2. 垂直溢出效应

垂直溢出效应，也称为行业间溢出效应，即联系效应，具体又可分为前向效应，是指外资企业对本土企业下游客户的溢出效应；后向效应，是指外资企业对本土企业上游供应商的溢出效应。跨国公司通过东道国国内上下游企业的知识转移获益。Javorcik（2004）以东道国立陶宛公司为例进行研究，验证了 FDI 技术溢出效应可以在供应链的上下游传输。Javorcik 认为 FDI 技术溢出在性质上更多的是垂直溢出而不是水平溢出，这种垂直溢出主要通过前向关联和后向关联表现出来。Blalock 和 Gertler（2008）对东道国印尼公司的研究也证明了这一点。根据 Javorcik 的研究，跨国公司具有非常强的防止技术外溢的动机，这将增强其与东道国国内竞争对手的竞争力。跨国公司往往寻求通过支付更高的工资来留住员工，通过正式的知识产权保护，降低水平型的技术转移。Blalock 和 Gertler（2008）推测，跨国公司在新兴市场上，会将技术转让给东道国国内供应商，以提高供应商的生产率，同时可以降低采购成本；跨国企业还会将技术提供给多个供应商，从而有效避免阻碍问题。当然这种知识转移一方面会导致供应商的进入门槛降低，另一方面会使得供应商之间的竞争加剧，从而有利于所有下游的生产企业。垂直关系可以作为 FDI 技术溢出的一个渠道，他们的研究结论强烈地支持东道国采用相应的政策来鼓励外商直接投资。

（二）外商直接投资对经济发展的贡献相关研究文献

1. 国外学者的相关研究

国外学者对 FDI 对东道国产业的外溢效应研究颇多。外国直接投资对东道国经济的影响主要包括知识技术的转移与扩散，对东道国的贸易、出口、就业、工资、产业结构和竞争力的影响；也有一些研究者针对东道国本地公司和异地公司资本效率和人力成本与外国直接投资的转移问题进行了描述和研究（Ryan，2002）。国外学者的 FDI 溢出效应研究主要集中在以下几方面：（1）FDI 与经济增长的关系；（2）FDI、人力资本和经济增长的关系；（3） FDI 与金融市场的关系。

（1） FDI 与经济增长的关系

FDI 的经济增长效应是理论界和决策部门所公认的。无论是英国、美国等发达国家，还是印度尼西亚、墨西哥等发展中国家，FDI 在其经济增长中依然发挥重要作用，只是作用程度与东道国技术水平、宏观政策、制度环境等资源禀赋条件有关。对中国而言，改革开放以来，FDI 是促进中国经济持续快速发展的重要推动力之一，在提供就业、增加税收、出口创汇等方面发挥了难以替代的作用。学者多以反映中国经济增长的宏观指标，例如全要素生产率等与 FDI 的关系的探讨来揭示二者之间的机理与联系。

第一，发展中国家 FDI 与经济增长的关系。Herzer 等人（2008） 更是得出 FDI 和经济增长之间负向的关系，他们特别指出经济增长与吸收外资能力没有关系。他们对 28 个发展中国家 1970～2003 年的数据进行了分析。其研究利用协整检验以及 Toda 和 Yamamoto 因果关系三种主要的计量方法。他们的主要发现是，外商直接投资并不是导致经济增长的主要原因。他们认为在绝大多数国家，FDI 对经济增长既不存在短期效应，也没有长期效应。他们进一步发现，与吸收外资能力相关的变量（人力资本，金融市场的发展，开放度，人均收入）不能影响这一结果。DeVita 和 Kyaw（2009） 也对东道国具有一定吸收外资的能力是否有助于促进经济增长进行了研究。他们研究的数据来自 126 个发展中国家，时间从 1985 年至 2002 年，并将涉及的国家根据经济发展水平进行了分组。他们得出的结论是外商直接投资对中低收入和中上收入水平的发展中国家经济增长有促进作用，而对低收入水平国家则没有。其中影响最大的是上中等收入国家，在那些国家中外商直接投资增加 1% 能导致人均实际 GDP 增加 0.4%。Lee 等（2009） 发现，外商直接投资对东道国为发展中国家或转型经济体的国内企业生产率的影响有正向的，也有负向的，还有些研究得出的结论是，这种溢出效应不明显。外商直接投资对经济增长的影响主要是效率的提高，而不是总投资的增加。

第二，发达国家 FDI 与经济增长的关系。Ghosh 和 Wang（2009） 对经济合作与发展组织的 25 个国家的外商投资进行了研究，样本时间从 1980 年至 2004 年。他们发现，无论是流入还是流出的 FDI 都能促进经济合作与发展组织国家的经济增长，当然，这种贡献比较小。据他们估计，流入的外商直接投资增加 1%，能导致 GDP 增长 0.01%。Demello（1999）的研究认为，FDI 对东道国的经济增长促进作用主要取决于外商直接投资对资本积累和技术进步的影响，而后者是一个国家的吸收能力的一个重要决定因素。他们使用的数据来自 32 个国家，其中 15 个为 OECD 成员国，时间跨度从 1970 年至 1990 年，同时采用了时间序列和面板技术。

（2）FDI、人力资本和经济增长

Ram 和 Zhang（2002）同时对 FDI、人力资本和经济增长进行了研究。他们的样本数据共来自 85 个国家，其中 60 个为发展中国家，研究时间为 1990~1997 年。他们的突出贡献是对 FDI 的研究选用了三个指标：净流入、外商直接投资占 GDP 的比例和总投资合计净流入。他们发现外商直接投资与经济增长之间存在正相关关系，尽管这种效应并不总是明显。Ana M. Fernandes 等人（2012）专门研究了智利生产性外商服务企业对国内制造业全要素生产率的影响，也认为外商生产性服务业通过前向关联作用显著地促进了制造业的发展，研究样本涉及 69 个发展中国家 20 世纪 70~80 年代的数据。其主要研究结论是外商直接投资对经济增长有积极的影响，并且这种影响强度取决于东道国经济中的人力资本存量。

（3）FDI 与金融市场

Hermes 和 Lensink（2003）从吸收外资能力的另一个方面——东道国金融市场的发展水平进行了探讨。他们的数据涉及 67 个发展中国家，主要是拉丁美洲的国家及亚洲国家，研究的时间较长，从 1970 年至 1995 年。他们对金融市场的测量主要是采用私营部门贷款占 GDP 的比例指标，但他们的研究还包括人力资本、投资，以及其他影响经济增长的因素。研究的主要结论是 67 个国家中有 37 个足够发达的金融体系，从而能使得 FDI 对经济增长发挥积极作用，其讨论的因子一般也局限在外资的所有权份额、国内企业的研发能力以及企业的规模等。

Fung 等（2000）考察了 1991~1997 年中国各省份吸引的来自美国和日本的 FDI，发现当地的劳动力素质、经济规模以及是否经济特区或沿海城市对来自这两个国家的 FDI 有显著影响。Fung 等（2002）使用 1990~1999 年数据，对比分析了流入各地的美国和香港地区的 FDI，发现来自美国的 FDI 对当地需求更加敏感，而来自中国香港的 FDI 对当地劳动力成本更加敏感；并且来自美国的 FDI 的资本密集度和技术密集度要高于来自中国香港的 FDI。Zhang（2000）比较 1979~1997 年美国和 1977~1997 年中国香港对中国内地直接投资的数据，发现美国的 FDI 主要是以进入当地市场为导向，而香港的 FDI 主要是以建立加工出口基地为导向。

2. 国内学者的相关研究文献

FDI 的溢出效应是国内大多数学者所认可和强调的。从广义上讲，溢出效应需包括所有外商直接投资的外溢影响，包括正面和负面的影响，外商直接投资的负面影响近年来在可持续发展观念日益深入人心的国际背景下不断引起重视和关注。长期以来中国（东亚国家）一直强调的是外商直接投资的正面意义，主要包括技术溢出效应。国内学者的 FDI 溢出效应研究主要集中在以下五方面：（1）FDI 对转型升级的影响；（2）FDI 行业效应；（3）FDI 区域效应；（4）FDI 对中国经济增长方式的影响；（5）FDI 和就业关系。

（1）FDI 对转型升级的影响

国内学者一般认为，外商直接投资促进了中国产业结构的升级，提升了中国产品的出口竞争力水平。谢建国（2003）认为，中国产品竞争力的变化有较强的路径依赖，外商直接投资虽然不是中国产品出口竞争力的决定因素，但是是打破这种路径依赖的重要原因。一般来说，跨国公司为了在东道国树立良好的企业形象与建立良好的公共关系、减少员工的流动以避免给当地的竞争对手带来技术外溢和信息不对称，通常会支付较高的工资，在支付较高工资的同时，通过正向的"工资外溢效应"对当地企业支付的工资水平造成影响。因此，对外商直接投资与劳动供给关系的研究主要关注外商投资企业支付工资与当地企业支付工资水平的比较以及"工资外溢"对东道国平均工资水平的影响。跨国公司通过提高劳动需求和工资溢出，对东道国的整体工资水平造成影响，使东道国的工资水平有上升的压力与趋势。跨国公司对当地员工的培训，提升了他们的技术水平，也变相地提高了这部分人的工资水平。李雪辉、许罗丹（2002）利用中国宏观数据进行经验分析，验证了外商直接投资通过提高当地的熟练劳动力的工资水平提高外资集中地区的工资水平，而来源地不同的外商直接投资对工资则有不同的影响，但对劳工流动性的影响不大。冼国明、葛顺奇（2002）指出，东道国对跨国公司直接投资的促进政策大致经历了三代：第一代以提供激励性优惠措施为主；第二代注重直接投资规制框架的自由化变革；第三代强调当地企业与跨国公司的关联。通过对在广东的美国、日本、欧盟和中国港、澳、台资企业的调查也发现，优惠政策吸引力仅排在所有影响投资决策因素的倒数第二位；企业的要求转向降低和逐渐消除国内贸易壁垒，提高政策的透明度，开放服务业等方面。

（2）FDI 行业效应

在行业分析上，潘文卿（2003）利用中国工业部门的行业统计数据，对外商直接投资的外溢效应进行系统分析，结果显示，1995~2000 年外商直接投资对工业部门的总体外溢效应为正，外商直接投资的资本积累每增加 1%，带动国内企业的产出增加 0.13%。陈涛涛（2004）引入"内外资企业能力差距"的概念对 FDI 溢出效应进行了经验研究，结果表明，内外资工业企业的能力差距较小，有助于溢出效应的产生。

（3）FDI 区域效应

关于 FDI 对中国区域经济增长的影响，何洁（2000）利用 1993~1997 年 28 个省区市的工业部门共 140 个相关数据进行分析，得出 FDI 在各省份工业部门中均存在明显的正向外溢效应。魏后凯（2002）利用 1985~1999 年时间序列和横断面数据，对 FDI 对中国区域经济增长的影响进行了实证分析，结果表明，改革开放以来，中国区域经济发展呈现出典型的二元结构特征，与 FDI 分布的不平衡密切相关。赵奇伟、张诚（2007）对中国 1997~2004 年 31 个省份的面板数据进行实证分析，结果表明随着外资大规模涌入，中国要素市场已难以为当地企业提供足够的资金和人才支持，从而造成 FDI 净溢出效应为负。米运生（2006）的研究表明，在华外商直接投资配置效率的区域差异特征明显。在动态趋势方面，东部优势减弱，中部综合优势明显。在国家、区域间以及区域内这三个层面上,对外商直接投资的配置效率的影响因素各不相同。在国家层面上,市场和公共资本等因素权重较大;在区域间,区位、知识和技术以及劳动力成本等因素较关键。

(4) FDI 对中国经济增长方式的影响

郭克莎(1995)认为外资的大量进入增加了国内企业提高生产水平、转变经营方式的压力和紧迫感,为经济增长方式的转变提供了资金和技术基础。洪银兴(2000)认为应通过提高利用外资的效益和优化外资结构推动中国经济增长方式的转变。傅元海等(2010)认为本地企业在 FDI 溢出效应发生的不同机制下选择不同的技术进步路径,对经济增长方式产生不同的影响。杨宝臣、殷锐(2007)使用面板协整技术研究了外商直接投资与经济增长之间的双向联系以及不同的经济开放程度对外商直接投资与经济增长之间相互关系的影响,发现外商直接投资与经济增长之间存在长期协整关系。对于相对封闭的经济体而言,长期因果关系主要是经济增长带动外商直接投资增长;对于相对开放的经济体而言,经济增长与外商直接投资互为因果。短期和长期的双向因果关系表明外商直接投资可以引起经济增长方式的永久改变。

(5) FDI 和就业关系

蔡昉、王德文(2004)认为,FDI 对东道国就业的增加具有明显的促进作用。虽然当前 FDI 相关就业份额仍然较小,但由于其在我国增长速度非常快,该领域就业对中国总体就业增长的贡献率很高。王剑(2005)通过构建 FDI 与东道国就业的联立方程模型,将外资对就业的直接、间接效应纳入一个理论模型中进行综合分析,结果表明,FDI 通过直接效应带动了我国就业的增加,但同时对国内投资的挤出、对生产率水平的提高则产生了缩减就业岗位的间接效应,但总体效应是正的。金碧、陈仲常(2007)在研究模型中加入反映 FDI 独资化倾向的变量,认为 FDI 与其独资化倾向均对就业有着显著的正影响。但也有学者对就业问题有不同看法。例如牟俊霖(2007)就认为,初始阶段的 FDI 主要是技术水平偏低的劳动密集型投资,对我国的直接就业效应非常显著,但随着 FDI 技术水平的提高和国内企业竞争力的提升,FDI 的直接就业效应会减弱。牟俊霖(2009)更是认为,外商投资流量对就业有促进作用,而外商投资存量对就业有抑制作用,多数年份外商投资的净就业效应为负，对就业不存在显著、积极的促进作用。

（三）港（外）商直接投资对经济发展贡献的研究评论

第一，一般研究文献是基于本地企业的劳动生产率、全要素生产率或东道国 GDP 与 FDI 参与程度的联系构建计量模型，来判断 FDI 的溢出效应。外资的参与程度多是用外商投资额占 GDP 或投资的比例（沈坤荣、耿强，2001；包群等，2006）、外资企业资产份额（Aitken & Harrsion，1999）、就业的份额（Keller & Yeaple，2003）、产值份额（Sjöholm，1999）和增加值的份额（Bin，2000）等测度。第二，从实证方面区分 FDI 的不同技术溢出机制的研究成果主要集中在不同国家或地区的面板数据。为寻求 FDI 溢出效应发生机制的一般性证据，一些运用计量模型的实证文献试图区分 FDI 溢出效应发生的不同机制。就目前而言，能成功地检验 FDI 溢出效应发生机制的文献，主要是对关联效应的检验，研究发现后向关联效应对东道国技术进步的影响最大（Lall，1978；Mc Aleese & Mc Donald，1978）。本文探究在珠三角经济发展的过程中，港资 FDI 的贡献度。尤其是港资 FDI 为珠三角地区带来的经济增长和就业增长，对珠三角的工业化和城市化进程做出了巨大贡献。这一点也是相关文献所忽视的，也是本文研究的重点。

三　珠三角港资企业的发展特点、主要贡献与特征事实

改革开放以来，港资企业是与国家尤其是广东省经济同步发展的，助力珠三角吸引外资和产业转型，取得很大成绩：港资企业数量仍是珠三角外资企业中占比最大的，对广东经济的贡献很大；珠三角港资企业主要从事制造业，对推进广东工业化进程助益良多；港商投资是广东和珠三角经济发展的主要动力。但是，后金融海啸时期国内外经济形势变得更加复杂。国内进入"三期叠加"时期，转型压力日益显现；美日欧等发达经济体需求不振，经济增长乏力；新兴市场进入资本外流、风险积聚的阶段。在此大背景下珠三角地区的转型升级，的确遇到不少挑战，尤其是珠三角港资制造业的发展遇到了一些困难。中山大学港澳珠

三角研究中心多次调研珠三角港资企业的发展，深入了解珠三角港资企业面临的困难并总结后金融海啸时期，特别是近六年（2010～2015 年）珠三角港资企业发展的特征事实。调研者发现，其主要困难有：代工生产没有主动销售权；缺乏战略思维；企业缺乏高素质人才和先进技术作为支撑；成本上升影响港资制造业发展；"招工难"，使部分劳动密集型企业被迫转移；国内外激烈竞争的新环境等等。

（一）发展特点

1. 从企业的数量结构来看，港资企业数量仍是珠三角外资企业中占比最大的，对广东经济的贡献很大

从表 3-1 可见，珠三角地区 19305 家港资企业中，有 5439 家集中在东莞地区，占比 28.2%，有 5434 家集中在广州地区（含增城、从化），占比达 28.1%，两地合计占比超过 50%。广州地区港资企业注册资本合计 446.15 亿美元，东莞地区港资企业注册资本合计 264.84 亿美元，两地港资企业注册资本合计 711 亿美元，占比为 56.8%。

表 3-1　珠三角地区港资企业数量与注册资本分布

单位：家，亿美元

地区	家数	注册资本
广州	5434	446.15
东莞	5439	264.84
佛山	1916	154.31
珠海	975	109.12
惠州	2324	107.86
中山	1285	73.71
江门	1448	66.55
肇庆	484	28.92

资料来源：中国人民银行广州分行调研报告。

2. 从所从事行业来看，珠三角港资企业主要从事制造业，对推进广东工业化进程助益良多

从各行业企业家数来看，排名前列的行业主要是各类制造业。珠三角地区 19305 家港资企业中，从事批发业的企业合计 2071 家，数量最多，其后依次为橡胶和塑料制品业，计算机、通信和其他电子设备制造业，纺织服装、服饰业等制造业（见表3-2）。

表3-2 珠三角港资企业从事行业与家数

行 业	家数
批发业	2071
橡胶和塑料制品业	1591
计算机、通信和其他电子设备制造业	1506
纺织服装、服饰业	1500
金属制品业	1413
电器机械和器材制造业	1062

资料来源：中国人民银行广州分行调研报告。

3. 从注册资本的结构来看，珠三角港资企业以房地产、电子设备等制造业为主

从注册资本角度看，排名前列的都是制造业。港资房地产企业注册资本合计248.31亿美元，占比19.8%。计算机、通信和其他电子设备制造业注册资本合计111.55亿美元，占比为8.9%。其后依次为电器机械和器材制造业、橡胶和塑料制品业、金属制品业等制造业（见表3-3）。

表3-3 珠三角港资企业从事行业与注册资本

单位：亿美元

行 业	注册资本
房地产业	248.31
计算机、通信和其他电子设备制造业	111.55
电器机械和器材制造业	76.05
橡胶和塑料制品业	62.41
金属制品业	58.59
电力、热力生产和供应业	50.01
纺织服装、服饰业	43.56
租赁业	41.39
造纸和纸制品业	40.39
商务服务业	39.14

资料来源：中国人民银行广州分行调研报告。

（二）主要贡献

珠三角地区能在三十多年的时间里取得如此骄人的经济发展成就，港资企业功不可没。从 20 世纪 80 年代开始，珠江三角洲地区利用毗邻港澳的区位优势和改革开放先行一步的制度创新优势，把握住港澳和东南亚地区产业转移的机遇从而迅速崛起。在广东和珠三角地区的外来直接投资中，港澳资本捷足先登，起到了重要的示范和带动效应。港商直接投资对珠三角经济发展的贡献主要分为直接贡献和间接贡献。直接贡献包括对经济增长的贡献、就业效应、促进出口；间接贡献包括对技术进步的溢出效应、促进体制创新等。

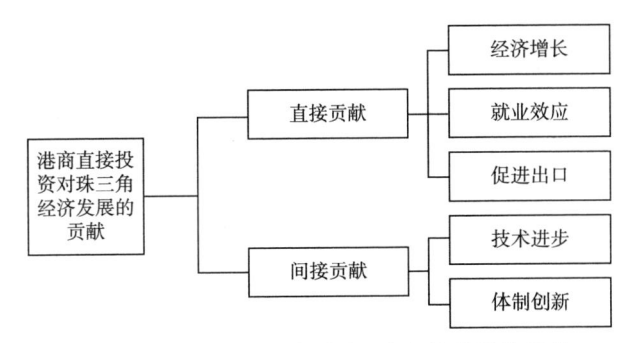

图 3-1　港商直接投资对珠三角经济发展的贡献

1. 直接贡献

（1）港商投资是珠三角和广东经济增长的主要动力

根据广东省工商局调研报告，广东省（不含深圳）辖内已申报权益数据企业 35150 家，投资总额 3761.65 亿美元，注册资本 2259 亿美元；其中港资企业 23003 家，占比 65.4%，港资企业投资总额 2254.98 亿美元，占比 59.9%，港资企业注册资本 1437.61 亿美元，占比 63.6%。截至 2014 年底，在珠三角地区港资企业共 19305 家，占全部港资企业的 83.9%。珠三角地区港资企业投资总额 1962.03 亿美元，注册资本 1251.43 亿美元。

（2）港商投资带来了明显的就业效应

港资的引进对珠三角的就业作用明显。第一，港资通过内地投资直接吸收内地的劳动力资源，使得大量闲置的劳动力资源得到利用。港资企业对内地劳动力就业的直接效应是相当明显的。第二，港资企业通过并购的形式，组建三资企业，吸纳原有企业的职工，形成转移就业。第三，通过关联效应来影响就业形势。港资企业具有广泛的前向与后向联系，会直接促进相关产业的发展，创造新的就业机会，从而提高就业率。第四，劳动者的就业质量会得到提高。港资企业为了使员工能够掌握操纵机器设备的技能，大多会制定出成熟的员工培训计划，提供许多培训机会，帮助员工掌握先进的经营理念、管理知识和先进技术。

2. 间接贡献

（1）港商投资对珠三角企业的技术进步具有一定促进作用

在珠三角的港资企业大多数是从香港本地转移过来的劳动密集型企业，与珠三角大多数中小企业性质相近，它们之间会形成某种程度的竞争，促使双方的技术水平提高。以制造业为例，来自香港的资金主要投向珠三角的纺织业、玩具业、皮具业、制鞋业等，而珠三角的大多数中小企业也集中在这些行业，在竞争压力之下，珠三角的企业会积极模仿港资企业的技术，或者通过加大自身研发投入来进行技术创新，提高技术水平。港资企业为保持其领先优势，也会不断地革新技术，改革管理、营销等手段。港资入驻内地的中小企业与珠三角本地的中小企业竞争形成良性循环，不断地推动珠三角企业的技术进步。

（2）港商投资对珠三角的体制创新具有重要影响

珠江三角洲地区在过去30年的时间里，走了一条以市场化为导向的经济改革之路。可以说，没有市场化改革和市场经济，就没有珠三角经济的快速发展。港商投资在推进珠三角的市场化进程、体制创新方面具有重要影响。粤港两地地缘相近、文化相亲，通文化、同语言，享有共同的传统和习俗，这些都为港商在珠三角设点办厂提供了便利。港资企业带来了大量先进技术、管理经验和现代营销理念，促进了产业结构的调整与升级，为珠三角企业起到了良好的示范效应，对珠三角乃至广东经济发展产生了深远影响，尤其是对珠三角的体制创新具有重要影响。珠三角相对于其他地方来讲，思想观念解放较早，官本位思想较少，改革的阻力较小；市场经济发育较好，经济较发达，社会多元化程度较高。

(三) 特征事实

1. 港资企业经营改善对珠三角和广东投资贡献较大，但近年来港资制造业面临困难

首先，从经营上看，2013 年以来港资企业经营指标改善，对广东的投资有较大贡献。根据广东省工商局报告，与 2013 年底相比，2014 年港资企业的资产总额、所有者权益总额、净利润总额等指标有一定增长。2014 年底，珠三角地区港资企业资产合计 29820.45 亿元（人民币，下同），较年初增长 2743.86 亿元；负债合计 18626.08 亿元，较年初增长 1914.45 亿元；所有者权益总额 11194.37 亿元，较年初增长 830.34 亿元；净利润 3776.57 亿元，较年初增长 2825.05 亿元；未分配利润 1600.45 亿元，较年初增长 88.02 亿元。2015 年 1～9 月，广东省珠三角 9 市批准香港直接投资项目 3176 个，同比增长 18.37%；合同外资金额 295.23 亿美元，同比增长 46.35%；实际吸收外资金额 153.38 亿元，同比增长 25.87%，上述三项指标分别占同期港澳投资各项总额的 95.58%、93.7% 和 95.18%。[1]

但是，港资制造业面临困难。以港资制造业重镇东莞为例，根据调查，四成企业认为 2014 年出口订单与上年比有所增加，增幅在 10%～15%，订单增长的行业主要集中在电子、机电、玩具、塑胶制品行业，三成企业认为订单减少幅度普遍在 15%～20%，预计订单减少的行业主要集中在纺织、服装、鞋类和家具行业。[2] 据有关调查：目前，有三成制鞋订单已经转移到东南亚国家生产；另外，内地约有 80% 的箱包商把订单转向了越南，2013 年越南箱包出口增长了 26%，2014 年增长 30%。港资相关企业普遍预期利润下降 10%～15%。服装、制鞋、玩具等传统劳动密集型行业利润率已经从高峰时的 20% 下降至 6% 左右，企业目前最痛苦的事情就是经营成本太高，而且成本没有办法转嫁给客户，利润率非常低，每张订单的处理稍有不慎就要亏本。

---

[1] 《广东省工商局报告》。
[2] 《东莞企业调研报告》。

2. 港资企业对珠三角和广东就业贡献大，但金融海啸以来低技术工人就业受到严重影响

改革开放初期，珠三角率先开放，是对外开放的窗口，加上毗邻港澳，文化相近，20 世纪 70 年代末正好又赶上港澳地区要转移劳动密集型产业，因此珠三角必然会从港澳地区吸引大量的劳动密集型的"三来一补"加工制造业，这些行业一般来说技术含量较低，对劳动力的素质要求也不高。改革开放以后大量解放出来的农业劳动力从外地涌入珠三角，这些劳动力的技能水平普遍较低，但经过简单培训也能够适应普通加工制造业的要求，又使得珠三角劳动力队伍中低技能劳动力的比重进一步增加。根据第五次人口普查的资料，1995~2000 年，在全部 2817 万 15 岁及以上跨省流动的就业人口中，珠三角流入 1166 万人，占比 41%；长三角流入 610 万人，占比 22%，其中上海、江苏、浙江分别为 174 万、171 万和 265 万（张为民等，2004）。

但金融海啸以来低技术工人就业受到严重影响。首先是外商优惠不再。近年来，我国陆续颁布实施了新的《企业所得税法》《劳动合同法》，外商投资企业所能享受的优惠待遇基本被取消，劳动力工资上涨，企业用工成本上升，对劳动密集型企业影响较为突出。其次是全国最低工资标准逐年增加，珠三角地区最低工资标准增长很快。2015 年广东省最低工资标准为每月 1895 元，其中深圳最低工资标准全国最高，达每月 2030 元。由图 3-3 可以看出珠三角制造业重镇东莞 2000~2016 年的最低工资标准变化情况。2001 年东莞最低工资标准为 430 元/月。2015 年 2 月，东莞市人民政府做出决定，将本市企业职工最低工资标准调整为 1510 元/月，折算为 8.68 元/小时，非全日制职工小时最低工资标准调整为 14.4 元。最低工资标准十五年间增长了 2.5 倍。而且珠三角的人力成本明显高于东南亚发展中国家。这对于外资企业，尤其是主要从事制造业的港澳资企业影响很大。

3. 港资企业投资领域开始由制造业转向服务业，转型升级初见曙光

一方面，广东省港资企业搬迁倒闭加剧。根据广东省工商局报告，2014 年广东省累计关停搬迁港资企业 1032 家，占全省关停搬迁企业总数的 63.71%。2015 年 1~8 月，广东省关停搬迁港资企业 651 家，占全省关停搬迁企业总数的 66.43%。

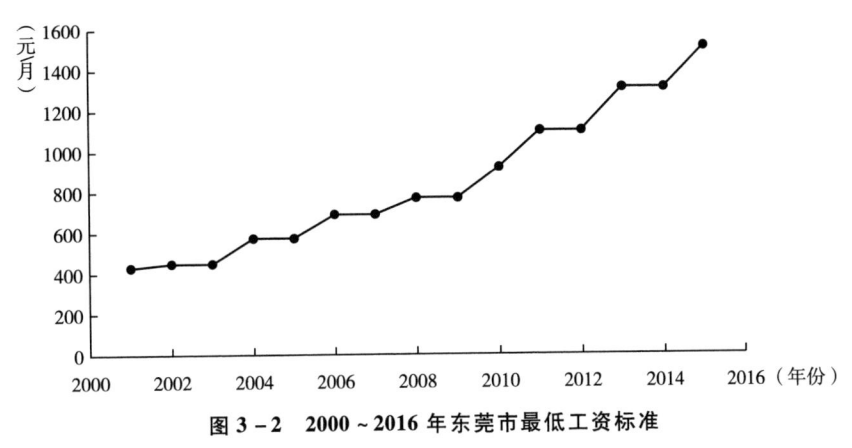

图 3-2 2000~2016 年东莞市最低工资标准

资料来源：东莞人社局网站。

根据东莞港资企业调研数据，2012 年东莞港资企业有 15000 多家，但到了 2014 年初下降到 7500 家左右，到 2015 年底只有不到 7000 家。2006 年东莞港资制造业企业有 9164 家，到了 2015 年仅有 6968 家（见表 3-4）。在国内外经济环境不断恶化的情况下，这个趋势仍将继续。

表 3-4 2006~2015 年东莞市港资制造业企业的实有数、新增数和注销数

单位：家

年份	实有数	新增数	注销数
2006	9164	456	192
2007	9371	429	204
2008	9095	321	285
2009	8731	377	344
2010	8458	542	329
2011	8537	974	394
2012	8248	457	744
2013	7598	226	545
2014	7011	148	371
2015	6968	105	145

资料来源：东莞市工商局调研报告。

另一方面,港资服务业企业所占比重不断上升。如表3-5所示,东莞制造业企业依然是在莞港资企业的主体,但是港资制造业企业所占比重不断下降,港资服务业企业所占比重不断上升。

表3-5 2006~2015年服务业和制造业企业占港资企业实有数比重

单位:%

年份	服务业企业占港资企业实有数比重	制造业企业占港资企业实有数比重
2006	2.87	96.63
2007	3.45	96.07
2008	4.11	95.47
2009	5.07	94.51
2010	5.93	93.63
2011	6.69	92.85
2012	8.36	91.18
2013	9.92	89.60
2014	12.09	87.36
2015	13.02	86.40

资料来源:东莞市工商局调研报告。

四 研究模型与方法[①]

(一) VAR 模型

1. VAR 模型的基本概念

VAR 的实质是考察多个变量之间的动态互动关系。例如,假定我们考虑一组变量 $y_{1t}, y_{2t}, \cdots, y_{nt}$,那么实际上每个变量都是一个时间序列变量。这样,我们可以将这些变量定义在一个 n 维的向量 Y_t 上,即定义一个 $n \times 1$ 的向量时间序列

$$Y_t = \begin{bmatrix} y_{1t} \\ y_{2t} \\ \vdots \\ y_{nt} \end{bmatrix}, t = 1, 2, \cdots, T \qquad \text{公式 (1)}$$

[①] 本部分参考张成思《金融计量学时间序列分析视角》,2012。

假设我们要分析货币增长率和通货膨胀率的关系，分别用 m_t 和 π_t 来表示这两个变量。在这个例子中，向量 Y_t 就可以写成

$$Y_t = \begin{bmatrix} m_t \\ \pi_t \end{bmatrix}$$

更一般地，一个 p 阶的 VAR 模型，即 VAR（p），定义为

$$Y_t = C + \phi_1 Y_{t-1} + \phi_2 Y_{t-2} + \cdots + \phi_p Y_{t-p} + \varepsilon_t \qquad 公式（2）$$

其中，C 代表 $n \times 1$ 维的常数向量，ϕ_i（$i = 1, 2, \cdots, p$）表示 $n \times n$ 维的自回归系数矩阵。而这里的 ε_t 代表的向量白噪音（vector white noise）满足下列等式关系，即

$$\begin{aligned} E(\varepsilon_t) &= 0 \\ E(\varepsilon_t \varepsilon_t') &= \Omega \\ E(\varepsilon_t \varepsilon_s') &= 0, \text{对于 } s \neq t \end{aligned} \qquad 公式（3）$$

其中，Ω 表示 $n \times n$ 对称正定（positive definite）矩阵。

从公式（3）中可以看到，随机扰动向量 ε_t 的均值为 0，方差和协方差矩阵不随时间变化而变化。与其他的协方差矩阵类似，矩阵 Ω 必然是对称的半正定（semi-definite）矩阵。在实际应用中，经常会遇到的是向量 ε_t 中的任一个扰动项都不是其他扰动项的线性组合，因此 Ω 在一般情况下不仅是半正定的，而且是秩为 n 的正定矩阵。另外，公式（3）还表明，扰动项矩阵 ε_t 的自协方差为 0，而且跨项的协方差（cross-covariance）也为 0。为了说明这一点，我们可以考虑一个简单的情形，即 $\varepsilon_t = \begin{bmatrix} \varepsilon_{1t} \\ \varepsilon_{2t} \end{bmatrix}$，如果该扰动因素的向量满足向量白噪音过程，则有

$$E(\varepsilon_t \varepsilon_{t-1}') = \begin{bmatrix} E(\varepsilon_{1t} \varepsilon_{1,t-1}) & E(\varepsilon_{1t} \varepsilon_{2,t-1}) \\ E(\varepsilon_{2t} \varepsilon_{1,t-1}) & E(\varepsilon_{2t} \varepsilon_{2,t-1}) \end{bmatrix} = 0_{2 \times 2}$$

所以，向量白噪音过程各项之间互不相关。

另外，如果使用滞后算子，可以把公式（2）写成更为简约的形式，即

$$\phi(L)Y_t = C + \varepsilon_t \qquad 公式（4）$$

其中，$\phi(L)$ 是一个 $n \times n$ 的滞后算子多项式矩阵（matrix lag polynomial），即

$$\phi(L)Y_t = I_n - \phi_1 L - \phi_2 L^2 \cdots - \phi_p L^p \qquad 公式（5）$$

刚开始接触 VAR 模型的读者，往往会发现 VAR 模型比较复杂，甚至不容易理解，为了更清楚地介绍 VAR 的概念，帮助读者更清楚地将一维和多维的向量模型联系起来，笔者举一个具体的例子。我们考虑一个简单的情况，就是只有 2 个变量的 VAR（1）模型。

$$Y_t = C + \phi_1 Y_{t-1} + \varepsilon_t \qquad 公式（6）$$

如果把这个 VAR 模型明确地写出来，可以写成下面的形式

$$\begin{bmatrix} y_{1t} \\ y_{2t} \end{bmatrix} = \begin{bmatrix} c_1 \\ c_2 \end{bmatrix} + \begin{bmatrix} \phi_{11} & \phi_{12} \\ \phi_{21} & \phi_{22} \end{bmatrix} \begin{bmatrix} y_{1,t-1} \\ y_{2,t-1} \end{bmatrix} + \begin{bmatrix} \varepsilon_{1t} \\ \varepsilon_{2t} \end{bmatrix}$$
$$= \begin{bmatrix} c_1 + \phi_{11} y_{1,t-1} + \phi_{12} y_{2,t-1} + \varepsilon_{1t} \\ c_2 + \phi_{21} y_{1,t-1} + \phi_{22} y_{2,t-1} + \varepsilon_{2t} \end{bmatrix} \qquad 公式（7）$$

对比公式（6）和公式（7），不难看到，

$$C = \begin{bmatrix} c_1 \\ c_2 \end{bmatrix}$$

$$E(\varepsilon_t \varepsilon'_{t-1}) = \begin{bmatrix} E(\varepsilon_{1t}^2) & E(\varepsilon_{1t} \varepsilon'_{2t}) \\ E(\varepsilon_{2t} \varepsilon_{1t}) & E(\varepsilon_{2t}^2) \end{bmatrix} = \begin{bmatrix} \sigma_1^2 & \sigma_{12} \\ \sigma_{21} & \sigma_2^2 \end{bmatrix}$$

$$\phi(L) = I - \phi_1 L = \begin{bmatrix} 1 & 0 \\ 0 & 1 \end{bmatrix} - \begin{bmatrix} \phi_{11}L & \phi_{12}L \\ \phi_{21}L & \phi_{22}L \end{bmatrix} = \begin{bmatrix} 1 - \phi_{11}L & -\phi_{12}L \\ -\phi_{21}L & 1 - \phi_{22}L \end{bmatrix}$$

从上文的例子中看出，因为滞后期数只有 1 期，所以读者可能并没有感觉到 VAR 模型书写方面的复杂，但是如果滞后期数增加，读者就会发现，VAR 模型相对来说要使用更多的上标和下标等。例如，如果使用 ϕ_{ij}^1 表示 ϕ_1 的第 i 行第 j 列的元素，那么一个 VAR（p）模型每个等式都含有一个常数项，那么这个 VAR（p）系统一共含有的系数个数是 $np + n = n(p+1)$ 个。

$$y_{1t} = c_1 + \phi_{11}^{(1)} y_{1,t-1} + \phi_{12}^{(1)} y_{1,t-1} + \cdots + \phi_{1n}^{(1)} y_{n,t-1}$$

$$+ \phi_{11}^{(2)} y_{1,t-2} + \phi_{12}^{(2)} y_{2,t-2} + \cdots + \phi_{1n}^{(2)} y_{n,t-2}$$
$$+ \cdots + \phi_{11}^{(p)} y_{1,t-p} + \phi_{12}^{(p)} y_{2,t-p}$$
$$+ \cdots + \phi_{1n}^{(p)} y_{n,t-p} + \varepsilon_{1t}$$

公式（8）

可以看出，VAR 模型实质上刻画的是每个序列都对所有序列的滞后期，包括其自身的滞后期，进行回归。所以，一个包含 n 个变量的 VAR (p) 系统一共含有的系数个数是 $np + n = n(p+1)$ 个。

2. VAR 模型的平稳性条件

我们在前文的章节中曾经学习一个单个时间序列的平稳性定义。对于一个 VAR 模型，基本定义是类似的。我们主要考虑的也是所谓的弱平稳性，简称为平稳性。如果以下条件满足，则对应的 VAR 模型为平稳的，即

$$E(Y_t) = \mu$$
$$E(Y_t - \mu)(Y_t - \mu)' = \Gamma_0$$
$$E(Y_t - \mu)(Y_{t-j} - \mu)' = \Gamma_j$$

公式（9）

其中，Γ_j 定义的是 Y_t 在第 j 期的自协方差矩阵。

公式（9）给出的只是一个比较笼统的平稳 VAR 的定义。如果给定一个 VAR (p) 模型，那么具体如何判断其是否平稳呢？在单变量模型中，如 AR (p) 中，我们讨论过自回归系数 α_i（$i = 1, 2, \cdots, p$）与 AR (p) 模型平稳性的联系，即只要逆特征方程

$$1 - \alpha_1 z - \alpha_2 z^2 - \alpha_3 z^3 - \cdots - \alpha_p z^p = 0$$

的根都落在单位圆外，或者对应的特征方程的根都落在单位圆内，那么这个 AR (p) 模型就是平稳的。

将 AR (p) 模型拓展到 VAR (p) 模型的情形，判断的方法类似，但表达方式有些变化。对于一个 VAR (p) 模型，其平稳性条件是

$$|\phi(z)| = |I_n - \phi_1 z - \phi_2 z^2 - \phi_3 z^3 - \cdots - \phi_p z^p| = 0 \quad \text{公式（10）}$$

其中 | 表示行列式符号。当然，也可以换成等同的判断方法，即如果

$$|I_n \lambda^p - \phi_1 \lambda^{p-1} - \phi_2 \lambda^{p-2} - \phi_3 \lambda^{p-3} - \cdots - \phi_p| = 0 \quad \text{公式（11）}$$

为了深入地理解 VAR 模型的平稳性条件，我们考虑下面含有 2 个变量

的简单 VAR（1）模型，

$$\begin{bmatrix} y_{1t} \\ y_{2t} \end{bmatrix} = \begin{bmatrix} 1 & -0.6 \\ 0.5 & -0.7 \end{bmatrix} \begin{bmatrix} y_{1,t-1} \\ y_{2,t-1} \end{bmatrix} + \begin{bmatrix} \varepsilon_{1t} \\ \varepsilon_{2t} \end{bmatrix} \qquad 公式（12）$$

与公式（10）对应的等式可以写成

$$|\phi(z)| = |I_n - \phi_1(z)| = \begin{bmatrix} 1-z & 0.6z \\ -0.5z & 1+0.7z \end{bmatrix} = 0$$
$$\Rightarrow (1-z)(1+0.7z) + 0.3z^2 = 0 \qquad 公式（13）$$
$$\Rightarrow z^2 + 0.75z - 2.5 = 0$$
$$\Rightarrow z_1 = 5/4, \ z_2 = -2$$

因为公式（13）的两个根都落在了单位圆外，所以这个例子当中的 VAR（1）过程是平稳的。

注意，在上文给出的例子中，很明显，第一个等式的自回归系数是 1（$\phi_{11} = 1$），但是整个 VAR（1）系统是平稳的！所以，这里强调，整个 VAR 模型系统的平稳与否，千万不能单凭某一个等式中的自回归系数判断，而是要考虑整个系统的平稳性条件。这是因为，如果只考虑单个等式中的某个自回归系数，就会忽略 y_{1t} 和 y_{2t} 之间的互动关系，而整个 VAR 模型是一个互动的动态系统。

为了进一步说明这个问题，考虑另外一个例子，也是一个 2 个变量的简单 VAR（1）模型，即

$$\begin{bmatrix} y_{1t} \\ y_{2t} \end{bmatrix} = \begin{bmatrix} 0.9 & 0.1 \\ 0.2 & 0.8 \end{bmatrix} \begin{bmatrix} y_{1,t-1} \\ y_{2,t-1} \end{bmatrix} + \begin{bmatrix} \varepsilon_{1t} \\ \varepsilon_{2t} \end{bmatrix} \qquad 公式（14）$$

现在，考虑 VAR 模型的平稳性条件，则有

$$|\phi(z)| = |I_n - \phi_1(z)| = \begin{bmatrix} 1-0.9z & 0.1z \\ -0.2z & 1-0.8z \end{bmatrix} = 0$$
$$\Rightarrow (1-0.9z)(1-0.8z) - 0.02z^2 = 0$$
$$\Rightarrow z_1 = 1, \ z_2 = 10/7$$

这里，出现一个不同的结果，尽管我们看到公式（14）中每一个等式中的自回归系数都小于 1，但是整个 VAR 系统是非平稳的，因为平稳条件对应的方程中有一个根等于 1，即 $|\phi(z)|$ 含有一个单位根。

3. VAR（p）模型与 VAR（1）的转化

我们也可以利用一个 F 矩阵将 VAR（p）模型转化成 VAR（1）的形式。将 VAR（p）转化成 VAR（1）的主要原因是，在很多情况下，VAR（1）模型更容易分析其性质、进行运算和理论推导等。

那么要实现这样的转化，首先要注意到一个平稳的 VAR（p）模型具有一个恒定不变的常数项矩阵 μ，即可以通过对（2）左右取期望，获得下面的等式：

$$\mu = C + \phi_1\mu + \phi_2\mu + \cdots + \phi_p\mu \qquad 公式（15）$$

从而获得均值矩阵，即

$$\mu = (I_n + \phi_1 + \phi_2 + \cdots + \phi_p)^{-1}C \qquad 公式（16）$$

这样，VAR（p）模型就可以重新写成去除均值（demean）的形式，即

$$Y_t - \mu = \phi_1(Y_{t-1} - \mu) + \phi_2(Y_{t-2} - \mu) + \cdots + \phi_p(Y_{t-p} - \mu) + C$$
$$公式（17）$$

下面，定义一个 $np \times 1$ 维的矩阵 $\overline{Y}_t$，即

$$\overline{Y}_t = \begin{bmatrix} Y_t - \mu \\ Y_{t-1} - \mu \\ \vdots \\ Y_{t-(p-1)} - \mu \end{bmatrix} \qquad 公式（18）$$

再来定义一个 $np \times np$ 维的矩阵 F，即

$$F = \begin{bmatrix} \phi_1 & \phi_2 & \phi_3 & \cdots & \phi_{p-1} & \phi_p \\ I_n & 0 & 0 & \cdots & 0 & 0 \\ 0 & I_n & 0 & \cdots & 0 & 0 \\ 0 & 0 & I_n & \cdots & 0 & 0 \\ \vdots & \vdots & \vdots & & \vdots & \vdots \\ 0 & 0 & 0 & \cdots & I_n & 0 \end{bmatrix} \qquad 公式（19）$$

以及一个 $np \times 1$ 维的矩阵 V_t

$$V_t = \begin{bmatrix} \varepsilon_t \\ 0 \\ \vdots \\ 0 \end{bmatrix} \qquad 公式（20）$$

基于以上的设计，VAR（p）模型就可以重新写成 VAR（1）的形

式，即

$$\overline{Y}_t = F\overline{Y}_{t-1} + V_t \qquad \text{公式 (21)}$$

其中，

$$\begin{cases} E(V_t V_t') = E \\ E(V_t V_s')' = 0, \text{对于 } t \neq s \end{cases} \qquad \text{公式 (22)}$$

并且

$$E_{np \times np} = \begin{bmatrix} \Omega & 0 & \cdots & 0 \\ 0 & 0 & \cdots & 0 \\ \vdots & \vdots & & \vdots \\ 0 & 0 & \cdots & 0 \end{bmatrix} \qquad \text{公式 (23)}$$

在后续的学习中，读者会慢慢领会将高阶 VAR 模型写成 I 阶 VAR 模型的好处。

4. 向量自协方差和向量自相关函数

在上文介绍的内容中，笔者提到过向量自协方差的概念。实际上，一个平稳的 VAR（p）模型的向量自协方差的一般定义表达式可以写成

$$\Gamma_j = E(Y_t - \mu)(Y_{t-j} - \mu)' \qquad \text{公式 (24)}$$

结合式（24）的结果，又可以得到

$$\begin{aligned} \Gamma_j &= E(Y_t - \mu)(Y_{t-j} - \mu)' \\ &= \phi_1 E(Y_{t-1} - \mu)(Y_{t-j} - \mu)' + \phi_2 E(Y_{t-2} - \mu)(Y_{t-j} - \mu)' \\ &\quad + \cdots + \phi_p E(Y_{t-p} - \mu)(Y_{t-j} - \mu)' + E[\varepsilon_t (Y_{t-j} - \mu)'] \\ &= \phi_1 \Gamma_{j-1} + \phi_2 \Gamma_{j-2} + \cdots + \phi_p \Gamma_{j-p}, \text{对于 } j > 1 \end{aligned} \qquad \text{公式 (25)}$$

上式推导过程中，利用 $[\varepsilon_t (Y_{t-j} - \mu)'] = 0$，因为向量白噪音过程 ε_t 与滞后期观测值之间不相关。

另外，在公式（25）中，有些下标 $j-i$ 可能为负值，所以相应地可能会出现负的滞后期的自协方差。由于这里处理的是向量，所以此时不能简单地套用一维模型情况下的 $\gamma_j = \gamma_{-j}$。实际上，$\Gamma_j \neq \Gamma_{-j}$。根据矩阵的基本定义和性质，可以证明

$$\begin{aligned}\Gamma'_j &= E\ (Y_t - \mu)\ (Y_{t-j} - \mu)' \\ &= E\ (Y_{t-j} - \mu)\ (Y_t - \mu)' \\ &= \Gamma_{-j}\end{aligned} \qquad \text{公式（26）}$$

而对于 $j = 0$ 的协方差矩阵 Γ_0，则有下列关系

$$\begin{aligned}\Gamma_0 &= E\ (Y_t - \mu)\ (Y_t - \mu)' \\ &= \phi_1 E\ (Y_{t-1} - \mu)\ (Y_t - \mu)' + \phi_2 E\ (Y_{t-2} - \mu)\ (Y_t - \mu)' \\ &\quad + \cdots + \phi_p E\ (Y_{t-p} - \mu)\ (Y_t - \mu)' + E\ [\varepsilon_t\ (Y_t - \mu)'] \quad \text{公式（27）} \\ &= \phi_1 \Gamma_{j-1} + \phi_1 \Gamma_{j-2} + \cdots + \phi_p \Gamma_{j-p} + E\ [\varepsilon_t\ (Y_t - \mu)']\end{aligned}$$

我们注意到

$$\begin{aligned}E\ [\varepsilon_t\ (Y_t - \mu)'] &= E\ [\varepsilon_t\ (Y_{t-1} - \mu)']\ \phi'_1 + E\ [\varepsilon_t\ (Y_{t-2} - \mu)']\ \phi'_2 \\ &\quad + \cdots + E\ [\varepsilon_t\ (Y_{t-p} - \mu)']\ \phi'_p + E\ [\varepsilon_t \varepsilon'_t] \\ &= 0 + 0 + \cdots + 0 \qquad \text{公式（28）} \\ &= \Omega\end{aligned}$$

其中，Ω 与式（3）中的定义相同。从而获得下面的关系式

$$\begin{aligned}\Gamma_0 &= \phi_1 \Gamma_{-1} + \phi_1 \Gamma_{-2} + \cdots + \phi_p \Gamma_{-p} + \Omega \\ &= \phi_1 \Gamma'_1 + \phi_1 \Gamma'_2 + \cdots + \phi_p \Gamma'_p + \Omega \qquad \text{公式（29）}\end{aligned}$$

综合来看，公式（25）至公式（29）定义出了自协方差矩阵，Ω 以及 VAR 模型中的系数矩阵 ϕ（$i = 1, 2, \cdots, p$）的一一对应的关系。

基于以上定义，可以进一步获得相应的向量自相关函数。在 AR 模型中，我们曾经求解 ACF。而对于一个 VAR 模型，VACF 的推导不可避免地要比 AR 模型对应的形式更为复杂。但是，如果获得自协方差矩阵，再使用自协方差除以方差矩阵对应的对角线元素，就可以获得向量自相关函数（VACF）。

（二）单位根检验

ADF 检验，全称为 Augmented Dickey – Fuller 检验，是 DF 检验的拓展。因为在 DF 检验中，所有情况对应的模型是 AR（1）的形式，而没有考虑高阶 AR 模型。ADF 检验将 DF 检验从 AR（1）拓展到一般的 AR（p）形式，即

$$y_t = c + \alpha_1 y_{t-1} + \cdots + \alpha_p y_{t-p} + \varepsilon_t \qquad \text{公式 (30)}$$

可以证明，公式（30）可以重新写成以下形式

$$\Delta y_t = c + \rho y_{t-1} + \sum_{i=2}^{p} \phi_i \Delta y_{t-(i-1)} + \varepsilon_t \qquad \text{公式 (31)}$$

其中，

$$\begin{cases} \rho = \left(\sum_{i=2}^{p} \alpha_i \right) - 1 \\ \phi_i = - \sum_{j=i}^{p} \alpha_j \end{cases} \qquad \text{公式 (32)}$$

模型（31）的形式经常被称为 ADF 形式，因为这种表达方程式经常被用在 ADF 检验当中。当然，还可以通过其他方式将公式（30）转化为公式（31）的形式。例如，考虑一个 AR（2）模型，在其右侧加、减一项 $\alpha_2 y_{t-1}$，就可以获得

$$\begin{aligned} y_t &= c + (\alpha_1 + \alpha_2) y_{t-1} - \alpha_2 (y_{t-1} - y_{t-2}) + \varepsilon_t \\ &= c + (\alpha_1 + \alpha_2) y_{t-1} - \alpha_2 \Delta y_{t-1} + \varepsilon_t \end{aligned}$$

对于 AR（3）模型，加、减 $(\alpha_2 + \alpha_3) y_{t-1} + \alpha_3 y_{t-2}$，从而获得

$$\begin{aligned} y_t &= c + (\alpha_1 + \alpha_2 + \alpha_3) y_{t-1} - (\alpha_2 + \alpha_3)(y_{t-1} - y_{t-2}) - \alpha_3 (y_{t-2} - y_{t-3}) + \varepsilon_t \\ &= c + (\alpha_1 + \alpha_2 + \alpha_3) y_{t-1} - (\alpha_2 + \alpha_3) \Delta y_{t-1} - \alpha_3 \Delta y_{t-2} + \varepsilon_t \end{aligned}$$

对于 AR（4）模型，加、减 $(\alpha_2 + \alpha_3 + \alpha_4) y_{t-1} + (\alpha_3 + \alpha_4) y_{t-2} + \alpha_4 y_{t-3}$，从而获得

$$\begin{aligned} y_t &= c + (\alpha_1 + \alpha_2 + \alpha_3 + \alpha_4) y_{t-1} - (\alpha_2 + \alpha_3 + \alpha_4)(y_{t-1} - y_{t-2}) \\ &\quad - (\alpha_3 + \alpha_4)(y_{t-2} - y_{t-3}) - \alpha_4 (y_{t-3} - y_{t-4}) + \varepsilon_t \\ &= c + (\alpha_1 + \alpha_2 + \alpha_3 + \alpha_4) y_{t-1} - (\alpha_2 + \alpha_3 + \alpha_4) \Delta y_{t-1} \\ &\quad - (\alpha_3 + \alpha_4) \Delta y_{t-2} - \alpha_4 \Delta y_{t-3} + \varepsilon_t \end{aligned}$$

这样的过程不断进行下去，一直到 AR（p）模型，则加、减

$$H_0: \phi = 0$$
$$H_A: \phi < 0$$

从而获得

$$y_t = c + (\alpha_1 + \alpha_2 + \cdots + \alpha_p)y_{t-1} - (\alpha_2 + \alpha_3 + \cdots + \alpha_p)(y_{t-1} - y_{t-2})$$
$$- (\alpha_3 + \alpha_4 + \cdots + \alpha_p)(y_{t-2} - y_{t-3}) \cdots - \alpha_p(y_{t-(p-1)} - y_{t-p}) + \varepsilon_t$$
$$= c + (\alpha_1 + \alpha_2 + \cdots + \alpha_p)y_{t-1} - (\alpha_2 + \alpha_3 + \cdots + \alpha_p)\Delta y_{t-1}$$
$$- (\alpha_3 + \alpha_4 + \cdots + \alpha_p)\Delta y_{t-2} - \alpha_4 \Delta y_{t-3} - \cdots - \alpha_p \Delta y_{t-(p-1)} + \varepsilon_t \quad \text{公式（33）}$$

然后再将公式（33）左右同减去一个 y_{t-1}，即可获得公式（31）的形式。

与 AR（1）模型类似，我们可以使用

$$H_0: \rho = 0$$
$$H_A: \rho < 0 \quad \text{公式（34）}$$

来进行单位根检验。假设式（31）中的均值恒定不变，可以推导出 c，μ 和 α 之间的关系为

$$c = -\rho\mu = \left(1 - \sum_{i=1}^{p} \alpha_i\right)\mu \quad \text{公式（35）}$$

所以，与 DF 检验的情况类似，检验 $\rho = 0$ 也就暗示着 $c = 0$。

以上讨论说明，与 DF 检验相关的第 II 种情况，可以拓展到 ADF 检验中来，而不同的是模型形式。在 ADF 检验中，模型中增加了滞后期的差分项，即 Δy_t（$i = 1, 2, \cdots, p - 1$）。

对于 AR（p）模型，也很容易从情况 II 拓展到情况 III。也就是说，在 ADF 检验中，对应情况 III 的模型可以写成

$$\Delta y_t = c + \gamma t + p y_{t-1} + \sum_{i=1}^{p} \phi_i \Delta y_{t-(i-1)} + \varepsilon_t \quad \text{公式（36）}$$

从而，可以证明，这种情况下的检验假设与公式（34）完全相同。

对于 ADF 检验，使用哪种模型形式同样要根据具体的变量来区别对待。注意，只要 DF 检验中 AR（1）过程不存在序列相关性，那么 DF 检验的临界值与 ADF 检验的临界值在相对应的情况下是相同的。这是因为所谓的超级一致性（super consistency）。这一结果来源于 Sims, Stock, and Watson（1990）的重要文献。这些作者还证明，Δy_{t-1}（$i = 1, 2, \cdots, p - 1$）差分项的系数收敛于 t 分布，从而说明这些系数的联合显著性检验将收敛于 F 分布。所以，无论公式（30）中的系数 ρ 取何值，差分项的系数都可以使用传统的统计检验和统计推断。

特别需要指出的是，如果 AR 模型的设立不当，比如滞后期的选取

不够多，从而导致序列相关性的出现，那么超级一致性就不再成立了。所以，在 ADF 检验中，滞后期的选取至关重要。在实践中，通常有许多方法可以用来选择滞后期，例如信息准则法或者"向下检验"法。通过这些方法确定滞后期之后，建议再检验一下模型是否存在序列相关性。

五 港商直接投资对珠三角经济发展贡献的实证研究

（一）指标的选取

考虑到我国外商直接投资在第一产业中所占的比重非常小，因此在此经济增长指标 G 仅表示第二、第三产业的总值，JYRS 仅表示第二、第三产业的就业人数。还有一系列的控制变量。

（二）数据来源

1992 年邓小平南方谈话后我国 FDI 急速增加，所以本文所使用的数据为 1992~2014 年的年度数据，数据主要来源于《中国统计年鉴 2015》。港资 FDI 则是相应 FDI 数据的子分类。

（三）模型的构建

本文采用 VAR 模型。在进行计量分析时，采用它们的对数形式来考察。因为采用它们的对数形式可以消除可能存在的异方差。对三个指标进行自然对数处理，分别记为 LFDI、LG 和 LJYRS。由于 VAR 模型的运用要求系统中的变量具有平稳性，因此，笔者首先要对所研究问题的相关数据进行单位根检验，以检验其平稳性。接着本文利用 ADF 检验方法分别对 LFDI、LG 和 LJYRS 进行单位根检验，具体结果见表 3-6。

表 3-6 ADF 检验结果

变量	ADF 值	模型类型	5%临界值	10%临界值	结果
LFDI	-1.342	含常数项和趋势项	-3.622	-3.2486	不平稳
LG	-2.234	含常数项和趋势项	-3.622	-3.2486	不平稳
LJYRS	-1.891	含常数项和趋势项	-3.61	-2.6422	不平稳

续表

变量	ADF 值	模型类型	5% 临界值	10% 临界值	结果
ΔLFDI	-2.672	含常数项，不含趋势项	-3.006	-2.6422	平稳
ΔLG	-2.736	含常数项，不含趋势项	-3.049	-2.6422	平稳
ΔLJYRS	-3.092	含常数项，不含趋势项	-2.998	-2.688	平稳

从表 3-6 检验结果可以看出，指标 LFDI、LG 和 LJYRS 的时间序列都不平稳，但它们的一阶差分后的序列都平稳。其中，ΔLFDI 和 ΔLJYRS 在 5% 的显著水平下平稳，而 ΔLG 在 10% 的显著水平下平稳。因此，本部分内容分析将采用序列 ΔLFDI、ΔLG 和 ΔLJYRS 的数据来建立 VAR 模型。根据 AIC 和 SC 取值最小的准则，经过多次尝试笔者将变量滞后期数确定为二阶。

$$\begin{pmatrix} \Delta FDI_t \\ \Delta LG_t \\ \Delta LJYRS_t \end{pmatrix} = \begin{pmatrix} 0.053 \\ 0.034 \\ 0.077 \end{pmatrix} + \begin{pmatrix} 0.021 & 0.023 & 0.033 \\ 0.002 & 0.143 & 0.069 \\ 0.012 & 0.051 & 0.088 \end{pmatrix} \begin{pmatrix} \Delta FDI_{t-1} \\ \Delta LG_{t-1} \\ \Delta LJYRS_{t-1} \end{pmatrix}$$

$$+ \begin{pmatrix} 0.016 & 0.013 & 0.056 \\ 0.001 & 0.015 & 0.023 \\ 0.072 & 0.024 & 0.112 \end{pmatrix} \begin{pmatrix} \Delta FDI_{t-2} \\ \Delta G_{t-2} \\ \Delta JYRS_{t-2} \end{pmatrix} + \begin{pmatrix} \varepsilon_{1t} \\ \varepsilon_{2t} \\ \varepsilon_{3t} \end{pmatrix}$$

上述 VAR 模型中所估计系数的 t 统计量值大部分在 10% 水平下是显著的，尽管有部分系数不显著，笔者仍选取滞后期数为 2 的模型。实证结果表明，经济增长和就业波动冲击对 FDI 的影响非常微弱。究其原因，应是影响 FDI 的宏微观不确定性因素较多，而广东经济增长和就业对 FDI 的影响程度有限。FDI 对广东经济增长具有一定的滞后效应。就业人数方面，就业从第一期就受到自身波动和 GDP、FDI 波动冲击的影响，在第一期受自身波动冲击较大。这可能与广东人力资本要素结构有直接关系，即就业在短时间内不太可能有较大的改善。但是随着时间的推移，本期的就业人数对以后各期就业的影响会减弱。这也说明，FDI 对广东就业有着重要的影响。

（四）结果讨论与分析

根据上述实证结果，港商投资对珠三角具有直接贡献和间接贡献。

直接贡献包括对经济增长的贡献、就业效应、促进出口；间接贡献包括对技术进步的溢出效应等。

1. 直接贡献

（1）港商投资是广东和珠三角经济增长的主要动力

在拉动我国经济增长的投资、消费、出口三驾马车中，投资是贡献最高、对经济增长拉动作用最大的。在广东经济发展过程中，外商直接投资增加值占广东省比重一直呈稳步上升趋势，2014年广东港澳台和外商经济增加值占全省生产总值的比重为30%，港资企业不仅是珠三角经济发展的重要动力，更已成为珠三角经济结构的基础性成分。

根据广东省工商局调研报告，广东省珠三角9市累计批准香港直接投资项目109741个，合同外资金额3134.91亿美元，实际吸收外资金额1868.2亿美元，分别占同期港澳资投资各项总额的84.58%、85.27%和85.68%。从从事行业与注册资本的结构来看，珠三角港资企业主要从事制造业。从行业企业家数来看，排名前列的行业主要是各类制造业、制品类。珠三角地区19305家港资企业中，从事批发业的企业合计2071家，数量最多，其后依次为橡胶和塑料制品业、计算机、通信和其他电子设备制造业、纺织服装、服饰业等制造业。从注册资本角度看，排名前列的都是从事制造业为主。港资房地产企业注册资本合计248.31亿美元，占比19.8%。计算机、通信和其他电子设备制造业注册资本合计111.55亿美元，占比为8.9%。其后依次为电器机械和器材制造业、橡胶和塑料制品业、金属制品业等制造业。[1]

根据前面数据和文献综述，港资外商直接投资会对广东经济增长起到正向作用，但笔者通过计量模型对广东的实证进行检验，发现系数只有0.021、0.016，这说明外商直接投资对经济增长所起到的作用并不是很大。造成这方面的主要原因应该是，在华的外商直接投资发挥的作用或许更多地在于增加就业，提高工人文化素质，促进出口贸易，所以对GDP的影响更多在于内部方面，在经济增长率的贡献上表现得并不十分明显。

---

[1]《中国人民银行广州分行调研报告》，2015。

(2) 港商投资带来了明显的就业效应

利用内地廉价的劳动力及土地资源将会大幅度降低港资企业的生产成本。随着经济全球化和一体化的发展，各国企业竞相寻找降低生产成本的方法来提高利润。而随着科学技术和信息革命的迅速发展，香港企业利用先进技术获得竞争优势的能力日益下降。面对日益激烈的竞争，许多企业放弃在本国生产，选择在第三世界国家投资建厂，利用当地廉价而充裕的劳动力来提高利润。香港的制造业多为中小型的劳动密集型企业，集中于纺织、玩具、钟表等产业，成本压力迫使越来越多的港资企业来珠三角投资生产。另外，珠三角对港资企业而言具有文化、语言和运输上的先天优势，这些因素也有利于降低港资企业生产成本。

(3) 港商投资是推动珠三角对外贸易发展的主要因素

改革开放以来，珠三角与世界各国各地区建立广泛的贸易关系，逐步形成了全方位、多层次、宽领域的对外开放格局。珠三角的出口额在全国遥遥领先，珠三角地区集中了内地大部分的出口加工型企业，其中又以外商投资的出口加工型企业为主，外商投资企业对珠三角外贸的发展功不可没。1979~2014 年，广东实际利用外资 3676.36 亿美元，其中62.4% 来自香港。港资企业是推动珠三角对外出口的主力军。港商在珠三角的制造业规模庞大。珠三角地区 19305 家港资企业中，从事批发业的企业合计 2071 家，数量最多，其后依次为橡胶和塑料制品业、计算机、通信和其他电子设备制造业、纺织服装、服饰业等制造业，从各行业企业家数来看，排名前列的港资企业主要从事各类制造业、制品类。由于港资企业大多以购买海外原材料、零部件和产品外销为主，港资企业是推动珠三角出口发展、促进对外贸易的最主要力量，粤港"前店后厂"模式是珠三角出口型经济的坚强后盾。

2. 间接贡献

港商投资对珠三角企业的技术进步具有一定促进作用

珠三角的港资企业是以中小型加工贸易企业为主，港资中小企业对促进珠三角企业技术进步贡献巨大。其中最典型的是中小企业的模仿效应。由于香港人与广东人有人缘亲近，所以香港中小企业在与珠三角中小企业的交往中，很容易把管理、营销等软技术扩散出去。通常，只有存在技术落差，才会容易产生模仿效应，但并不意味着技术落差越大，效果就越好。因为如果技术落差太大了，技术落后的企业就难以模仿、吸纳先进企业的技术，过大的技术落差将制约模仿效应的发挥。香港地区的中小企业相对欧、美、日生产技术不是十分先进，与珠三角中小企业的技术落差范围适中，珠三角中小企业易于对港资企业进行模仿，产生技术上的进步。

六 外商投资对珠三角、长三角经济发展贡献的对比研究

（一）数据来源

本文数据主要来源于《中国统计年鉴 2015》。港资 FDI 则是相应 FDI 数据的子分类。本文计量所采用的数据均根据 1999~2014 年《江苏统计年鉴》《广东统计年鉴》以及各地的统计公报整理、计算而得。

（二）模型的构建

$$\ln Y_t = \beta_0 + \beta_1 \ln L_t + \beta_2 \ln K_t + \beta_3 \ln FDI_t + \beta_4 \ln R\&D_t + \beta_5 \ln open_t + \varepsilon_t$$

表 3-7 珠三角、长三角回归结果

	珠三角 OLS	长三角 OLS
L_t	0.1637* (0.0398)	0.1572* (0.0171)
K_t	0.1401 (0.0564)	0.0211* (0.0224)
FDI_t	0.0152* (0.0043)	0.0160** (0.0064)
$R\&D_t$	0.0116* (0.0101)	0.0203*** (0.0148)
$open_t$	0.0312*** (0.0014)	0.0131* (0.0009)
常数项	3.0937*** (0.0402)	3.0068*** (0.0190)

说明：***、**、* 分别表示在 1%、5%、10% 水平上显著。

Y_t：将 t 时期的国民生产总值按照各自商品零售价格指数折算为 1999 年（基期）的数值；

K_t：将 t 时期的固定资产投资按照各自的固定资产投资价格指数折算为 1999 年（基期）的数值；

FDI_t：国家统计局关于 FDI 的数据是用美元计算的，本文按照各年度人民币兑美元的年平均汇率将 FDI 转化为按人民币计算的数值，然后按照各自的商品零售价格指数折算为 1999 年（基期）的数值；

$R\&D_t$：以政府拨出的科技三项费用为替代指标；

$open_t$：用第 t 时期的进出口贸易额与该地区国内生产总值的比值来度量。

（三）实证结果分析

1. 长三角、珠三角的 FDI 对区域经济增长作用很大

投资于长三角和珠三角的外资均具有比较强的溢出效应，表明在开放经济系统中国际技术外溢、扩散已经成为区域经济增长的重要外部推动力，同时外商直接投资通过技术示范、竞争、产业关联以及人员培训等效应在技术扩散渠道中扮演重要角色。但长三角的 FDI 外溢效应大于珠三角，长三角为 0.016，而珠三角仅为 0.0152。造成这一差异的主要原因是两区域引资的来源结构不同。长三角引入港澳资金较少，主要引入的是美日欧的外资。而珠江三角洲引入的港澳台资金占比达 70%。港澳台资企业主要是为了利用内地廉价劳动力从事一些简单加工和组装贸易的经济活动，中间品投入主要依靠进口，这种"两头在外"的生产结构难以具备带动上、下游产业链的作用，因此外溢效应小。与美欧日等国家及地区在华跨国企业相比，港资企业主要从事中低端制造业，经营规模普遍较小，研发能力相对较弱，品牌影响力也较小。由于港资企业进入内地市场较早，同时具备人缘、语言、文化等优势，取得一定的成功。但随着我国不断扩大开放，美欧日等国外跨国企业相继进入中国市场，发挥其庞大的人才、资本、技术的优势，港资企业在竞争中处于弱势地位，难敌美日欧大企业的竞争。

2. FDI 对长三角研发的促进作用比珠三角更明显

长三角 lnR&D 项显著为正，表明该地区 R&D 能够显著地促进经济增长，表明长三角地区通过 R&D 途径有效地吸收内含在外资中的先进的管理技术，促进生产率的增长。珠三角的 lnR&D 项均为正，也显著，但低于长三角的相关系数。这说明珠三角的 R&D 自主创新能力不如长三角强，珠三角通过 R&D 途径有效地吸收内含在外资中的先进技术的能力较低。造成上述分析结果的原因：一是珠三角港资制造业自主创新能力不足，主要从事传统代工制造业，严重依赖欧美、日本的订单。二是用于 R&D 方面的支出需要转化成自主创新能力。珠三角港资企业的自主创新能力明显后劲不足。港资制造企业的产品创新主要还是在工艺、外观和设计创新层面，较容易被竞争对手模仿和超越，而对于难于被模仿的关键技术创新仍相对较少。海外并购作为培育自主创新能力的有效方式，通常被港资企业采用，不仅使企业的技术能力提升至复杂技术研发、产品设计和创造产品概念阶段，而且通过再投资实现自主创新，形成真正意义上的国际竞争力，实现转型升级。

3. 珠三角比长三角的经济开放度更高

考虑经济开放度（open）对经济增长的影响时，长三角的回归系数为 0.0131，珠三角的回归系数为 0.0312。这一结果意味着：经济开放度对经济增长溢出效应具有一定的影响，且开放程度越高，获得的外溢效应也越大。珠三角是我国改革开放的前沿，经济特区、沿海开放城市等最先出现于这一地区，其经济开放程度明显高于长三角，因此在面临较大的国际技术、知识、资本存量的情况下，其获得的经济外溢效应也较大。当然，随着中国改革开放的不断深入，两地区经济开放度差距正迅速缩小。

七 总结

（一）主要结论

珠三角地区能在三十多年的时间里取得如此骄人的经济发展成就，得益于制造业崛起推动的高速经济增长和经济结构的转型。珠三角地区制造业的发展与承接港澳地区制造业的转移密切相关，港资企业功不可没。港资企业对广东经济增长的贡献很大，如对珠三角的就业促进作用明显，对珠三角对外贸易贡献良多，对珠三角的技术进步也有一定的促进，对珠三角的体制创新有重要影响，港商投资是广东和珠三角经济发展的主要动力。

长三角和珠三角作为我国经济开放地区，外资占相当大的部分，对两区域 FDI "溢出效应"的研究，不仅有助于对现有引资政策的评价，也有助于分析不同历史、地理背景下长三角、珠三角经济变革的过程。笔者通过相关数据分析 FDI 在长三角、珠三角的溢出效应。笔者发现，长三角、珠三角的 FDI 对区域经济增长作用很大；长三角的 FDI 对研发的促进作用比珠三角更明显；珠三角比长三角的经济开放度更高。

（二）建议

1. 把握"一带一路"倡议，扩大新市场

首先，"一带一路"倡议有力地扩大了港资企业发展的市场，优势产业可以抢占先机。特别是"一带一路"倡议对香港的意义及好处不限于大企业，中小企业只要有专长或特别专注个别市场，也可从中受惠，基建及服务业可以先行。其次，港商可以根据他们的经验，将传统商务业务推进一步。港资珠宝商可以顺势发展手表市场，因为南亚及中亚等地区中产消费者，已将手表视作一种装饰品，香港产品的设计及定价，正好是略低于世界顶级品牌，又是中产消费者可以承担的；又如港资皮草商在中亚销售皮草成衣产品，也可以把握"一带一路"衍生的物流需求，参与其中。

2. 抓住 CEPA 新机遇，深入拓展粤港澳合作

2003 年，内地与香港、澳门特区政府分别签署了《关于建立更紧密经贸关系的安排》（以下简称 CEPA），2004～2014 年又分别签署了《补充协议一》《补充协议二》《补充协议三》《补充协议四》《补充协议五》《补充协议六》《补充协议七》《补充协议八》《补充协议九》《服务贸易自由化协议》。CEPA 不断创新，给港资企业尤其是服务业企业进入广东提供便利。专业服务行业进入珠三角，有力地帮助港资企业转型升级，与内地实现互利共赢。

3. 鼓励金融合作与创新，促进转型升级

首先，支持港资银行在广东增设异地支行，服务港企转型升级。支持香港银行机构通过设立小企业金融服务专营机构、发起设立村镇银行等多种方式进入广东，参与广东地方法人金融机构的改革重组。继续争取支持符合条件的香港金融机构在广东试点设立消费金融公司，以及推进广东银行机构在港设立分支机构。其次，鼓励广东银行机构单独或与支付机构合作，为粤港跨境电子商务以人民币计价结算提供服务。稳步开展粤港两地银行机构人民币贸易融资资产跨境转让业务。完善粤港跨境缴费通系统业务功能，推动香港地区银联商户收单人民币结算业务深入开展。再次，加快两地资本市场双向开放进程。推动珠三角制造业企业赴港上市、发行人民币债券，支持符合条件的香港金融机构在广东新设合资证券公司、合资基金管理公司、合资期货公司、合资证券投资咨询公司，进一步深化两地资本市场合作。研发和推出更加多元化的跨境投资产品。积极推动 RQFII、QFII、QDII 等跨境投资业务发展，为珠三角投资者投资香港资本市场提供便利。研究利用"深港通"契机，深化两地证券市场合作。

第四章 营商环境变化对珠三角港资企业发展的影响

企业进行投资是一种风险-收益的抉择过程,资金最终投入何地,是利润驱动的结果。如上文所述,珠三角的港资企业大多数是劳动密集型的,改革开放后为了利用内地廉价丰富的劳动力资源以降低成本而迁入内地,并在内地度过了30年左右的"美好时光"。2003年"用工荒"开始出现,在经历涨薪潮、人民币升值、出口退税以及加工贸易政策调整等一系列不利于劳动密集型企业发展的因素冲击后,港资企业面临着一系列挑战,生存堪忧。2008年席卷全球的金融危机对于实体经济的影响也迅速浮现,港资企业对外开始面临全球消费市场疲软、出口竞争加剧;对内又要接受当地经营成本不断上涨的现实,陷入内外交困的艰难境地。在内忧外患的夹击下,珠三角港资企业正经历着严峻的考验,近年来,有数万家港企因无法承受珠三角投资环境转变而选择倒闭、转移或转型升级。

从近年来珠三角制造业的发展轨迹可以看出,珠三角港企的困境反映了在传统加工贸易利润微薄、耗能巨大的前提下,处在全球产业链低端的港资制造企业的转移或转型升级已迫在眉睫,无力进行产业转移或转型升级的企业只能倒闭或外迁。

一 营商环境的相关理论

(一) 营商环境的理论基础

1. 营商环境的概念

营商环境是指某国或地区为了吸引和使用外资,创造的有利于跨国公司投资的软环境。早先使用最多的词汇并非"营商环境"而是"投资环境"。"投资环境"作为本土词汇，不易与国际接轨，在华人世界里较早使用"营商环境"一词的是香港。"营商环境"具有国际标准，自 2003 年开始，世界银行每年度发布的《营商环境报告》，引入和使用"营商环境"的指标体系，有助于国际社会了解各国的商业环境和进行国际比较。因此，在使用"投资环境"数十年后，内地官方文件开始使用"营商环境"一词。

世界银行所发布的"企业营商环境指标"与时俱进，经常进行适时修订。其发布的《2016 年营商环境报告》包含了 10 个指标体系，覆盖了 189 个经济体。在全球排名中，2015 年新加坡继续蝉联榜首，中国内地则在 189 个经济体中位列第 84。这些营商环境指标已经成为评估各国从事企业经营活动的条件是否宽松的主要科学评价指标。根据其中的稳定性指标，世界银行对营商环境的定义是，一个企业在开设、经营、贸易活动、纳税、关闭及执行合约等方面遵循政策法规所需要的时间和成本等条件。这个定义有利于世界各国营商环境指标的量化与比较。

一个地区的营商环境直接影响着区域内经营的企业、决定着高端要素的流向和集聚，直接影响招商引资的多寡，最终对该地区的经济发展状况、财税收入、社会就业及人民生活水平等产生重要影响。因此，建设低成本、法治化、国际化的营商环境是一个国家或地区经济软实力的重要体现，反映了一个国家或地区的综合竞争力。

2. 研究营商环境的相关文献

对于营商环境的早期研究多偏重于定性分析，即主观选取一系列影响营商环境的因素，然后通过比较的方式进行评价或打分。而近年的研究者比较注重量化分析方法，比如因子分析法和层次分析法，一般通过计量方法进行综合打分评估。另外，还有一种研究方法是针对跨国公司有意向投资的东道国进行问卷调查，然后利用调查结果确定影响营商环境的各因素的重要性以及东道国投资主体对该国营商环境的评价。

国际上对营商环境评价的专门研究应该始于美国学者伊西·特利法克和彼地德·班廷，二人在 1968 年发表的《国际商业安排的概念构架》一文里创立了评价一国投资环境的"冷热分析法"。这种方法从投资国和投资主体的立场出发,根据多个投资环境因素对投资国进行评价,并将其从"热"(投资环境优良)到"冷"(投资环境不佳)依次排序。另外一位美国学者罗伯特·斯托伯1969年在《哈佛商业评论》上发表了《如何分析外国投资环境》一文,提出了评价外国投资环境的"多因素评分分析法"。① 随后,其他一些对外投资的发达国家及率先大量引进国外投资的发展中国家也开始对投资环境进行研究,而后者则更加重视如何制定改善投资环境的政策措施。

《中国营商环境报告》采用在其他几个主要新兴市场国家(如印度、墨西哥和巴西等)进行区域营商环境调查的模式,衡量政府规制如何对商业活动产生促进和阻碍的作用。② 按照世界银行全球《营商环境报告》的方法论,本研究选取了四项与营商环境有密切关系的指标:开办企业、登记物权、获取信贷、强制执行合同。并且表明营商环境指标排名靠前说明该地政府提供的政策环境有利于商业运营,但并不意味着政府对企业约束较少,而是其约束的方式较为高效,给企业造成的负担较小。总体来说,东部沿海地区的营商环境好于中西部地区。

董志强、魏下海、汤灿晴以世界银行集团提供的我国30个大城市的营商环境数据,检验了营商的制度软环境与经济发展的关系。并以各城市开埠通商历史为工具变量,克服了经验估计中面临的解释变量内生性问题。结果表明,良好的城市营商软环境对城市经济发展有显著的促进作用;即便控制气候、地理、经济政策、历史经济条件、自然资源丰裕程度等潜在的影响发展的变量,营商软环境对经济发展的影响仍然显著而且稳健,研究结果支持了"制度至关重要"假说。③

许可、王瑛利用世界银行2012年对中国2700家私营企业的调研数据,从企业层面研究了经济危机后中国的营商环境。调研结果表明,中国企业在当前经济环境中所面临的问题主要表现为金融准入困难、人力

---

① 郭信昌:《关于投资环境概念问题的探讨》,《南开经济研究》1991年第1期,第22~27页。
② 倪鹏飞:《中国城市拿什么吸引投资者——2008中国营商环境报告摘要》,《资本市场》2008年第5期,第102~105页。
③ 董志强、魏下海、汤灿晴:《制度软环境与经济发展——基于30个大城市营商环境的经验研究》,《管理世界》2012年第4期,第9~20页。

资源受教育程度不高、非正规部门竞争以及税负高等。他们估计了上述问题对企业业绩的影响。研究结果表明,除人力资源受教育程度不高与企业业绩关系不显著外,其余困难均与中国企业的经营业绩呈显著负相关,他们进而对各行业的营商环境进行了评估,结果与全国层面分析一致。并建议重新评估中国营商环境,加强中国的金融基础设施建设力度,优化中小企业信贷政策环境,切实减轻企业的税负压力。①

杨涛依据世界银行营商环境指标体系,以鲁苏浙粤四省中小企业为调查对象进行问卷调查研究,结合中国企业经营发展特点,通过数据的因子分析归纳出影响目前中小企业营商环境的主要因素:市场发展环境、政策政务环境、法律环境。并通过比较分析得出结论,在市场发展环境方面,广东的得分均值最高,其次是浙江,山东最低;在政策政务环境方面,浙江的得分均值最高,其次是广东,山东最低;在法律环境方面,江苏的得分均值最高,其次是山东,浙江最低。②

(二) 珠三角港资企业营商环境分析

投资环境是影响企业效益的重要因素,当珠三角投资环境发生变化时,必然会影响港资企业的利润水平和生存状况。黎熙元等人采用中山大学港澳珠江三角洲研究中心于2010年5月至2011年3月对广东省港澳资企业的发展状况所做的问卷调查数据,运用主成分分析法对投资环境进行实证分析,得出港澳资企业对珠三角7市③投资环境的综合评价及影响评价的因素。分析显示,影响港澳资企业对投资环境评价的主导因素有4个:制度因素、物价水平、基础环境和交通状况。从文中对影响企业投资设厂因素重要程度的排序中可以看出,劳动力成本是企业投资时考虑的重要因素之一,每个城市的企业都将劳动力成本列入10个因素中的前4位。因为劳动力成本直接影响物价水平,较高的劳动力成本会造成物价上升。而物价水平则是问卷调查的其中一个指标,因此,

---

① 许可、王瑛:《后危机时代对中国营商环境的再认识——基于世界银行对中国2700家私营企业调研数据的实证分析》,《改革与战略》2014年第7期,第118~124页。
② 杨涛:《营商环境评价指标体系构建研究——基于鲁苏浙粤四省的比较分析》,《商业经济研究》2015年第13期,第28~31页。
③ 珠海、惠州、东莞、佛山、江门、深圳、广州。

企业雇用员工的薪酬高低可以反映出企业对该地的评价是否满意。①

周春山通过对 56 家珠三角企业的调查，发现区位条件、政策法律、生产成本、基础设施水平和产业配套能力是影响企业发展的 5 个最主要的投资环境因素。从分析中发现，珠三角区域投资环境发生了较大的变化，越来越不适应劳动密集型产业的发展，而更有利于发展技术密集型产业。究其原因主要是珠三角生产成本的不断上涨、区位优势的逐渐减弱、优惠政策的逐渐减少和产业配套环境的逐步改善等。②

香港中华厂商联合会也于 2009 年 3 月至 4 月上旬进行了一项问卷调查③，以了解金融海啸对会员的影响以及业界的应对策略。调查采用邮寄和传真问卷，由回应公司自行答卷的形式，在指定期限内共收回 242 份有效问卷。这 242 家企业中，有 168 家在珠三角从事生产业务，占 69.4%。在这 168 家企业的问卷调查中根据加权评分，最令回应企业感到困扰的因素包括劳动法规引致额外成本及风险（3.22）④、订单减少（3.08）、劳工成本高昂（3.04）、客户压价（2.98）以及人民币汇率变化的风险（2.89）；六至七成的回应企业认为这些因素造成"严重"甚至"非常严重"的影响。国外订单减少、内销市场下滑，按加权平均值，回应企业对 2009 年的业务前景大多持不乐观的态度，但也认为随着时间推移，情况将逐渐好转。

踏入 2014 年，在世界经济复苏尚未稳固、内地经济增速放缓、人民币汇率波动频繁以及成本压力持续上升的复杂形势下，珠三角的经营环境仍延续偏紧的态势。为了了解珠三角港商近期经营状况、对业务前景的看法以及在劳工管理、拓展内销等方面的运营策略，香港中华厂商联合会于 2014 年 3～5 月又进行了一项问卷调查⑤，这是该会自 2008 年

---

① 黎熙元、杜薇、余文娟：《港澳资企业对珠三角城市投资环境的评价——基于 2010 年问卷调查数据的实证分析》，《亚太经济》2012 年第 4 期，第 136～141 页。
② 周春山、林赛南、代丹丹：《改革开放以来珠江三角洲区域投资环境变化》，《热带地理》2013 年第 5 期，第 511～517 页。
③ 《厂商会会员珠三角经营状况问卷调查 2009 分析报告》，香港中华厂商联合会，2009 年 4 月。
④ 4 代表"非常严重之影响"，3 代表"严重影响"，2 为"有些影响"，1 为"没有影响"。
⑤ 《厂商会会员珠三角经营状况问卷调查 2014 分析报告》，香港中华厂商联合会，2014 年 6 月。

以来连续第七年以珠三角会员港企为对象,开展营商环境和策略的研究。这次报告同样主要以152家在珠三角有生产业务的港资企业为分析对象,他们主要来自成衣、电子、金属、珠宝首饰、玩具、食品、纺织等行业。由于内外市场改善速度缓慢,回应企业对2014年的出口和内销业务前景的预期均与2013年大致持平。根据这次调查的加权平均,对回应企业在珠三角的运作构成负面影响的各种因素中,影响最为严重的首推劳工成本上升,加权评分为3.39,亦是唯一一项达致"严重影响"程度的因素。其他较为突出的影响因素包括劳动力短缺(2.99)、人民币汇率变化的风险(2.89)、劳动法规引致遵从成本和风险(2.82),以及原材料价格上涨(2.18);六至七成的回应企业认为这些因素造成"严重影响"甚至"非常严重之影响"。珠三角港资企业的运营成本继续攀升,八成半的回应企业认为目前的生产成本高于上年同期,平均上升幅度为10.9%;表示劳工成本上涨的企业占比则从2013年的89.3%升至2014年的93.4%,平均升幅达12.2%。虽然接近七成的回应企业能够在2013年取得盈利或达致收支平衡,但亦分别有25.2%和5.3%的企业出现轻微亏损和严重亏损;而将近3/4的回应企业2014年只能维持产品销售价格不变甚至有所下调,无法通过向客户加价而转移成本压力。在成本继续攀升但议价能力薄弱的情况下,珠三角港商的利润空间难免会被进一步挤压,一些微利甚或已经"无利可图"的企业将会更加举步维艰。

二 港澳资企业珠三角营商环境评估

为了更加具体系统地了解港澳资企业在珠三角的营商环境,中山大学港澳珠江三角洲研究中心于2010~2011年组织了针对港澳资企业的大规模调研,该调研项目是国内第一个针对港澳资企业的大型调查项目。调研项目实地调查了广东各地级市的2000多家港澳资企业,调研内容涉及港澳资企业的人力资源、社会资本、社会责任;生产经营和粤港(澳)分工、自主技术创新与产业升级、投资环境与经济形势等方面,借以了解港澳资企业在广东的经营发展状况和粤港澳区域合作的实际运作机制。调研项目以珠三角为主,覆盖整个广东省,主要调研对象是港澳资企业的企业主或中高层管理人员。自 2010 年底起，调研在广东省 16 个城市铺开。经过持续一年的调研，课题组共获得有效问卷 1800 多份。

（一）数据描述与变量选择

本部分研究采用的数据即来源于"广东港澳资企业发展状况调研（2011）"，研究的核心问题是港澳资企业在粤营商环境评估，因此，关注的变量主要是珠三角地区影响企业发展的核心因素。"核心因素"可以通过因子分析的方法进行提取，涉及的变量包括十项，分别是：劳动力成本、人力资源水平、基础设施、地理位置、产业配套[①]、出口外销、内销机遇、政策优惠、政府效率、法制环境。调查过程中，访问员逐一读出各因素，让被访者在重要程度中选择，重要程度包括五个方面：非常不重要、不重要、一般、重要、非常重要。通过这类变量，可以评估港澳资企业在粤投资的优势，利用因子分析的方法来提取影响企业发展的"核心因素"，并作进一步的经济解释。由于港澳资企业多数集中在珠三角九城市[②]中投资设厂，因此本文将考察对象限制在珠三角九城市，剔除了粤西、粤北、粤东地区的港澳资企业。经过数据整理，本文最终获得的样本量为 1141 家企业，数据描述如表 4-1 所示。

表 4-1 珠三角地区影响港澳资企业发展的因素

单位：家，%

影响因素	非常不重要	不重要	一般	重要	非常重要	合计	统计量
劳动力成本	11	58	303	562	207	1141	3.785
	0.96	5.08	26.56	49.26	18.14	100	(0.832)
人力资源水平	6	56	347	599	133	1141	3.699
	0.53	4.91	30.41	52.50	11.66	100	(0.758)
基础设施	3	76	431	568	63	1141	3.536
	0.26	6.66	37.77	49.78	5.52	100	(0.713)

---

① "产业配套"指的是产业链的完整性良好，例如当地产业链完整使得原料与零部件的采购简捷方便、成本低等。

② 珠三角九城市包括：广州、佛山、肇庆、深圳、东莞、惠州、珠海、中山、江门，其中前三个城市构成"广佛肇"经济圈，中间三个城市构成"深莞惠"经济圈，后三个城市构成"珠中江"经济圈。

续表

影响因素	非常不重要	不重要	一般	重要	非常重要	合计	统计量
地理位置	3	66	370	593	109	1141	3.648
	0.26	5.78	32.43	51.97	9.55	100	(0.742)
产业配套	25	95	386	533	102	1141	3.519
	2.19	8.33	33.83	46.71	8.94	100	(0.853)
出口外销	101	144	294	439	163	1141	3.367
	8.85	12.62	25.77	38.48	14.29	100	(1.141)
内销机遇	65	159	351	460	106	1141	3.336
	5.70	13.94	30.76	40.32	9.29	100	(1.015)
政策优惠	20	82	352	686	1	1141	3.496
	1.75	7.19	30.85	60.12	0.09	100	(0.708)
政府效率	10	43	420	589	79	1141	3.599
	0.88	3.77	36.81	51.62	6.92	100	(0.712)
法制环境	6	31	365	635	104	1141	3.701
	0.53	2.72	31.99	55.65	9.11	100	(0.691)

说明：表中报告了影响港澳资企业生产经营的各种因素，列示了不同重要程度对应的企业数及比例。根据重要程度由低到高赋值1～5分，据此计算出各种因素的均值与标准差，列示于"统计量"一列中，无小括号的数值为均值，有小括号的数值为标准差。

对于影响企业发展的各种因素，大部分企业认为这些因素的重要程度为"一般"与"重要"，从统计量的均值来看，"劳动力成本"与"法制环境"的重要程度较高，而"出口外销"与"内销机遇"的重要程度较低，并且这两个因素对应的标准差较大，表明港澳资企业在这两个因素上的异质性较强，也隐含了这两个因素对港澳资企业生产经营的重要程度较低，仅对少数企业有作用，并不对港澳资企业的发展起普遍的核心作用。

（二）影响港澳资企业珠三角生产经营的核心因素

表4-1中虽然列示了影响港澳资企业在珠三角地区生产经营的十个因素，但其统计描述并不能够给出清晰的指标来说明哪个因素更为重要，并且，因素太多增加了研究者进行定量分析的难度，以及经济解释的困难。并且在这些因素中，刻画的信息有可能存在重复，比如"劳动力成本"与"人力资源水平"，两者都是针对"人力资本"进行测度

的变量，信息重复并不利于得出更多的结论，反而容易使研究者陷入混乱不清。因此，为了突出重要的影响因素，提取核心信息以利于研究分析，可以通过因子分析的方法来寻找"核心因素"，从而简化定量分析的运算过程。

本文通过因子分析，使用主因子方法对影响港澳资企业在珠三角地区生产经营的十个因素进行降维，最终提取了3个公共因子，第一个因子代表的是第一重要的"核心因素"，依此类推。进行因子分析的同时也会估计出公共因子对应的因子载荷矩阵，因子载荷系数越大，表明该因子与相应变量的联系更为紧密，该因子主要体现的是这些变量所包含的信息。具体的估计结果如表4-2所示，第一个因子中，载荷系数较大的三个因素分别是"政府效率"、"法制环境"与"政策优惠"。由字面含义可知，这三个因素反映的是涉及政府、法制、政策方面的信息，它们之间的相关性较高，刻画的核心信息被因子分析所提取的第一个因子所概括，因此，可以将第一个因子命名为"制度环境因子"。第二个因子中，载荷系数较大的三个因素分别是"基础设施"、"地理位置"与"产业配套"，因此，将这个因子命名为"区位设施因子"，以此刻画港澳资企业所在城市的地理特征、设施配套等相关方面的信息。类似地，第三个因子载荷系数较大的因素分别是"劳动力成本"与"人力资源水平"，涉及的是与劳动者相关的信息，因此被命名为"人力资本因子"。另外，"出口外销"与"内销机遇"这两个因素对港澳资企业的发展实际上并不重要，不能反映出相关的核心信息，因此在最重要的"核心因素"中并不能够有所体现，这个估计结果与表4-1的统计描述结果是一致的。

综合上述分析，珠三角地区影响港澳资企业生产经营的核心因素主要表现为三类，重要性由高到低分别为：制度环境因子、区位设施因子、人力资本因子。基于此，为了吸引更多的港澳资企业来粤投资，当地政府应该有针对性地完善这三方面的投资条件，形成一个完整的、有利于港澳资企业发展的营商环境，进一步促进粤港澳三地的合作发展与交流，实现经济腾飞。

表4-2　从十个因素中提取的三个因子对应的因子载荷矩阵

影响因素	第一个因子	第二个因子	第三个因子
劳动力成本	0.190	0.116	0.472
人力资源水平	0.236	0.343	0.440
基础设施	0.201	0.555	0.247
地理位置	0.165	0.546	0.040
产业配套	0.248	0.516	0.091
出口外销	0.211	0.156	0.101
内销机遇	0.188	0.296	0.007
政策优惠	0.583	0.158	0.136
政府效率	0.815	0.109	0.058
法制环境	0.765	0.134	0.091
因子命名	制度环境因子	区位设施因子	人力资本因子

（三）结论与启示

通过对"广东港澳资企业发展状况调研（2011）"的数据建立因子模型，本研究从十个因素中提取并测度了影响港澳资企业发展的"核心因素"，分别是：制度环境因子、区位设施因子、人力资本因子。在本章的后续部分将对这三个因子中比较重要的因素，比如劳动力成本、加工贸易政策（政策优惠）等进行分析，通过描述其近年来的变化情况可以看出港澳资企业在珠三角的经营确实面临着新的挑战。

因此，为了进一步促进港澳资企业在珠三角地区的发展，推动企业竞争优势的形成，需要改善制度环境、区位设施、人力资本三方面核心因素对港澳资企业的影响。比如港澳资企业获得"产品质量"的竞争优势，不仅需要得到当地政府的政策优惠与法制环境的扶助，还需要获得来自劳动力市场人力资本因素的支持。随着"大珠江三角洲"一体化过程的推进，港澳资企业在珠三角地区的生产经营，需要政府与社会调动各方面可用资源，比如，充分发挥基础设施、地理位置、产业配套三方面的优势以促进"服务质量"竞争优势的形成；通过为劳动力要素市场输送大批劳动力、提高劳动者的素质，提高珠三角地区"劳动力成本"的竞争优势。此外，还包括促进分销渠道、生产效率、技术创新能力、管理水平、资金实力等竞争优势的提高，为港澳资企业增强制度环境、区位设施、人力资本等核心因素，从而促进当地经济各方面的持续、稳定发展。

三 内部生产成本上升

（一）"用工荒"与劳动力成本上升

20世纪70年代开始，中国政府实行了以"提高人口质量、控制人口数量"为目标的计划生育工作，加上改革开放后经济快速发展带动着社会迅速发展，中国在较短时间内完成了人口转变过程，自2010年呈现出"低出生率、低死亡率和低自然增长率"的人口再生产类型，并踏入老龄化社会。随着老年人口比例不断提高，劳动年龄人口的增长率已经开始下降，在这种情况下，劳动力短缺的出现就变得不可避免，必然会对比较优势依然为劳动密集型产业的中国经济的可持续增长提出挑战。

1. "用工荒"与刘易斯拐点

"农民工"是现阶段具有中国特色的历史现象，是我国长期以来城市化滞后于工业化的产物。1978年以来的经济改革是以商品市场的发展领先，要素市场（如劳动力市场、资本市场和土地市场）发展滞后为特征的，加上社会保障体系不健全，农民工在我国成为一个候鸟式流动的庞大群体。2003年底、2004年初从沿海特别是珠三角地区开始，进而发展到劳动力流出地区的"用工荒""技工荒"，是劳动力出现短缺的一个最初信号。虽然2008年全球金融危机袭来的时候，有大批农民工回流农村，但伴随着中国经济的强劲复苏，制造和出口的增长速度大幅度提高，2010年左右，东部沿海地区再现"用工荒"现象。从经济学角度来看，当劳动力的需求大于供给时，工资就会涨，以富士康为代表的一些企业大幅提高农民工工资，最终引发了农民工的涨薪潮。

面对这些现象，国内很多学者针对"刘易斯拐点"是否到来展开了讨论，主要持有三种结论：其一，以中国社科院人口研究所蔡昉研究员为主要代表，这一派学者根据二元经济结构背景下，农村劳动力转移过程中出现的劳动力短缺、农民工工资显著提高等现象，说明中国经济发展已迎来刘易斯拐点，即劳动力无限供给正在消失。[①] 但持此观点的学者内部，对拐点出现的具体时间判断也有争议，总体来说认为我国经济在2004~2006年已经进入"刘易斯转折区域"。其二，以人保部劳动科学研究所张丽宾研究员为主要代表，这一派学者认为，农民工工资并没有出现相对城镇非农职工的快速上升，城乡收入差距依旧很大，农村仍然有大量剩余劳动力外移，二元经济依然长期存在，因此刘易斯拐点还没有到来[②]。其三，以中央党校周天勇教授为主要代表，这一派学者认为，我国的城市化水平目前还很低，农村尚有大量剩余劳动力，城乡工资水平差距大，因此，中国的刘易斯拐点来临应是城市化率推进至70%以上之时，大概要等到2020年以后。[③]

刘易斯舍弃了新古典经济学劳动力不是无限供给的假设，把一个国家分为两个部门："传统经济部门"（农业部门）和"现代经济部门"（工业部门）。刘易斯等人认为，发展中国家经济发展是工业部门相对农业部门的扩张过程，农业部门的劳动力向工业部门转移的不同阶段决定了工业企业的边际劳动力成本，并由此划分为三个阶段：第一阶段L2之前，由于传统经济部门劳动生产率低下，工资较低，现代经济部门在增长和扩大的过程中，只要能够提供稍高于维持农村人口最低生活水平的既定工资，农业部门就将转移大量的劳动力至工业部门，使工业部门不断扩张。由于既定工资水平上，劳动力的供给是无限的，工业部门在实际工资不变的情况下将所获得利润转化为再投资，其规模不断扩大。因此，在这个阶段，制约经济增长的唯一因素是资本的积累。第二阶段L2-L3，传统农业部门中的剩余劳动力被现代工业部门吸收完毕，随着劳动力的转移，农业部门的劳动生产率逐渐提高，解放出更多的劳动力进入工业部门，由于劳动力工资水平由劳动力的生产效率决定，工业部门只有提高工资才能吸引更多的劳动力。第三阶段，两个经济部门

---

① 蔡昉：《论刘易斯拐点理论对中国经济的适用性》，《马克思主义研究》2012年第3期，第54页。
② 张丽宾：《"刘易斯拐点"尚未到来——对我国现阶段就业形势的认识问题（中）》，《中国发展观察》2011年第2期，第39~42页。
③ 周天勇：《中国的刘易斯拐点并未来临》，《江苏农村经济》2010年第11期，第11页。

间的劳动边际生产率（工资）差异不断缩小直至消失，城乡保障差别消除，二元经济增长才逐步转化为一元经济结构和均衡的现代经济增长。① 划分这三个阶段之间的两个拐点 L2 和 L3 分别被称作第一和第二刘易斯拐点。在此本文讨论的是第一刘易斯拐点的到来，即剩余劳动力被吸收完的这个时点，而经济增长本身是这个转折点到来的根本原因。在这个刘易斯拐点之后，现代经济部门如果继续产生对劳动力的需求，工资则必须上涨（见图 4-1）。

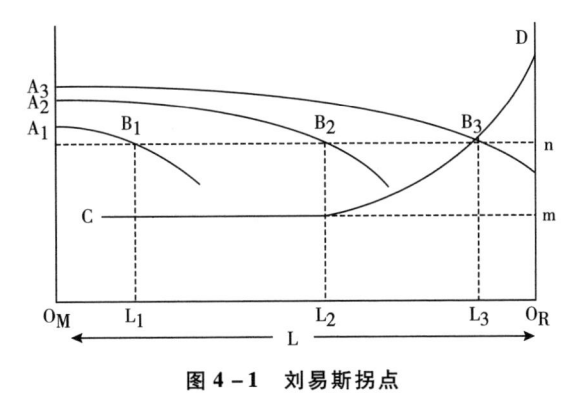

图 4-1　刘易斯拐点

说明：L_2 点之前，劳动力在既定的工资水平下无限供给；L_2 点之后，工业部门只有提高工资才能吸引更多的劳动力转移；L_3 点之后，工、农业部门之间的工资差异消失。

随着我国农村劳动年龄人口增长速度减缓，农村劳动力剩余程度已经大幅度减轻，2010 年以来农民工总量增速持续回落（见图 4-2）。2011 年、2012 年、2013 年、2014 年和 2015 年农民工总量增速分别比上年回落 1.0 个、0.5 个、1.5 个、0.5 个和 0.6 个百分点。2011 年、2012 年、2013 年、2014 年和 2015 年外出农民工人数增速分别比上年回落 2.1 个、0.4 个、1.3 个、0.4 个和 0.9 个百分点。2010~2015 年本地农民工人数增速也在逐年回落，但增长速度快于外出农民工增长速度。再加上近年来政府出台了取消农业税等一系列扶持农业的优惠政策，在这种背景下，略高于务农收入的离乡背井的打工工资，对农民工就丧失了吸引力，直接导致用工荒。这标志着以"只有提高工资

---

① 〔美〕阿瑟·刘易斯：《二元经济论》，施炜等译，北京经济学院出版社，1989。

才能继续吸引劳动力转移"为特征的刘易斯拐点的到来。刘易斯拐点的直接含义，就是随着对劳动力需求的继续扩大，工资将不断上涨。

图 4-2 2010~2015 年农民工增长速度

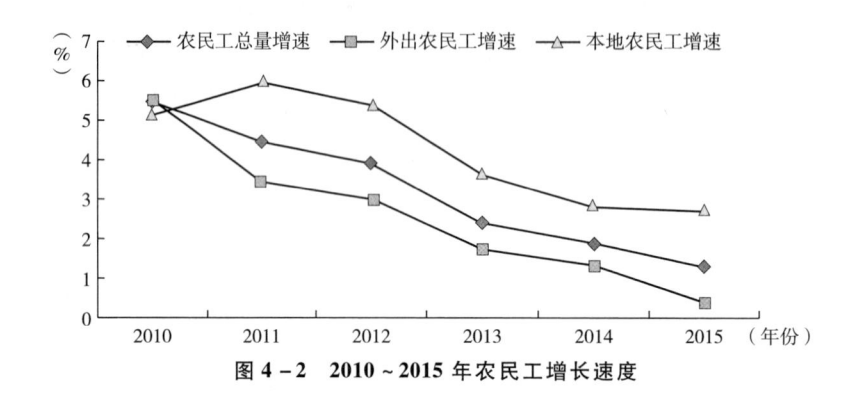

表 4-3 2011~2015 年我国 15~59 岁人口数量

单位：万人

年份	2011	2012	2013	2014	2015
15~59 岁人口数量	94072	93727	93500	92982	92547

说明：考虑到我国劳动年龄下限为 16 周岁，从 2013 年国家统计局开始公布 16~59 岁（含不满 60 周岁）人口数据。为了统一口径，本表采用 15~59 岁人口数量进行分析。

资料来源：国家统计局，http://www.stats.gov.cn/tjsj/tjgb/ndtjgb/。

根据国家统计局统计，从 2012 年开始我国 15~59 岁人口数量开始下降，比 2011 年下降了 345 万人，这是 20 世纪 70 年代以来中国劳动力出现的首次净下降（见表 4-3）。如果把劳动年龄人口视作劳动力供给的基础，那么上述趋势也意味着在经历一个中国特色的二元经济增长阶段后，劳动力无限供给的特征正在消失，一旦劳动年龄人口不再增长，老龄化过程便会加速加深，我国经济增长可以利用的人口红利也会随之消失，增长的源泉必须转移到依靠生产率的提高上。因此，从国内因素看，农民工工资上涨的根本原因是劳动力供求关系的变化，而新《劳动合同法》的执行起到了推波助澜的作用。

2. 劳动力成本与珠三角港资企业存亡

最低工资制度是国际通行的职工工资保障制度，1994 年我国公布的《劳动法》第 48 条明确规定：国家实行最低工资保障制度。最低工资的具体标准由省、自治区、直辖市人民政府规定，报国务院备案。2003年12月底又公布了《最低工资规定》。最低工资作为一个经济学的固有名词，属于价格下限，是指劳动者在法定工作时间或依法签订的劳动合同约定的工作时间内提供了正常劳动的前提下，用人单位依法应支付的最低劳动报酬。2008年，中国颁布实施了新《劳动法》，明文规定，劳动者有权要求用人单位向其支付不低于当地最低工资标准的工资。2015年，党的十八届五中全会通过的《中共中央关于制定国民经济和社会发展第十三个五年规划的建议》，明确要求"完善最低工资增长机制"。对中国来说，不断调高的最低工资标准还隐含着另一层关键意义，即通过这种具有法律效力的方式促使产业结构升级和经济转型。

自1995年以来广东省按照《劳动法》和《最低工资规定》规定的比重法、恩格尔系数法、国际平均工资比例法等办法，综合考虑就业状况、工资水平、物价增长、社保水平等因素制定和调整最低工资标准。为了保障最低工资标准的实施，要求任何单位和个人必须严格执行，未按规定执行的，将按照《劳动法》或《广东省工资支付条例》的规定进行相应处罚。

从地域分布上看，粤港资企业主要集中在珠三角九市，尤其是广州、东莞、深圳3市。自2000年到2016年，广州、东莞、深圳的最低工资大幅度上升，三市平均工资由2000年的466元/月上升到2016年的1812元/月，涨了将近3倍。

广东省连年调整最低工资标准的主要原因可以解释为：加快转变经济发展方式，及时缓解企业招工难。而实际上，最低工资标准的调整并非总是针对后者的"临危受命"，它在很多省市是一项固定的长期性制度。作为劳务输入大省的江苏和广东的最低工资标准上升传达了一个信号——中国的劳动力正在变得越来越不便宜，想要再依赖廉价劳动力赚钱越来越不可行。而作为外向型经济为主的珠三角地区，其快速发展依靠的就是低廉的劳动力成本，当刘易斯拐点来临，人口红利逐渐消失，对于以低技术含量、低附加值的环节加工为主的劳动密集型港资企业来说，最低工资上涨无疑推高了这些企业的成本，失去了人力资源这个企业竞争的重要筹码，企业必将面临利润下降、经营困难甚至停产倒闭的命运。

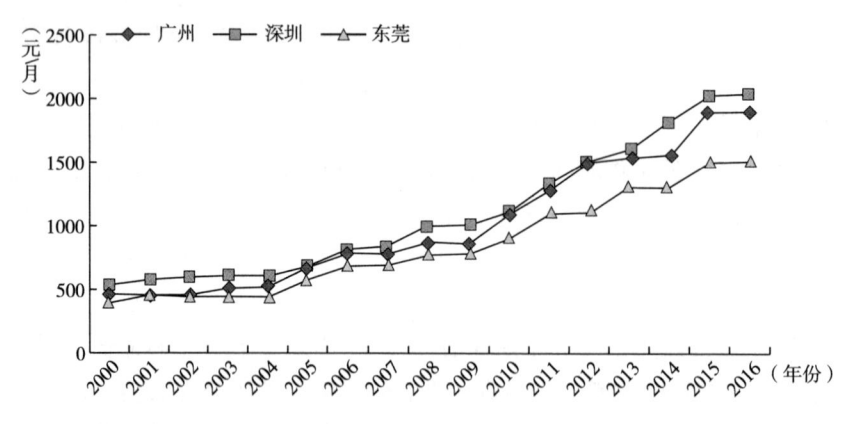

图 4-3 2000~2016年广州、深圳、东莞最低工资变动

说明：2009年之前深圳的最低工资分为特区外最低工资与特区内最低工资，2009年之前统计的是特区内最低工资，2009年后不做区分。

资料来源：人力资源和社会保障部官网及广东省人力资源和社会保障厅官网，http://www.mohrss.gov.cn/SYrlzyhshbzb/gongzishourufenpei/zcwj/zuidigongzi/、http://www.gdhrss.gov.cn/publicfiles/business/htmlfiles/gdhrss/s90/index.html。

长期研究东莞经济的中山大学教授林江2010年在东莞进行了调研。[1] 据他的调查，东莞企业平均可以承受的涨薪幅度为3%~5%，最好的企业也只有10%左右。就眼下形势而言，林江表示，即使东莞企业涨薪达到10%，也很难让工人满意。平衡工人期望薪值与企业效益，是中国制造业接下来很多年里要考虑和探索的问题。

辜胜阻认为，劳动力供求关系变化是一种市场的倒逼机制迫使用工企业提高劳动者的报酬，不仅要提高报酬，还有福利。[2] 除了工资的上涨，2010年，新《劳动合同法》实施，赋予了进城务工人员更多的"城里人享有的福利"，企业在加班津贴、社保、医保等领域要承担的成本陡然增加，降低了中小企业的盈利能力。新《劳动合同法》的实施给东莞港资企业带来了隐形成本。按照目前东莞的社保和住房公积金政策，企业要按员工每月的工资总额为其购买社保和缴纳住房公积金。如果以一个普通员工每月工资3000元计算，公司要缴存工资总额14%

---

[1] 特别策划：《加薪潮波及珠三角玩具企业》，《源流》2010年第14期，第26页。
[2] 辜胜阻、李华：《以"用工荒"为契机推动经济转型升级》，《中国人口科学》2011年第4期，第2~10页。

的社保和最少5%的住房公积金，大约600元/月，再加上住宿和伙食等成本，如今养一个普通工人至少要4500元/月。企业劳动力成本压力明显变大。然而，高工资不一定能给企业带来充足的劳动力，2010年以来，每年珠三角地区中小企业的用工缺口超过百万。随着内陆省份经济发展，与珠三角的薪酬差距逐渐缩小，珠三角对工人的吸引力下降。尤其是，当大量代工企业因成本等原因向内地和国外迁移时，部分技术工人也随之迁移，更加剧了珠三角中小企业的用工压力。

对于部分劳动密集型的港资企业来说，劳动力成本的上涨已经到了极限。珠三角地区是中国玩具代工企业的最大聚集区，玩具产业属于劳动密集型产业，一直以来都把人力成本低廉作为最大的竞争优势，可以说玩具代工企业"赚的就是人力成本差"，一旦员工加薪幅度变大，也就意味着企业成本的无限放大和利润空间的急速缩小，加薪是中国玩具企业不能承受之重。作为低成本、低利润、缺乏自主品牌与技术含量的劳动密集型制造企业基本没有核心竞争力，缺乏与国外厂商议价的能力，只能向劳动力方面转移成本，一旦低成本的比较优势丧失，面临的危机就不单纯是生产危机，而是生存危机。伴随着珠三角工资水平的不断提高，内迁成为玩具企业和政府共识，广东省在2005年就出台了《工业产业结构调整实施方案》，明确指出鼓励玩具、文具、日用塑料用品等企业向山区转移。

迁移到最低工资比较低的广东北部、珠三角两翼或劳动力成本较低的东南亚地区成为一些劳动密集型企业的选择，但迁移只是延缓企业倒闭的权宜之计，解决用工短缺和劳动力成本问题的根本是实现珠三角地区粗放型劳动密集型产业由低技术含量向高技术含量转变，这无疑为企业进行技术革新提供了机遇和压力。企业需要通过技术升级，采取适度的先进技术替代部分劳动力，用"机器换人"，从而逐步实现珠三角经济发展模式从劳动密集型向技术密集型的转变，同时也可以补偿因工人工资上涨而提高的生产成本。在这个转变过程中需要发挥好政府的引导功能，鼓励资金投向技术密集型产业。

（二）加工贸易政策调整

中国的出口贸易主要包括一般贸易（ordinary trade）和加工贸易

(processing trade)，其中一般贸易就是常规的对外贸易。加工贸易是指由一国（或地区）提供原材料（有的还提供有关的生产设备），并规定加工要求，交由另一国（或地区）进行制造的国际经济交往活动，一般是发展中国家从境外进口原辅材料和零部件等中间投入品，在境内加工组装后复运出境销售的贸易活动，其中包括来料加工和进料加工。来料加工是指进口料件由境外企业提供、经营企业不需要付汇进口，按照境外企业的要求进行加工或者装配，只收取加工费，制成品由境外企业销售的加工贸易。进料加工是指进口料件由经营企业付汇进口，制成品由经营企业外销出口的加工贸易。因此，加工贸易具有"两头在外"的特征，即原材料和产品市场都在国外，本国提供的仅是生产能力，它是利用外资的形式之一。

中国内地对外开放的初期，外汇、资金、技术基础薄弱和缺乏海外市场联系，因此选择发展加工贸易，利用廉价而丰富的劳动力和土地资源，吸引港台商人及外商将海外订单转移到内地生产，发展劳动密集型产业，创造就业及增加外汇收入。自1978年8月广东珠海签订第一份来料加工合同以来，珠三角加工贸易迅速发展，成功吸引大量外商投资，成为珠三角外向型经济的特色和优势，是广东外贸出口的主要力量。改革开放后，珠三角主要靠引进和发展加工贸易，取得了经济持续高速增长，迅速崛起成为一个世界级的出口加工基地，因而获得了"中国制造"的美誉。

1. 加工贸易政策的调整方向及措施[①]

我国加工贸易发展很快。不少研究均指出加工贸易对中国内地的经济发展产生了正面积极的推动作用，包括帮助国家经济成功向工业化转型，为产业结构的进一步升级打下了良好基础。然而，在国际垄断资本凭借价值链竞争优势的残酷剥削下，我国的加工贸易企业被锁定在附加值最低、最消耗资源、最破坏生态环境的生产环节，主要靠对劳动者的压榨赚取微薄利润，甚至不少企业全靠"血汗工资制度"生存。而核心技术、产品设计、软件支持、关键零部件配套、关键设备和模具以及品牌等环节大多被跨国公司的母公司所控制，其实是通过牺牲我国的人

---

① 海关总署官网：http://www.customs.gov.cn/publish/portal0/。

力和资源环境,替国际垄断资本生产出丰厚的利润。

目前我国已经积累起丰厚的外汇储备和强大的经济实力,面对逐年增加的贸易摩擦、日益严重的环境污染和过高的资源消耗,有能力逐渐改变这种在国际市场上被人剥削的局面。因此,调整加工贸易政策,改变以往不讲成本、不设门槛的招商模式已是内地各主要政策部门的共识。2006 年我国首次针对"两高一资"(高耗能、高污染、资源型)产品出口进行调整。2006 年 9 月 14 日中央五部委①发布《关于调整部分商品出口退税率和增补加工贸易禁止类商品目录的通知》(财税〔2006〕139 号文),9 月 29 日又发布 145 号文《关于调整部分商品出口退税率有关问题的补充通知》。财税〔2006〕139 号文取消或降低部分属于资源性、高污染、高耗能和加工层次低、容易引起贸易摩擦的产品的出口退税,但与此同时提高属于高科技、高增值产品的出口退税。

财税〔2006〕139 号文及 145 号文同时表明,在此前已经取消出口退税的商品和这次调整中被取消的出口退税商品均列入加工贸易禁止类目录。加工贸易禁止类商品就成为国家不再支持生产的商品,既不给予出口退税,也不享受进口保税。对列入加工贸易禁止类的商品取消出口退税,此次调整对从事这些产品生产且需要进口料件的加工企业影响较大,须承担的成本也将大幅度增加。在调整前,企业可以用加工贸易合同方式保税进口相关原材料,当被列入加工贸易禁止类后,企业只能以一般贸易方式进口原材料,这就需要缴纳关税和增值税,而产品出口时也失去了任何退税的优惠,必然大大增加生产成本。对于从事来料加工的外商,因为其本身在内地没有法人身份,没有资格从事一般贸易进出口,因此按目前政策规定,来料加工企业如果涉及禁止类商品的生产,一定程度上意味着失去了继续经营的可能。

2007 年 6 月 18 日,《财政部、国家税务总局关于调低部分商品出口退税率的通知》规定自 2007 年 7 月 1 日起,调整部分商品的出口退税政策。此次政策调整共涉及 2831 项商品,约占海关税则中商品总数的 37%。

2007 年 7 月 23 日,商务部和海关总署联合发布了 2007 年第 44 号

---

① 五部委由财政部牵头,其余分别是发展改革委员会、商务部、海关总署和税务总局。

公告，公布了新一批加工贸易限制类商品目录，本次公布的限制类商品目录共 2247 个十位海关商品编码①，其中 1853 个是新增的。新增商品类别主要涉及塑料原料及制品、纺织纱线、布匹、家具、金属粗加工产品等劳动密集型行业。另外，公告还对列入限制类的商品实行银行保证金台账"实转"管理，这无疑加大了企业现金周转难度。新政于 2007 年 8 月 23 日起执行。

2007 年底，商务部和海关总署又联合发布了 2007 年第 110 号公告，在 2007 年第 17 号公告的基础上公布了新一批加工贸易禁止类目录，共计 589 个 10 位海关编码商品。加工贸易政策的调整主要在于"限制"和"发展"，"限制"主要是指提高加工贸易的门槛，减少低附加值产品的加工；"发展"主要是指加工贸易企业的转型升级。因此调整政策不是要取消加工贸易，而恰恰是为了更好地发展加工贸易。2009 年广东省省长黄华华指出：2020 年广东率先实现加工贸易转型升级。

商务部、海关总署通过 2008 年第 22 号公告确定的加工贸易禁止类商品目录共计 1816 个海关商品编码。但在这一系列加工贸易调整政策颁布后不久，席卷全球的经济危机就开始了。为了应对国际金融危机，促进我国出口增长和缓解出口企业的生存困难，我国政府改变了过去逐步降低出口退税率的政策，开始提高出口退税率。从 2008 年 8 月至 2009 年 4 月，国家在 9 个月内 6 次调高部分劳动密集型产品、机电产品的出口退税率。海关总署和商务部也于 2008 年 12 月 31 日联合发布 2008 年第 120 号和第 121 号公告：在第 120 号公告中将 2007 年第 44 号公告限制出口类目录中的部分塑料原料、塑料制品、木制品、纺织品等共计 1730 个十位商品编码剔除，调整后的加工贸易限制类目录共计 500 个商品编码；将 2008 年第 22 号公告中加工贸易禁止类商品目录中的符合国家产业政策，不属于高耗能、高污染的产品以及具有较高技术含量的产品剔除，共计剔除 27 个十位商品编码，调整后的

---

① 十位海关商品编码，或称"海关 10 位注册码"，是指企业要从事进出口业务，需要先到海关备案，海关审批通过后会给该企业编写一个 10 位数的编码，这个编码是海关管理企业的标准代码。

加工贸易禁止类目录共计1789个十位商品编码。另外，为落实国务院关于暂停轻纺行业限制类商品加工贸易台账保证金"实转"管理的决定，商务部与海关总署于2008年12月25日发布了2008年第97号公告——关于暂停2007年第44号公告中部分限制类目录商品的监管事宜：对97号公告附件2列明的家具类商品的加工贸易业务，按照非限制类商品加工贸易业务实施监管；对2008年12月1日前已备案的原限制类家具商品的加工贸易手册核销结案后，海关退还已征收的保证金及利息；并对上述相关企业在办理手册备案时免征台账保证金，在办理手册变更时，不再征收台账保证金，已征收的台账保证金及利息核销结案后予以退还。

2009年商务部和海关总署第37号公告公布《2009年加工贸易禁止类商品目录》，根据2009年海关商品编码，对调整后的禁止类目录商品编码进行修订，修订后禁止类目录共计1759项商品编码。2010年根据国务院关于做好节能减排工作的要求，商务部和海关总署通过2010年第63号公告对加工贸易禁止类目录进行调整：将44个十位商品编码增列加工贸易禁止类目录。对加工贸易禁止类商品的管理，仍按《商务部 海关总署2009年第37号公告》及现行有关规定执行。

为了进一步简化和完善现行加工贸易银行保证金台账管理，海关总署发布2010年第5号公告，在不改变台账管理流程基础上，实现台账电子化联网管理，增加办理台账手续银行，方便加工贸易企业办理台账业务，提高台账管理质量和效率。在外部经济环境不景气的情况下，加工贸易企业需要进一步打开国内市场，因此商务部和海关总署联合发布了2016年第45号公告，取消了商务主管部门对加工贸易合同审批和加工贸易保税进口料件或制成品转内销的审批。

虽然2008年后的加工贸易政策有所缓和，但调整范围和力度有限，或许也仅仅是为了应对金融危机的权宜之计。随着环境与可持续发展在中国经济发展中占据越来越重要的地位，对"两高一资"的限制必然会更加严格，从事加工贸易的企业只有通过不断的转型升级才能摆脱产业链的低端锁定，顺应产业结构调整的趋势，实现长远发展。

2. 加工贸易政策调整对珠三角港资企业的影响

1980~2005年，在广东出口总值中，加工贸易一直占70%以上。

但近年来随着加工贸易政策的调整,加工贸易在出口总值中的比重不断下降,2015 年广东出口总值 6434.68 亿美元,一般贸易达 2760.71 亿美元,占 42.90%;而加工贸易为 3673.97 亿美元,比重降为 57.10%(见图 4-4)。2015 年 1 月广东一般贸易总额首次超过了加工贸易总额。由于珠三角港资企业绝大多数实际上是加工贸易企业,而这些企业产品的销售及市场均不掌握在企业自己手里,企业也就不能掌握产品的定价权。长期研究我国区域经济的广东省社会科学院教授丁力认为,珠三角的很多加工型贸易企业实际上只能算作跨国企业的一个加工车间,还称不上是一个完整的企业,因此无法与跨国企业讨价还价。[①] 所以,这些企业利润薄,必然有一部分会因政策调整减产或倒闭。

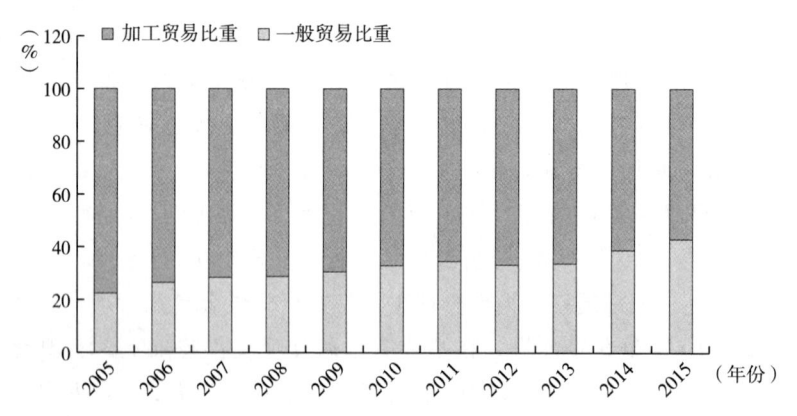

图 4-4 广东一般贸易和加工贸易在出口贸易总额中所占比重

资料来源:《广东统计年鉴》(2006~2016 年)。

2006 年左右香港在珠三角地区从事加工贸易的企业超过 4.5 万家,2007 年在珠三角投资的香港厂家有 5.75 万家,加工贸易是香港中小企业赖以生存的主要生产模式,但由于一部分珠三角港资企业长期做简单的加工装配,缺乏转型升级的积累,形成了强烈的"路径依赖",一般很难改弦易辙。因此,加工贸易政策的改变必将对其造成深远影响。据香港工业总会研究团队搜集的有关工商统计数据和访谈结果估算,珠三角港资制造企业数量从 2007 年的高峰期快速下降,2013 年底仍然存在

---

① 何雨华:《珠三角加工贸易企业上演"生死时速"》,《新财富》2007 年第 11 期。

的香港厂商约 3.2 万家。香港厂商在珠三角的投资影响力正在收缩。

2006 年、2007 年加工贸易政策的调整是一个非常重要的转折点，因此，大珠三角商务委员会于 2007 年 2 月成立"内地加工贸易政策对香港的影响"专责小组[1]，希望就加工贸易政策调整对港资加工企业及香港的影响，做出首次全面系统的研究和具有前瞻性的探讨。通过 2007 年 2 月、3 月向 50000 家从事制造业和对外贸易的港资公司发放问卷，收回有效问卷 4000 份，有效问卷回收率 7.2%。根据问卷调查结果，受调查企业中 26.9% 的回应企业指出收紧政策所造成的影响严重，19.2% 表示出口退税调整对日常生产运作影响严重。不考虑选择重叠的部分，表示日常生产运作受加工贸易政策及退税影响严重的企业共占 30.9%。其中 34.7% 的从事制鞋行业的受访企业认为加工贸易政策收紧对其生产影响最大，其他影响较为严重的行业还有钟表、电脑/电讯产品、印刷品/包装材料、机器和五金制品。这些行业的一个共同点是部分企业生产所需的原材料或配件，在财税〔2006〕139 号及 145 号文内都被列入加工贸易禁止类目录。而扩大加工贸易禁止类、限制类商品目录和降低出口退税使近半数企业受到影响，少数企业因无法执行或完成手头订单面临着停产或倒闭。

由于大部分港资加工企业属于 B 类企业，一旦所需生产料件被列入限制类目录，便要支付进口料件的台账保证金，所需流动资金便会大幅上升。这对有充裕资金的大企业来说还可以应付，但对资金紧绌，又没有资产可抵押给银行贷款的中小企业而言，扩大加工贸易限制类目录将会给其带来沉重的资金周转压力。贸发局第二轮调查便显示，[2] 30.9% 企业最受加工贸易政策和出口退税降低的影响，当中 55.3% 的企业表示如果他们进口原材料及配件时要缴付全数的关税和增值税作保证金，即由"空转"变"实转"，将对他们构成沉重负担，以至影响公司经营。即使企业改用内地原料生产，撇除内地原材料供应的来源和质量考虑，由于出口退税减少，企业需要承担的税务成本亦会上升，因此

---

[1] 《内地加工贸易政策对香港的影响研究报告》，大珠三角商务委员会、"内地加工贸易政策对香港的影响"专责小组领导研究，香港贸易发展局研究部编写，2007 年 6 月。
[2] 《内地加工贸易政策对香港的影响研究报告》，大珠三角商务委员会、"内地加工贸易政策对香港的影响"专责小组领导研究，香港贸易发展局研究部编写，2007 年 6 月。

扩大加工贸易限制类商品目录和降低出口退税对一些微利行业带来的影响将会很大。因此，所受的影响可能不仅是成本上升的问题，而且攸关生存，不断有港资加工贸易企业因资金周转不正常，命悬生死线，最终倒闭。

综上所述，珠三角的港资企业绝大多数实际上是从事加工贸易的企业，加工贸易政策的调整对珠三角的加工贸易企业而言面临三种选择：淘汰关闭、产业转移、转型升级。市场经济适者生存、优胜劣汰，任何一种生产方式或企业模式，在一定条件下产生和发展，也将随着条件的改变而衰亡。第二次世界大战后，美国经济学家费农（R. Vernon）在其论文《产品周期中的国际投资和国际贸易》中提出了著名的产品生命周期理论，他认为，当一个新产品被制造出来后，其生命周期便开始了，它们都会经历创新、成长、成熟、标准化以及衰亡五个阶段。按照这个理论，失去竞争力的产业在激烈的市场竞争中将被淘汰关闭，虽然过程痛苦但规律不可避免。加工贸易的生命周期长约25年，珠三角的情况也验证了这条国际经验，珠三角的一部分加工贸易企业已经或者即将面临被淘汰关闭的命运。被淘汰关闭的企业主要有三种类型：①生产规模小，技术含量低，经营管理差，已经无法承受成本上升的压力，难以维持经营的企业。②严重污染环境、严重浪费资源、不符合质量标准等落后产能的企业，如电镀、造纸等企业。③过剩产能情况比较严重的行业中的落后企业，如服装纺织、家用电器等行业产能严重过剩，应该采取优胜劣汰。淘汰关闭对这些企业本身当然不是什么转型升级，但对珠三角加工贸易企业整体来说却是转型升级的一个重要途径。[①]

在珠三角的港资企业中，还有一部分企业生产符合调整后的加工贸易政策导向但又受到资源环境不足、转型升级困难的困扰，对于这类既不可淘汰关闭又不能升级转型的企业，在珠三角资源趋于饱和、地区比较优势逐步丧失的现状下最佳路径就是产业转移，即从珠三角迁移到广东的东西两翼、北部山区或省外等低成本地区。这类企业的迁移，腾笼换鸟，也有助于珠三角加工贸易企业整体转型升级。广东省政府之前提出的"双转移"战略本质上就是想达到这个目的，之后珠三角地区

---

① 龚唯平：《珠江三角洲服务型工业化研究》，经济科学出版社，2014，第178页。

"腾笼换鸟",才可以集中精力发展"双高"产业,实现产业的转型升级,而东西两翼及北部山区也可借此契机大力发展加工贸易。所以,部分从事加工贸易的港资企业可以通过再次的迁移实现更长久的发展。

四 外部竞争加剧

(一)人民币升值压力

改革开放后,我国经济稳定增长,成为世界第二大经济体,与此同时,我国的国际收支双顺差(经常项目和资本项目顺差)不断扩大,外汇储备也连年增多。随着经济的不断发展,我国本位币的利差也在扩大,加上国内经济过热引发的持续通货膨胀等因素,人民币升值的内外动因悄然聚拢。

2005年7月21日,我国宣布人民币不再盯住单一美元,开始实行更富有弹性的、以市场供求为基础的有管理的参考一篮子货币的浮动汇率制度,宣布的当天,人民币盯住美元汇率就由1美元兑8.2765元人民币改为1美元兑8.11元人民币,升值2%。这一汇改使长期积累的人民币升值压力逐步得到释放,自此人民币走上了缓慢而平稳的升值之路,人民币汇率问题也逐渐受到了国内外的多方关注。2008年美国次贷危机爆发,为了减少其冲击,我国再次采取了盯住美元的汇率政策。虽然人民币兑美元对我国出口的影响一度被人们忽视,但人民币实际有效汇率却一直处于上升过程。2010年6月19日,中国人民银行宣布进一步推进人民币汇率形成机制改革,增强人民币汇率弹性,人民币不再盯住美元,而是重新参考一篮子货币,以市场供求为基础。在2005年汇改前人民币兑换美元的汇率比价基本保持在8.2765元人民币兑换1美元的水平,而人民币升值最高点的2014年1月为6.1043元人民币兑换1美元,升幅高达35.6%[①]。人民币汇率问题在人民币兑美元汇率升值的背景下进一步加剧,人民币升值对我国出口的影响再次受到关注。

人民币升值会对我国出口和就业产生不利影响,也会增加从事国际贸易活动的企业的汇率风险;但会减少国际贸易摩擦,降低进口能源和

---

① 升值率 = (8.2765 - 6.1043)/6.1043 × 100%。

原材料的成本负担，推动企业进行产业结构调整，增强自主创新能力，促进外贸增长方式转变，加快中国企业海外投资的步伐。可见，人民币汇率升值有利有弊。但对于以劳动密集型加工贸易为主的珠三角港资企业来说则弊大于利。

珠三角的港资企业大多数是外向型的，产品出口依存度高，但由于以低附加值劳动密集型的中小企业为主，这些港资企业只是价格接受者，不易转嫁汇率风险。为了保持原来价格上的竞争力，这些企业只能自己承担人民币升值的大部分压力，主要是成本方面，从而不断压缩本来就不高的利润率。对于一些利润偏低的企业，人民币对外升值太快，而对内贬值更快，随着人工、材料成本的不断上涨，部分港资企业将无利可图，面临着倒闭的命运。另外，人民币升值会增加港资企业的外汇风险，这些企业在与外商签订的合同中以外币表示的货物价款在与人民币进行兑换时，所换得的人民币数量会有一定程度的减少，这样又会进一步减少企业的利润，人民币升值幅度越大，其利润损失就越大。做得越多赔得越多，使企业不断亏损，以至于有订单也不敢接了，出口额随之下降。另外，人民币升值后，外商以同样数量的外币所能兑换到的人民币数量减少，这也会打击外商的投资热情，缩小投资规模。

据广东省东莞市政府的调研报告，人民币每升值1%，东莞市加工贸易企业的利润就会下降0.6%。2011年以来人民币5%的升值幅度，已经将东莞市一部分低端制造业企业的利润全部吞噬。[①] 人民币逐步升值的态势及升值预期的延续，使得包括制鞋等在内的传统出口型企业尤其难堪重负。珠三角部分鞋企直言，如果美元兑人民币中间价升至6.2~6.5元，他们便考虑转行或外迁——这或者便是众多鞋企的生存底线。

由于统计数据的限制，《广东统计年鉴》没有单独列出港资企业的数目，用港澳台投资企业数目代替，应该不会偏离实际情况太远。如图4-5所示，港澳台投资企业数目有两次比较明显的下降，一次是

---

① 周华、林凌、游保德：《论人民币升值对加工贸易转型升级的影响及对策——基于广东省的实证分析》，《山东社会科学》2012年第6期，第88~92页。

2008年金融危机后，另外一次是2010年汇改后，2015年港澳台投资企业7883家，远低于2008年的12531家，可见汇率改革在金融危机的基础上加剧了港资企业的倒闭，也抑制了来自香港的投资。

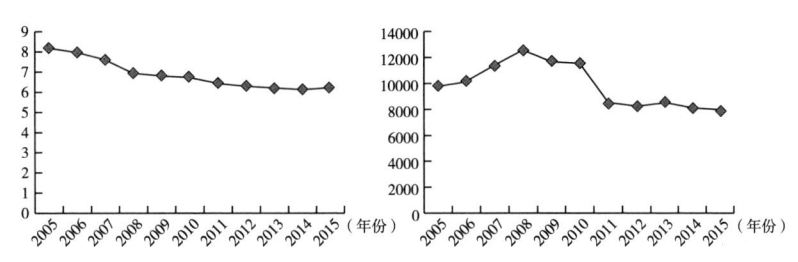

图4-5 2005~2015年人民币对美元年平均汇率（左）与港澳台投资企业数（右）变化

资料来源：《广东统计年鉴》（2006~2016年）。

（二）出口市场萎缩

2008年起源于美国波及其他发达国家的金融危机引发全球经济衰退，而广东的出口市场主要集中在欧美等发达国家，当这些国家消费需求下降时，对外贸依存度较高的广东出口便首当其冲受到影响。这轮危机也间接使得人民币对美元、欧元等主要货币持续升值，又进一步抑制了广东出口。

面对这场严重的经济危机，各国尤其是发达国家为了缓解国际市场竞争加剧、危机加深及产业转移等带来的压力，纷纷高筑贸易壁垒，全球范围内贸易保护主义开始抬头且呈现加速发展的趋势。贸易保护主义主要采用技术、环保、劳工保护和社会责任等手段，通常是基于保护人类的生命财产安全和动植物或环境设立，具有较强的合理性，但实质是进行贸易保护的措施。这些经济体一方面加强了关税、配额、"双反"调查、特保措施、采购政策等传统的贸易壁垒；另一方面，新的环境标准、技术标准、知识产权法、歧视性贸易政策、劳工标准以及繁琐的进出口手续等各种贸易壁垒层出不穷，这些贸易壁垒，对珠三角出口贸易最为直接的影响就是增加了企业的生产成本。由于美国、日本、欧盟成员国是贸易壁垒的主要实施者，珠三角外贸企业对欧盟、美国、日韩等主要国际市场进行机电、纺织、服装、塑料、家具和玩具等具有传统优势的产品出口受阻，也增加了企业经营风险。

2008年11月至2009年10月，广东出口贸易连续12个月出现了负增长，平均每月下降14.5%左右。2009年在宽松的财政货币政策的刺激下，全球经济逐步走出衰退，新兴市场经济体率先反弹，主要发达经济体也自第三季度缓慢复苏，因此，2009年11月广东的出口贸易开始出现正增长的曙光。但由于抗击危机的资源和很多措施（比如巨额政策支出和低利率）的不可持续性，当前世界经济延续弱势复苏格局，但下行压力较大，不稳定、不确定因素增多，发达国家缺乏有效的经济促进手段，发展中国家则面临多重经济转型压力，世界经济仍不能完全排除复苏进程中出现反复的可能性，2015年广东的出口额出现了自2010年缓慢稳定增长后的首次下滑。

2015年中国与欧美贸易摩擦不断升级，企业出口阻力增加，这是2015年广东出口额比2014年略有下降的主要原因。2015年1月21日和23日，美国国际贸易委员会相继对部分墨盒产品、部分音频处理软件及硬件产品发起337调查。2月11日，美国商务部发布公告，正式对原产于中国的非涂料布发起反倾销和反补贴调查。2月，美国消费品安全委员会（CPSC）发布的召回通报环比增加60%，涉及中国大陆产品的通报占本月通报总数的56.3%，环比增加50%。2月，欧盟RAPEX系统共发布产品通报（包括严重危险、一般危险和专业用品）169项，对华产品通报121项，占同期欧盟通报总数的71.6%，居首位。其中，玩具被通报的频率最高，共有38项，占比31.4%。

可见，虽然广东在近年来出口态势有所好转，但增长率偏低，如果剔除通货膨胀的影响增长率就更低。金融危机后全球经济进入后危机时代，世界经济增长模式将发生非常复杂的变化，"中国生产，西方消费"的格局将面临重大调整。需要指出的是，世界经济低速增长局面加之国内经济继续面临较大的下行压力，广东面临的外贸形势依然严峻。

（三）高端制造业回流与低端制造业分流

2008年经济危机波及的范围广、程度深，使包括美国在内的发达国家深刻认识到传统的重虚拟经济、轻实体经济，虚拟经济与实体经济过度分离所带来的弊端，每个新兴工业化国家的实践表明，实体经济是国家兴盛的支柱，制造业才是一个国家经济的基石，制造业的萎缩会带来高失业率、产业空心化，进而随着传统制造业的逐步转移，货物贸易丧失竞争优势，这是造成目前发达国家贸易逆差的主要原因。因此，为了重振本国经济，发达国家陆续开始推行以"再工业化"为主的经济复苏政策，旨在发展高新技术和先进制造业，重新夺回发达国家在制造业领域的竞争优势。

美国的"再工业化"战略不是简单地恢复和重振传统制造产业，而是建立新的工业体系，希望通过回归实体经济促进产业升级，利用高端制造业来支撑经济的可持续均衡增长。发达国家通过推行贸易保护主义保护本国的"再工业化"战略，这将会对中国的出口贸易产生影响。市场需求是美国实施"再工业化"战略的最大挑战，美国在贸易产品市场上必然会与我国形成竞争态势。一方面，美国会通过贸易壁垒、反倾销、反补贴等手段加大国内市场贸易保护力度，抑制其国内市场对我国制造业产品的进口和需求；另一方面，美国会对内提振制造业竞争力，促进制造业回流，从而生产更加丰富的工业制品，通过整合政府资源，帮助美国企业争夺更多国际市场份额。

与此同时，我国的制造业正处于从低端向高端转变的关键时期。美国的重振制造业战略是美国的长期战略，该战略与我国的产业升级战略之间存在矛盾，会增加中国向价值链高端提升的难度，珠三角港资企业的产业转型升级之路必然会受到多重限制。

随着我国劳动力等成本的提高，与东南亚国家相比，中国制造业优势逐渐衰减，我国同样也面临着发展中国家在低端制造业上的追赶。一些发展中国家，如墨西哥、印度、越南等，凭借其更为低廉的劳动力成本渐居有利地位，正逐渐取代中国，成为发达国家进行低端产业转移的主要目的地。随着这些国家基础设施的完善、劳动生产率的提高，面临国内成本上升、政策不利调整等问题的珠三角港资企业也更加倾向于将生产线向成本相对较低的内地或越南、印度、缅甸等国家转移。而现在，像富士康这样的企业也感受到了压力。

五 港资产业及企业经营困难案例分析

（一）典型产业

1. 服装业

在珠三角经营的香港服装业作为劳动密集型产业，首先面临着最低工资上升、熟练工人短缺带来生产成本上升和无工可用等问题。人民币升值后为了降低收汇风险，一些服装企业不得不减少单个订单数额，并加快交货速度，长单变短单虽然在一定程度上能缓解企业的资金压力，但假如有企业和海外客户签下长单，那么企业将在这段时间里承担汇率风险。2008年金融危机后市场萎缩，由于东南亚国家劳动力成本远远低于珠三角地区，并且这些年其投资环境和产业配套设施也在不断优化，对跨国公司吸引力逐年增加，因而部分加工贸易企业的订单可能被越南、孟加拉国等东南亚国家"抢"走，这在鞋子、服装等传统产业中表现得尤为突出。

香港纺织业工会名誉会长方铿表示，在人民币升值、出口退税率下降及2008年《劳动合同法》实施等因素影响下，珠三角的中小企业根本看不到发展前景。[①] 特别是珠三角纺织业，可说是最受人民币升值影响的行业，经营成本已上升逾一成，企业缩减生产规模甚至倒闭的情况时有出现。

如表4-4所示，2007年香港纺织服装的出口值为3291亿港元，2008年、2009年持续下降，说明港资服装业在金融危机中遭遇到了较为严重的损失。2010年出口值随着全球经济复苏有所提升，但2012年后一直表现出缓慢下降的趋势。由于纺织服装行业准入门槛低，机器和生产流程相对比较简单，对当地配套服务的要求也比其他行业低，珠三角的港资企业遭遇到了来自内地以及周边发展中国家日趋激烈的竞争。另外，印染是服装业的一个重要环节，由于污染和资源使用的限制，2006年和2007年服装业被列入出口加工限制类产业和降低出口退税产

---

① 朱海淼：《内忧外患珠三角港企转型谋生》，《中国联合商报》2008年4月28日。

业。这无疑又增加了服装业的成本。

表4-4 2007~2015年香港纺织服装出口值

单位：百万港元

年份	2007	2008	2009	2010	2011	2012	2013	2014	2015
出口值	329077	312746	254267	274688	278383	256884	253125	234697	213195

资料来源：香港特别行政区政府统计处，《香港统计年刊》（2013~2016年），http://www.censtatd.gov.hk/hkstat/sub/sp80_tc.jsp?productCode=B1010003。

2008年国家发改委制定的《珠江三角洲地区改革发展纲要（2008~2020）》以及相关政策提出了"双转移"战略，对服装企业尤其对那些从事代工生产的服装企业造成压力，并引导它们向广东其他地区或广东外的省份转移，或转型为原始设计制造（ODM）和原始品牌制造（OBM），实现产业链升级，以增加附加值。

2. 玩具业

自20世纪90年代以来，香港和内地制造了全球约75%的玩具，而中国超过70%的玩具制造商位于广东省，主要集中在东莞，并以港资企业为主。[①] 与珠三角其他港企制造业相似，香港玩具企业在金融危机前后也面临着重重挑战，包括劳动力和原材料成本上升、市场波动、买方强势、加工贸易政策调整和人民币升值等。据估计，仅新劳动合同法的实施就使珠三角的玩具制造商的劳动力成本上升了30%左右。2007年6月，海关将玩具的出口退税由13%调低至11%，也对从事玩具制造的港企产生了不利影响。在2007年，广东省核查的1725家玩具企业中竟有1454家存在着产品安全问题，其中764家被取消或暂停出口许可。

在国际市场上，欧盟进口的玩具中80%来自中国，欧盟是中国玩具主要的出口市场，占到中国玩具出口总额的1/4。2009年欧盟宣布143宗玩具回收，其中134宗涉及中国内地产品；同期美国和加拿大宣布13宗玩具回收，则全为中国产品。这直接导致2009年6月30日欧

---

① 张振华、王旭：《金融危机背景下广东玩具制造业可持续发展战略》，《商业经济》2010年第15期，第25~26页。

盟发布新的《玩具安全指令》，而且玩具化学成分控制指标于 2011 年 7 月 20 日起开始生效，欧盟新指令明确禁止和限制的有毒有害化学物质从 8 种增加到 85 种，被称为欧盟史上最严格的玩具安全指标。按照欧盟新标准的要求生产，必然会增加中国玩具出口企业的成本，主要集中在原材料化验和上游产品采购这两个环节，其中企业在玩具成分测试上花费的成本提高了 10%～15%[①]。对于增加的成本，由于代工企业在谈判中缺乏话语权，再加上危机后欧美经济不景气，靠提价来消化成本基本无望，只能靠强化成本内控。新标准尤其对以中低端产品生产为主的中小微企业冲击巨大，因为这些企业规模较小，不具有按新标准转型的实力，由于市场准入门槛提高，这些企业的产品就更难进入欧盟市场。根据香港玩具协会的估计，2007 年广东省有 8500 家玩具生产和出口企业，但是到 2010 年，这个数据已经降到了 3000 家。这意味着有一半多的玩具企业停产或退出了出口市场。

如表 4-5 所示，香港婴儿车、玩具、游戏及运动货品出口值在金融危机后出现大幅度下降，为刺激玩具出口，中国政府分别于 2008 年 11 月和 2009 年 6 月将玩具出口退税从 11% 提高到 14%，并进一步提高到 15%，但并没有达到预期效果。尽管在 2011 年出口值有所复苏，但无法扭转长期持续下降的趋势。此外，同样作为劳动密集型的低附加值行业，玩具业也受到了中央和广东省政府大力推行产业转移升级政策的影响。目前来看，港资玩具制造商选择广东省以外地区进行生产不太可行，因为它们离大珠三角越远，相对于内地的玩具制造商所具备的竞争优势就越小。

表 4-5　2007～2015 年香港婴儿车、玩具、游戏及运动货品出口值

单位：百万港元

年份	2007	2008	2009	2010	2011	2012	2013	2014	2015
出口值	109924	120078	104914	88436	91343	90597	76190	63476	57853

资料来源：香港特别行政区政府统计处，2013～2016 年《香港统计年刊》，http://www.censtatd.gov.hk/hkstat/sub/sp80_tc.jsp?productCode=B1010003。

[①] 贺林平：《广东出口玩具成本涨一成多》，《人民日报》2013 年 8 月 5 日。

3. 钟表业

钟表业是香港四个主要出口产业之一，香港公司的经营主要集中在中低端产品，其中在中档手表市场上具有主导地位。内地的低成本以及竞争压力使绝大多数的香港钟表公司将其大部分生产设施迁到内地进行生产。在全球经济不景气的背景下，香港的钟表企业也同样面临着工资上涨、劳动力短缺、人民币升值、加工贸易政策调整、订单减少等问题。

2008年的一段时间里银行收紧对制造商的信贷，钟表行业的贸易信贷和其他贷款也随之趋紧，令没有预留足够资金储备的企业运作遇到困难。同时全球经济衰退也影响了香港中小企业厂商的客户，特别是OEM客户，进而对珠三角的钟表制造商施加了更大的压力，在要求他们提高产品质量和设计的同时降低价格。由于缺乏价格谈判能力和钟表制造商之间的激烈竞争，这些制造商就只能接受OEM客户利用其拥有的成本信息把价格压得越来越低。

香港的钟表业出口按货值计算居世界第二，位于瑞士之后，出口的市场主要是美国、中国内地和瑞士，占总值的40%以上。2008年金融危机后香港钟表出口值虽然有所下滑，但在2010年随着经济复苏开始反弹，近几年呈现出稳中有增的趋势。

表4-6 2007~2015年香港钟表出口值

单位：百万港元

年份	2007	2008	2009	2010	2011	2012	2013	2014	2015
出口值	49958	55203	43730	57608	68881	74347	77055	80322	76721

资料来源：香港特别行政区政府统计处，2013~2016年《香港统计年刊》，http://www.censtatd.gov.hk/hkstat/sub/sp80_tc.jsp?productCode=B1010003。

在内地设有工厂的香港钟表制造商不可避免地也受到了中央和广东省政策的影响。其中劳动合同法对香港钟表企业的影响强度与其他行业相比应该属于中等，毕竟这项法律对劳动密集型产业的影响才是最大的。而中国内地目前的出口加工政策虽然不影响钟表装配和机芯、表壳、玻璃面盘和表带等部件的采购，但这些国内生产部件所需原材料的进口可能会受到政策的影响。并且由于大部分钟表部件制造所需要的电镀过程具有污染性，因此钟表厂商也受到了来自环保法规的压力。

（二）典型企业

1. 东莞福安纺织印染有限公司[①]

香港上市公司福田纺织位于东莞市长安镇的下属工厂——东莞福安纺织印染有限公司（下称"福安纺织公司"），2008年初因生产经营发生严重困难一次性裁员3395人，所有被裁员工要在3月7日离厂。福安纺织公司一名员工在接受记者采访时谈到，公司最高峰时的员工曾高达9000多人，在这次大规模裁员前已减少到4000多人。本次公司裁员给出的理由是国际经济形势恶化、市场不景气等，从2007年下半年起公司开始发生巨额亏损，生产经营严重困难，已无力再负担庞大的组织架构和人员，迫于无奈，公司决定关闭印染厂以及相关部门。

福安纺织公司曾因偷排印染废水，于2006年6月被当地环保部门查处，并被广东省环保局处以21万元罚款，同时由东莞市环保局追缴该公司排污费1100多万元。但该公司指出，工厂是为了有效运用资源，而将部分生产设施分期迁往江苏省盐城新厂房，推进产业转移，并非因污染而关闭的。

2. 香港镇泰有限公司[②]

香港镇泰有限公司（下称镇泰）是暂时不考虑将生产基地往东南亚转移，而是选择留守内地进行转型升级的玩具企业之一。镇泰于1983年起从香港转向内地投资，逐渐发展成珠三角最大的玩具代工制造企业之一。与众多珠三角玩具制造商一样，镇泰近年来也不断承受劳动力成本上涨以及用工荒等困扰。镇泰首席执行官黄达智2014年4月接受《第一财经日报》记者采访时表示，该企业两年前有3万多名员工，目前大约2万人，该企业不断加速引进自动化生产设备以及机器人，提高产品生产效率以及缓解缺工的局面。

即使作为美泰、孩之宝、乐高等国际玩具巨头的供应商，镇泰目前出口情况也不太乐观。鉴于欧美玩具市场不明朗、采购成本增加以及人

[①] 李溯婉：《成本上涨45% 粤5万家港企经历阵痛》，《第一财经日报》2008年3月4日。
[②] 李溯婉：《九成港资玩具企业留守内地寄望单独二孩商机》，《玩具世界》2014年第5期，第60~61页。

民币汇率波动等原因，美泰、孩之宝、乐高等国际玩具采购巨头目前并不急于下单。黄达智谈到，往年该公司在4月份已有二十款左右的新玩具产品在开发生产中，而2014年客户普遍处于观望状态，迟迟未敲定订单。

黄达智谈到，在这几年玩具订单报价中，一般在预算成本中会将人民币升值3%~5%的因素列入其中，2014年虽然人民币有所贬值，缓解出口成本压力，但由于工人工资上涨20%以及原材料上涨等原因，整体出口成本难以降低，正通过产品升级等多种方式消化上涨的成本，2013年出口比2012年增加了10%，而2014年以来的出口大约与2013年同期持平。

随着成本压力不断增加，传统玩具制造企业的处境将越来越难，黄达智谈到，近年来不断与美国客户研发高端玩具，此外，还开始转向生产智能手机等产品，并与一些手游企业一起开发相关产品。目前，玩具占据镇泰90%的市场销售份额，未来将降低到70%。

六　结束语

珠三角港资企业面临的种种挑战反映出中国制造业的现状，那就是低成本、低利润，缺乏自主品牌和技术含量的劳动密集型制造企业没有核心竞争力，一旦低劳动力成本的比较优势丧失，它们就会面临生存危机。在珠三角每年都有港资企业因经营不善而注销，也有不少新的港资企业注册，对中小企业的倒闭现象，我们应客观、全面、辩证地看待，而不应夸大或歪曲倒闭事实。企业的关停或外迁，从企业或产品的生命周期来看是正常的，不过金融风暴的来临，可能会使这个数据有所增加，但不会从根本上动摇珠三角的经济发展。

产业的转型升级不可能一蹴而就，珠三角港资企业必然会经历一段时间"腾笼换鸟"的阵痛，从倒闭的中小企业来看，多数不符合政府产业调整所倡导的方向，违背产业升级的经济规律，优胜劣汰是正常现象，而多种因素的叠加加剧了其倒闭的速度，我们不应因此而动摇产业转型升级的决心和方向。

要解决目前的问题，不仅需要企业提高品牌意识，加大研发投入，也需要各级政府的合理引导和政策扶持。如果一场危机能够使珠三角企业的创新意识苏醒、国际竞争力提高，而不单单是为求助劳动力的低成本而不断迁移，那么这场阵痛无论对于珠三角企业，还是对于中国制造业来说，都是一种有价值的转变。珠三角港资企业应该利用香港作为国际化大都市能够接触世界上先进生产力的优势，更快更稳地实现转型升级，这才是从根本上解决港商生存困境的最佳途径。

第五章　劳动力成本上升对珠三角港资企业转型升级的影响

香港与珠三角之间长期存在"前店后厂"的产业分工模式，香港公司转移业务和生产到珠三角的主要原因是珠三角拥有较为低廉的劳动力成本和土地成本①。然而，近年来，珠三角土地和人工成本逐渐上升，港资企业将面临新的挑战。特别是 2004 年以后，东部沿海地区开始出现"用工荒"现象，传统的依靠大量低成本农村剩余劳动力的比较优势逐渐消失，劳动力成本不断上升。甚至由于近些年我国的刘易斯转折点出现，人口红利开始消失（蔡昉，2010），劳动力成本增加的态势会进一步扩大。

此外，最低工资制度作为政府管制劳动力市场的重要手段之一，是另一种推动我国劳动力成本上升的重要力量。1994 年，我国建立最低工资制度，1994～2003 年，最低工资标准年均增长速度仅为 9.27%。进入 2004 年后，政府颁布新的《最低工资规定》，导致各地最低工资标准出现了跳跃性增长，仅 2004 年当年全国平均工资（最低工资标准）增长幅度就高达 20.33%。最低工资的持续上涨，在为低收入劳动者提供更稳定保障的同时，也直接增加了企业的用工成本。

那么，在中国出现刘易斯转折点、"用工荒"以及最低工资持续上涨的背景下，劳动力价格的上升是否会倒逼中国制造业企业转型升级，这是一个值得研究的问题。然而尚未有研究者对企业转型升级给予明确、统一的测定方式，常见的做法是将企业创新能力作为企业转型升级

---

① 香港工业总会：《珠三角制造——香港制造业的蜕变》，2003。

的一个代理变量。大量文献指出工资上升会促进企业创新，Kleinknecht 和 Naastepad（2001）分析发现低工资使得荷兰创新能力低的企业得以生存，降低了企业创新的动力。Peach 和 Stanley（2009）以生产率衡量创新，分析得出工资较低时工资对生产率的影响不显著，而工资较高时，工资对生产率的影响显著为正，即工资上升对创新的促进作用存在门槛。

然而，现有研究主要是衡量全国层面上的样本，珠三角港资企业有其特殊性，有必要进行重点分析。一方面，"用工荒"爆发，影响最严重的是珠三角制造业，数据显示，2004 年珠三角有近 200 万人的用工缺口，缺口比例约为 10%。[①] "用工荒"的出现以及劳动力成本的快速上升，直接影响了珠三角地区制造业的发展。另一方面，港资企业利用珠三角改革开放先行一步的制度创新机遇和毗邻港澳的区位优势，将生产过程转移到珠三角，并且港澳地区 FDI 承载着技能替代型技术进步，将生产大量投向劳动密集型产业，吸纳了大量低技能劳动力，更容易受到劳动力成本的冲击（陈广汉，2017）。因此，劳动力成本的上升直接影响珠三角地区港资企业的生存以及发展。

基于已有经验研究，本章主要采用企业创新作为企业转型升级的代理变量，在稳健性检验时，用企业全要素生产率（TFP）进行再次检验。本章基于 2005~2007 年工业企业数据，利用 Probit 模型、Heckman 两步法等计量方法，分析劳动力成本上升对珠三角港资企业转型升级的影响。由于工业企业数据库中不存在港资企业或港澳企业的单独数据，本章采用珠三角地区港澳台企业作为研究对象。一方面，珠三角港澳台企业以港澳企业为主体，台资企业所占份额较小；另一方面，早期港澳台企业具有相似的经济特性。因此笔者认为以港澳台企业为研究对象依然有助于我们明确劳动力成本上升对珠三角港资企业的影响。

一 相关文献回顾

目前关于劳动力成本与企业转型升级的直接研究较少，鉴于企业创新是企业转型升级的一个重要方面，本章先归纳整理关于国内外劳动

---

① 劳动和社会保障部：《关于民工短缺的调查报告》，2004。

成本与企业创新的已有研究，再提出切入点。

Hicks（1963）最早研究了工资上升对企业研发创新能力和产业转型升级的影响，并认为生产要素价格的变化能够刺激创新，刺激对相对昂贵要素的创新。David（1975）经过分析也发现美国在面临劳动力成本上升的冲击时，会通过技术创新的方法来降低成本压力。Allen（2007）对18世纪英国的分析结果表明，高工资能够推动行业创新，哈格里夫斯的珍妮纺纱机、阿克莱特的水力纺机和梳棉机均产生于这一时期，从而减少了棉纺织业的劳动力成本。进一步 Allen 发现这些发明在英国迅速传播，但是在法国和印度的传播速度比较缓慢，究其原因，法国和印度劳动力工资更低，从而采用先进设备降低劳动力成本的动机更弱。Elvin（1972）分析中国的数据得出了相似的结果。Bessen（2012）研究美国棉纺织业在面临劳动力成本上升冲击时的反应，研究发现美国不是简单地用资本替代劳动，而是吸收引进更加先进的设备来生产，从而促使劳动生产率水平的提升。这种作用机制可以理解为技术创新中的新技术采用。Acemoglu（2010）分析了当企业面临工资上升或劳动力短缺时企业的创新行为会受到何种影响。研究结果表示，企业为了应对成本增加带来的冲击，会增加对劳动节约型技术的研发和创新，减少对劳动互补型技术的研发行为。Bena 和 Simintzi（2015）将创新分解为产品创新和过程创新，发现1999年美国–中国贸易协议使得美国能够获得更便宜的劳动力，降低了美国公司在过程创新上的投资，减少了相应的专利生产；而产品创新不受影响。Acemoglu 和 Finkelstein（2008）、Autor et al.（2016）得到了相似的结果。

此外，有学者提出劳动力市场制度也是影响企业创新的重要因素（Beaudry 和 Collard，2002）。Acemoglu（2003）研究发现欧洲工资不平等程度没有增加或者增加很少，远远小于美国工资不平等的变化，原因在于欧洲劳动力市场制度鼓励将更多资金投入技术革新，提高低技能工人的生产率，促使欧洲出现低技能偏向型技术进步。Alesina 和 Zeira（2006）在此基础上分析发现欧洲大量低技能工作被机器人替代，或者消失了，而美国仍然存在大量低技能工作，这种差异的原因在于不同的劳动力市场制度。欧洲实行了有约束力的最低工资政策，持续的失业补贴等，减少了工资的灵活性和不平等性，促使企业采用劳动节约资本密集型技术进步路径。

可以发现，国外大量学者研究了要素成本和劳动力市场制度对企业创新的影响，为国内的研究提供借鉴。

国内学界近几年也开始关注劳动力成本对企业转型升级和创新的影响。任志成、戴翔（2015）基于 2005~2010 年中国工业企业数据库，采用企业新产品销售额在企业总销售额中所占比重和企业全要素生产率两个变量作为企业转型升级的代理变量，研究发现确实存在劳动力成本对企业转型升级的倒逼机制，且其效应存在异质性。张庆昌、李平（2011）基于 1999~2008 年中国 30 个省份工业企业的数据，运用门槛回归模型分析了工资水平对全要素生产率的影响，验证了工资创新门槛假说，即工资上涨会促进生产率提高，但存在门槛效应。董新兴、刘坤（2016）运用 2007~2013 年 516 家制造业上市公司数据，创新性地从人力资本质量和资本相对价格两个视角研究，发现实际工资水平对企业创新的提升有促进作用。林炜（2013）基于 1998~2007 年中国工业企业数据库，采用内生增长模型和知识生产函数分析，发现企业的创新能力随着劳动力成本的上升而上升。赵西亮、李建强（2016）在工业企业数据库的基础上，结合 1985~2010 年国家知识产权局企业专利数据，得出了相似的结论。

已有研究考虑了劳动力成本对中国创新的影响，但没有单独重点分析用工荒现象最严重的珠三角这一特殊地区，及港澳台企业所面临的挑战。本章将研究对象放在珠三角港澳台企业这个特殊的框架下，分析了劳动力成本上升对港澳台企业与内外资企业的影响程度差异，并进一步分析了劳动力成本上升对港澳台企业动态的影响。

二 研究设计与特征性事实

（一）计量模型

本章考察珠三角地区港澳台企业面临劳动力成本上升形势下的转型升级情况。目前文献主要从创新和全要素生产率两个角度来衡量企业的转型升级。本章先以企业研发支出作为企业转型升级的代理变量，其次在稳健性检验时用全要素生产率作为代理变量。

研发支出仅存在于少量企业中，大多数企业没有进行研发（成立为、戴小勇，2012），但我们不能简单地将研发支出为0的样本忽略或者剔除，否则会使得估计结果出现偏差。在这种情况下，本章考虑采用Heckman 两步法来处理样本选择问题。Heckman 两步法的思路为：第一步采用 Probit 模型考察企业的研发选择，即企业是否会选择研发；第二步为修正的研发数量方程，考察劳动力成本上升对企业研发强度的影响。具体模型为：

$$Pro\{RD\_dum_{c,t}=1\} = \alpha_0 + \beta lnwage_{c,t} + \gamma X_{c,t} + \delta_t + f_c + \varepsilon_{c,t}$$

$$LnRD_{c,t} = \alpha_0 + \beta lnwage_{c,t} + \gamma X_{c,t} + \delta_t + f_c + \varepsilon_{c,t}$$

其中，下标 t 和 c 分别代表时间和城市；$RD\_dum_{c,t}$ 为企业是否研发二元变量，若企业从事研发则为1；$RD_{c,t}$ 为企业的研发强度；$wage_{c,t}$ 为企业平均工资水平，替代劳动力成本；$X_{c,t}$ 是一系列影响企业创新能力的控制变量，包括企业年龄、企业规模、企业资产负债率等；δ_t 为时间固定效应；f_c 为城市固定效应；$\varepsilon_{c,t}$ 为随机扰动项。

（二）变量定义

企业转型升级。基于前文的分析，本模型用企业研发支出作为企业转型升级的代理变量，且笔者将其分为两个变量：企业是否研发以及研发强度，分别进行分析。

劳动力成本。本章用工业企业数据库中企业本年应付工资总额除以企业全体从业人员数得到企业从业人员的平均工资水平，再对其取对数来代表企业劳动力成本。实际上，根据国际劳工组织的定义，劳动力成本不仅包括工资，还包括其他物质或非物质福利，但由于数据限制，本章用企业平均工资代替劳动力成本变量（林炜，2013）。

企业年龄。对于企业年龄与创新之间的关系学界尚未达成一致观点（Huergo E. 和 Jaumandreu J.，2004）。相比于年轻企业，成熟企业具有更多的资金支持以及更强的市场分析能力，然而年轻企业更容易接受新思想和新方法，更勇于创新。本章用"调查年份－企业成立年份＋1"来计算企业年龄。

企业规模。熊彼特提出"大企业创新优势论",认为企业规模越大,越有利于创新;然而,有些学者提出了相反的观点,认为大企业具有垄断优势,反而不利于促使企业进行技术创新,而小企业凭借灵活的机制具有更高的创新效率。学界对此一直持有争论,也证明了企业规模是影响企业创新水平的一个重要变量。本章用企业总资产取对数来代表企业规模。

市场占有率。市场占有率的衡量方法为:首先,将三位数行业代码的生产总值加总;其次,用企业生产总值除以三位数行业代码的生产总值加总值,就得到该企业在其所属行业中所占的市场份额。市场份额的大小与企业的创新动力直接相关。

资本劳动比。劳动力成本上升可能导致企业使用更多资本替代劳动,将更多资本用于研发新产品,从而促进创新发展。本章以人均拥有固定资产净值衡量资本密集度。

资产负债率。资产负债率是从资产结构角度影响企业的创新水平,只有当企业具有更多资产更少负债时,企业才更有可能将大量资金投入研发,促进企业创新的发展。资产负债率用企业总资产除以总负债来衡量。

存货。企业存货作为资产的一部分,也将影响企业创新。本章用工业企业数据库中的"企业存货+1"的对数来计算。

(三) 样本与数据

1. 样本企业选择

工业企业数据库中存在诸多问题,需要对其样本进行处理,首先,删除采矿业和电力、燃气及水的生产和供应业样本数据,仅保留制造业企业数据。其次,为了避免异常值的影响,参照 Cai 和 Liu (2009) 的方法进行处理,具体为:(1) 删除关键指标缺失的样本;(2) 删除固定资产、固定资产净值、工资为负的样本;(3) 删除企业就业人数小于 8 的观测值。在此基础上,本文得到珠三角地区 9 个城市 2001~2007 年 62364 个样本;因为数据库中仅有 2005~2007 年的研发支出数据,所以回归分析时仅采用这三年的数据,样本量为 31367 个。

2. 珠三角地区劳动力成本变化

利用 2001~2008 年珠三角城市工业企业数据,以企业劳动力成本衡量珠三角城市每一年的平均劳动力成本,并画出趋势图,如图5-1所示。珠三角地区劳动力成本呈现出上升趋势,特别是2004年"用工荒"的爆发以及最低工资制度改革的推动,使用2004年以后劳动力成本迅速上升。因而有必要分析珠三角地区劳动力成本上升对企业生产经营的影响。

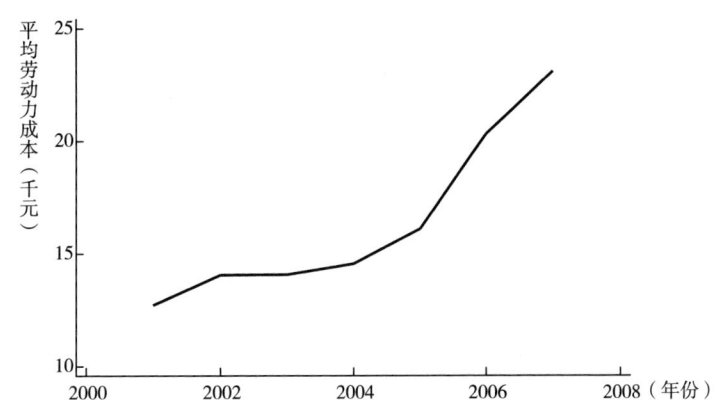

图5-1 2001~2008年珠三角劳动力成本变化情况

资料来源:2001~2008年珠三角工业企业数据库。

3. 港澳台资企业特征事实

珠三角地区港澳台资企业,特别是港澳资企业具有其特殊性。珠三角与长三角相比,表现出明显的技能替代性技术进步,对低技能劳动力有更大的需求(陈广汉,2016),因而更可能受到劳动力成本上升的影响。因此,接下来本文将从港澳台资企业雇员受教育水平、港澳台资企业行业分布特征、港澳台资企业研发现状等几个方面对珠三角港澳台资企业进行全面说明。

(1)港澳台资企业雇员平均受教育水平

由于2004年工业企业数据库包含每个企业不同学历就业人口数,因此本文以2004年为例,以高中以下(初中及以下)学历就业人员代表低技能人员,对比不同类型企业雇员的受教育水平,以明确港澳台资企业是否吸纳了大量的低技能劳动力,结果如表5-1所示。2004年工业企业数据库中,珠三角地区内资企业数量最多,港澳台资企业数量紧随其后,略低于内资企业,这也验证了港澳台资企业在珠三角地区的重要作用;而外商投资企业数量仅仅为前两者的1/3左右。笔者发现港澳台投资企业虽然在企业总数上略低于内资企业,但是吸纳的就业人数却是内资企业的两倍左右,吸纳了大量的劳动力,且高中以下学历就业人员的占比高于内资企业和外资企业。综上所述,港澳台资企业在珠三角企业中占据了重要地位,吸纳了近一半的劳动力,且包含大量低技能劳动力,因而对于港澳台资企业来说,劳动力成本是影响企业的一项重要因素。相似地,陈广汉(2017)基于"广东港澳资企业发展状况调研(2011)"数据,分析珠三角地区影响港澳资企业发展的因素,也发现"劳动力成本"与"法制环境"的重要程度较高。

表5-1 2004年珠三角工业企业平均受教育水平

单位:人,%

类别	企业总数	企业高中以下学历就业人数	企业总就业人数	企业高中以下学历人数占比
珠三角总体	28797	7938773	13578315	58.47
内资企业	14781	2136558	3913104	54.60
港澳台投资企业	10022	4158303	6587796	63.18
外商投资企业	3994	1643912	3077415	53.42

资料来源:2004年工业企业数据库。

(2)珠三角各城市港澳台资企业数量对比

我们已知珠三角聚集了大量的港澳台资企业,那么有必要进一步了解在珠三角各个城市中,港澳台投资企业的分布情况。本研究根据2001~2007年工业企业数据库的相关数据,得出珠三角各个城市港澳台投资企业数量以及占珠三角港澳台投资企业总量的百分比。由表5-2可知,港澳台投资企业主要聚集在深圳和东莞两个地区,其次为广州,肇庆地区港澳台资企业最少。

表5-2 2001~2007年珠三角地区港澳台企业样本量

单位:家,%

城市	企业数量	百分比
深圳	13952	22.37
东莞	13441	21.55
广州	9734	15.61

续表

城 市	企业数量	百分比
佛 山	6318	10.13
中 山	5847	9.38
江 门	4285	6.87
惠 州	4167	6.68
珠 海	3250	5.21
肇 庆	1370	2.2
总 和	62364	100

资料来源：2001~2007年工业企业数据库。

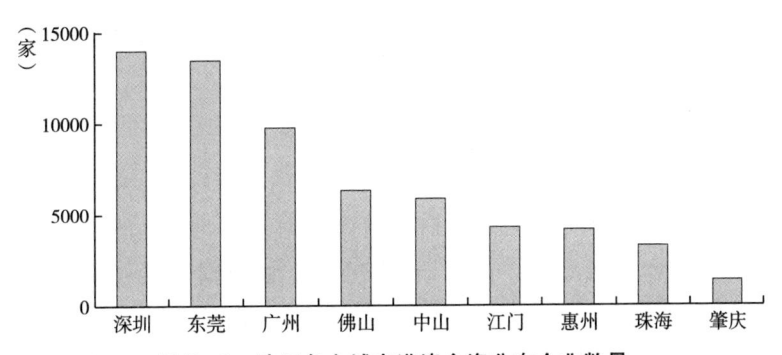

图 5-2 珠三角九城市港澳台资分布企业数量

资料来源：2001~2007年工业企业数据库。

（3）珠三角地区港澳台资企业行业分布

表 5-3 刻画了 2001~2007 年珠三角地区港澳台投资企业在部分行业的数量分布及占比，结果发现排名第一的是通信设备、计算机及其他电子设备制造业，而传统优势产业服装、鞋帽制造业位于第二，电气机械及器材制造业居第三。上述结果表明，虽然传统劳动密集型产业依然是珠三角港澳台投资企业的主导产业，但是越来越多的企业开始向通信设备、计算机及其他电子设备制造业等高技术产业转型开放。进一步地分析 2001~2007 年珠三角港澳台投资企业行业分布变化情况，可以发现，2003 年及以前服装、鞋帽制造业所占比例居首位，而 2004 年以后，通信设备制造业就超过了服装业、鞋帽制造，这也从侧面说明了港澳台资企业有转型升级的趋势。

表 5-3 2001~2007 年珠三角地区港澳台投资企业在部分行业的数量分布及占比

单位：个，%

行业代码	行业名称	样本量	占比
40	通信设备、计算机及其他电子设备制造业	6986	11.2
18	纺织服装、鞋帽制造业	6564	10.53
39	电气机械及器材制造业	6179	9.91
30	塑料制品业	5788	9.28
17	纺织业	4669	7.49
34	金属制品业	4333	6.95
19	皮革、毛皮、羽毛（绒）及其制品业	3688	5.91
24	文教体育用品制造业	2695	4.32
26	化学原料及化学制品制造业	2650	4.25
42	工艺品及其他制造业	2212	3.55

资料来源：2001~2007 年工业企业数据库。

（4）珠三角地区港澳台资企业研发创新情况

本章以企业研发支出作为企业转型升级的衡量标准，由于工业企业数据库中只有 2004 年以后才有研发支出数据，因此此处的描述及后续的回归分析均采取 2005~2007 年的工业企业数据。成立为、戴小勇（2012）基于 2005~2007 年工业企业数据库，分析得出 10% 左右的企业进行了研发，而本文针对珠三角港澳台资企业的分析结果与此结论相近，如表 5-4 所示。对于港澳台资企业而言，2005~2007 年研发企业占比逐年上升，由 7.26% 上升到 8.78%，但依然低于内资企业和外资企业的研发占比（分别由 8.93% 上升到 9.83% 由和 11.78% 上升到 14.58%）。这表明大量港澳台商投资企业仅仅将低附加值加工环节引入珠三角，导致珠三角地区港澳台资企业总体研发能力较低。

表 5-4 2005~2007 年珠三角港澳台资企业研发情况

单位：家，%

港澳台资企业			
年份	无研发活动企业	有研发活动企业	研发企业占比
2005	9257	672	7.26
2006	9408	736	7.82
2007	10384	912	8.78

内资企业				
年份	无研发活动企业	有研发活动企业	研发企业占比
2005	13360	1310	8.93
2006	14439	1518	9.51
2007	15992	1744	9.83
外资企业				
年份	无研发活动企业	有研发活动企业	研发企业占比
2005	3512	469	11.78
2006	3462	513	12.91
2007	4026	687	14.58

资料来源：2005~2007年工业企业数据库。

在此基础上，进一步分析珠三角各个城市港澳台商投资企业研发情况，结果见表5-5。深圳地区的研发企业比例远远大于其他地区，接下来是中山、广州，珠三角城市中港澳台资企业研发比例最低的是肇庆。珠三角中深圳的港澳台资企业数量最多，研发比例也最高；东莞的港澳台资企业数量仅次于深圳，但其研发企业比例却非常低；肇庆港澳台资企业数量最少，同时其研发企业比例也最小。

表5-5 2005~2007年珠三角各个城市港澳台商投资企业研发情况

单位：家，%

城市	研发企业数量			未研发企业数量			研发企业比例		
	2005年	2006年	2007年	2005年	2006年	2007年	2005年	2006年	2007年
广州	96	110	109	1227	1270	1216	7.26	7.97	8.23
深圳	245	247	407	2035	1877	2627	10.75	11.63	13.41
珠海	44	40	38	437	451	486	9.15	8.15	7.25
佛山	59	71	71	869	972	1056	6.36	6.81	6.30
江门	26	37	41	630	663	735	3.96	5.29	5.28
肇庆	6	5	7	169	190	199	3.43	2.56	3.40
惠州	48	46	55	659	673	691	6.79	6.40	7.37
东莞	89	95	91	2384	2397	2395	3.60	3.81	3.66
中山	59	85	93	846	915	979	6.52	8.50	8.68

资料来源：2005~2007年工业企业数据库。

在了解珠三角地区港澳台资企业创新情况的基础上,可以从图 5 - 3 看出珠三角九个城市平均劳动力成本与城市研发企业数量的关系。从数据上看,劳动力成本高的地区为广州、佛山、珠海和深圳,而城市研发企业数量上,深圳远远超过其他城市;总体上城市劳动力成本与城市研发企业数量呈现出正向关系。

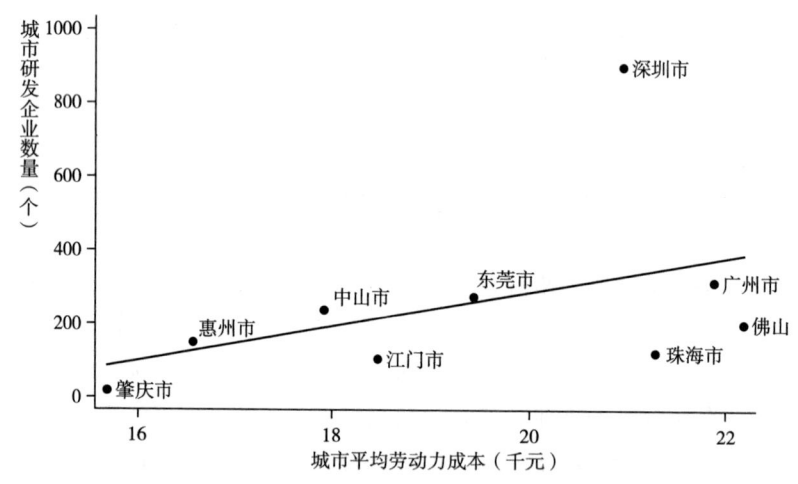

图 5 - 3 珠三角城市劳动力成本与研发企业数量散点示意

资料来源:2005~2007 年工业企业数据库。

4. 描述性统计

表 5 - 6 提供了本章变量的定义及描述性统计结果,除研发二元变量外,其他变量均要取对数。然而对取对数的结果进行描述性统计时,变量的具体信息将难以明确,因此在第 3~6 列进行统计性描述时,针对的是取对数前的变量。

表 5 - 6 变量定义及描述性统计

变量	定义	平均值	标准差	最小值	最大值
研发二元变量	企业研发支出大于 0 取 1,否则为 0	0.0739	0.262	0	1
研发支出	企业研发支出的自然对数	306.8	7028	0	546605
劳动力成本	企业平均工资的自然对数	19.99	16.13	0.302	641.4
企业年龄	调查年份 - 企业成立年份 + 1,取对数	9.363	5.038	1	108
企业规模	企业总资产的自然对数	10.47	1.255	5.03	17.42

续表

变量	定义	平均值	标准差	最小值	最大值
资本劳动比	总资产/企业从业人数，取对数	271.6	3968	0.51	693230
资产负债率	总资产/总负债，取对数	21.05	743.1	0.0578	111099
存货	存货+1，取对数	17547	60690	0	2477000
市场占有率	企业生产总值除以三位数行业代码的生产总值加总，再取对数	0.003	0.0142	0.00000134	1

资料来源：2005~2007年工业企业数据库。

三 劳动力成本上升对港澳台资企业转型升级影响的实证结果

（一）基本回归结果

基于2005~2007年工业企业数据，本研究分析珠三角地区劳动力成本上升对港澳台资企业转型升级的影响，采用的方法为Heckman两步法。鉴于Heckman两步法的第一步采用Probit模型，其系数并没有实际意义，笔者要计算其边际影响。因此本章列出结果时，考虑第一步单独采用Probit方法，计算出边际效应，第二步仍然使用通过Heckman两步法得出的结果。

劳动力成本上升对港澳台资企业研发概率影响的实证结果如表5-7中第1列所示。劳动力成本增加会显著促进港澳台资企业从事研发的概率提高，劳动力成本每增加1%，港澳台资企业进行研发的概率增加0.029%。此外，企业年龄对港澳台资企业研发概率具有显著的负向影响，即认为劳动力成本增加时，年轻企业进行研发的概率更高。企业规模对港澳台资企业从事研发概率具有显著的正向影响，大规模企业在面临劳动力成本冲击时，更容易从事研发活动。资本劳动比、存货、市场占有率变量均对企业研发概率具有显著正向影响；资产负债率对企业研发概率具有显著负向影响。

劳动力成本上升对港澳台资企业研发支出的影响如表5-8中第1列所示。劳动力成本的上升能促使港澳台资企业增加研发支出，劳动力成本每增加1%,港澳台资企业将增加0.04%的研发支出。此外,企业规模对港澳台资企业研发支出具有显著负向影响,资产负债率对港澳台资企业研发支出具有显著正向影响,其他控制变量的影响不显著。

表5-7 劳动力成本上升对企业研发概率影响的实证结果

变量	(1) 港澳台资企业	(2) 内资企业	(3) 外资企业
	是否研发二元变量		
劳动力成本	0.029*** (0.003)	0.041*** (0.002)	0.059*** (0.005)
企业年龄	-0.008*** (0.002)	0.015*** (0.002)	-0.001 (0.004)
企业规模	0.244*** (0.018)	0.168*** (0.016)	0.285*** (0.032)
资本劳动比	0.008*** (0.002)	0.013*** (0.001)	0.005 (0.003)
资产负债率	-0.004** (0.002)	0.015*** (0.002)	0.008** (0.004)
存货	0.009*** (0.001)	0.022*** (0.001)	0.017*** (0.002)
市场占有率	0.005*** (0.001)	0.004*** (0.001)	-0.008*** (0.002)
时间固定效应	Yes	Yes	Yes
地区固定效应	Yes	Yes	Yes
样本量	31236	47085	12539

说明:括号中报告的为系数标准误;***、**、*分别对应1%、5%和10%的显著水平。

表5-8 劳动力成本上升对企业研发支出影响的实证结果

变量	(1) 港澳台资企业	(2) 内资企业	(3) 外资企业
	研发支出		
劳动力成本	0.395*** (0.090)	0.652*** (0.066)	0.476*** (0.147)

续表

变量	研发支出		
	（1）	（2）	（3）
	港澳台资企业	内资企业	外资企业
企业年龄	0.015	0.071*	-0.040
	(0.062)	(0.042)	(0.075)
企业规模	-0.304***	6.653***	9.648***
	(0.045)	(0.360)	(0.767)
资本劳动比	-0.019	0.183***	0.067
	(0.047)	(0.036)	(0.055)
资产负债率	0.147**	0.414***	0.177**
	(0.060)	(0.048)	(0.069)
存货	0.009	0.204***	0.108**
	(0.030)	(0.028)	(0.051)
市场占有率	-0.040	0.029	-0.134***
	(0.030)	(0.021)	(0.033)
常数	-3.228***	-15.892***	-21.882***
	(0.821)	(1.171)	(3.246)
时间固定效应	Yes	Yes	Yes
地区固定效应	Yes	Yes	Yes
样本量	31236	47085	12539

说明：括号中报告的为系数标准误；***、**、*分别对应1%、5%和10%的显著水平。

（二）港澳台资企业与内外资企业的对比分析

前文的统计分析表明珠三角地区同时聚集着大量的港澳台资企业、内资企业和外资企业，而这三种类型企业具有不同人力资本结构，劳动力成本增加对这三种类型企业是否具有相同的影响是值得我们分析的问题。表5-7和表5-8分别给出了三种企业类型下劳动力成本上升对企业研发概率和企业研发支出影响的实证结果。

对企业而言，港澳台资企业、内资企业和外资企业劳动力成本上升均能使企业研发概率显著提高，但港澳台资企业的相关系数（0.029）显著小于内资企业的相关系数（0.041），更小于外资企业的相关系数（0.059）。在珠三角，港澳台资企业是包含最多低技能劳动力的企业，当劳动力成本上升时,港澳台资企业进行研发的比例提高了,然而其从事研发的企业增长率仍低于内资企业和外资企业。

对企业研发支出而言,港澳台资企业劳动力成本上升对企业研发支出影响的相关系数(0.395)小于外资企业(0.476),显著小于内资企业(0.652),劳动力成本上升对内资企业的影响最大。对此的一个可能解释为:劳动力成本上升时,内资企业由于其本土性,必须通过研发创新来应对冲击,以避免被市场淘汰,因此其影响程度最大;而港澳台资企业和外资企业进入珠三角主要是为了利用廉价劳动力,当劳动力成本上升时,其除了选择研发创新外,也会考虑企业转移,因此影响幅度小于内资企业。

(三) 稳健性检验

借鉴任志成、戴翔(2015)的研究,企业转型升级不仅可以体现为产品领域的研发,还可以体现为企业生产率的提高,使生产从低附加值向高附加值转变。因此,企业全要素生产率也可以作为企业转型升级的代理变量。本章进一步以企业全要素生产率(TFP)为被解释变量,分析劳动力成本的上升是否会倒逼企业提高生产率。

全要素生产率计算有 Levinsohn – Petrin (LP) 和 Olley – Pakes (OP) 两种方法,本文采用以 OP 方法计算的全要素生产率。用 OP 方法计算全要素生产率的具体过程为:首先分别计算出生产函数中劳动力和原料所占的比重,得到拟合残差;接下来以残差为因变量,以资本、投资和通过 Probit 方法算出的企业生存概率为自变量,采用非线性 OLS 回归,结合两步所得系数,即能算出 OP 法的全要素生产率。此时计量模型为:

$$\text{LnTFP}_{c,t} = \alpha_0 + \beta \ln wage_{c,t} + \gamma X_{c,t} + \delta_t + f_c + \varepsilon_{c,t}$$

被解释变量为企业全要素生产率的对数,核心解释变量为企业平均工资的对数,控制变量 X 为企业年龄、企业规模、存货等,均取对数。回归结果如表 5-9 所示。

表 5-9 中第 1 列为不存在固定效应下的结果,第 2 列则同时添加时间固定效应和地区固定效应。结果显示,企业劳动力成本增加会使企

业的全要素生产率显著提高,劳动力成本每增加1%,企业全要素生产率将提高0.01%左右,佐证了前文的研究。

表5-9 劳动力成本上升对企业全要素生产率影响的实证结果

变量	(1)	(2)
劳动力成本	0.014*** (0.002)	0.010*** (0.002)
企业年龄	0.002** (0.001)	0.001 (0.001)
企业规模	0.134*** (0.011)	0.138*** (0.012)
资本劳动比	-0.009*** (0.001)	-0.009*** (0.001)
资产负债率	0.001 (0.001)	0.001 (0.001)
存货	-0.004*** (0.000)	-0.004*** (0.000)
市场占有率	-0.007*** (0.001)	-0.007*** (0.001)
常数	1.263*** (0.031)	1.269*** (0.031)
时间固定效应	No	Yes
地区固定效应	No	Yes
样本量	5959	5959

说明:括号中报告的为系数标准差;***、**、*分别对应0.01、0.05和0.1的显著水平。

(四) 分样本回归

1. 分资本密集度

鉴于资本密集型企业和劳动密集型企业对劳动力有不同的需求程度,区分资本密集度便具有相当的重要性。为验证劳动力成本上升对不同资本密集度企业影响的差异性,表5-10回归中加入劳动力成本与资本密集型企业的交互项。其中,资本密集型企业是一个虚拟变量,该变量根据资本密集度的中位数划分,资本密集度大于中位数的取值为1,小于中位数的取值为0。

估计结果显示,企业劳动力成本与资本密集型企业虚拟变量交互项的系数均显著为正,即无论对于企业是否研发还是企业研发支出,劳动力成本上升对资本密集型企业的正向促进作用均大于劳动密集型企业。对此的一个可能解释是:资本密集型企业技术水平更高,更可能通过引进先进设备或技术发明来应对劳动力成本上升的冲击,而劳动密集型企业往往技术含量较低,当受到劳动力成本上升的冲击时,其更可能转移或直接被淘汰出市场。

表5-10 分资本密集度的实证结果

变量	是否研发二元变量	研发支出
劳动力成本	0.024***	0.384***
	(0.003)	(0.094)
劳动力成本*资本密集型企业	0.006***	0.015*
	(0.001)	(0.040)
企业年龄	-0.008***	0.015
	(0.002)	(0.062)
企业规模	0.022***	-0.304***
	(0.002)	(0.045)
资本劳动比	0.001	-0.037
	(0.002)	(0.064)
资产负债比	-0.004**	0.145**
	(0.002)	(0.060)
存货	0.009***	0.010
	(0.001)	(0.030)
市场占有率	0.005***	-0.040
	(0.001)	(0.030)
时间固定效应	Yes	Yes
地区固定效应	Yes	Yes
样本量	31236	31236

说明:括号中报告的为系数标准误;***、**、*分别对应1%、5%和10%的显著水平。

2. 分企业规模

除了考虑资本密集度异质性外,我们还应该考虑规模异质性,表5-11回归中加入劳动力成本与企业规模的交互项,验证劳动力成本对不同规模企业的差异性影响。估计结果显示:对企业是否研发而言,劳动力成本与企业规模交互项的系数不显著;对企业研发支出而言,交互项系数为显著的负值,表明企业规模主要会影响劳动力成本对企业研发支出的作用,而对企业是否研发没有显著差异。其中,小规模企业的研发促进作用更强,对此的一个可能的解释是:劳动力成本上升时,小规模企业有更加灵活的机制,能够更加及时地对成本冲击做出反应。

表 5-11 分企业规模的实证结果

变量	是否研发二元变量	研发支出
劳动力成本	0.029***	0.503***
	(0.003)	(0.098)
劳动力成本*企业规模	-0.001	-0.124***
	(0.001)	(0.044)
企业年龄	-0.008***	0.018
	(0.002)	(0.062)
企业规模	0.023***	-0.242***
	(0.002)	(0.050)
资本劳动比	0.007***	-0.027
	(0.002)	(0.047)
资产负债比	-0.004**	0.146**
	(0.002)	(0.060)
存货	0.008***	0.007
	(0.001)	(0.030)
市场占有率	0.005***	-0.038
	(0.001)	(0.030)
时间固定效应	Yes	Yes
地区固定效应	Yes	Yes
样本量	31236	31236

说明:括号中报告的为系数标准误;***、**、*分别对应1%、5%和10%的显著水平。

四 劳动力成本上升对港澳台资企业
进入退出的影响分析

前文的分析表明劳动力成本增加会倒逼企业转型升级，提高企业研发概率和研发强度，提高企业全要素生产率。此外，我们同样感兴趣的是，这种倒逼机制背后是否存在企业动态，即劳动力成本的提高是否阻碍了一部分低生产率企业的进入，并且成本压力迫使部分低生产率企业退出劳动力市场，进而导致整个市场中企业平均生产率的提高。本部分的分析，有助于我们理解劳动力成本对企业动态的影响，以便更好地理解劳动力成本对企业转型升级的倒逼机制。

值得注意的是，由于研发支出数据的局限，前文的回归分析仅仅包含 2005~2007 年数据，但是这 3 年的数据不能准确反映企业进入退出动态，因此笔者将本部分研究的时间范围扩展到 2001~2007 年，分析 2001~2007 年劳动力成本的上升对企业进入退出动态的影响。

企业进入退出的设定，借鉴李坤望（2014）的方法，采用"三年判断标准"进行处理，即在判断是否为进入企业时，判断标准为前一期不存在该企业，当期和后一期均存在；判断是否为退出企业时，判断标准为前一期存在该企业，但是当期和后一期均不存在该企业。采用的计量模型为：

$$Exit_{c,t} = \alpha_0 + \beta lnwage_{c,t} + \lambda x_{c,t} + \delta_t + f_c + \varepsilon_{c,t}$$

$$Entry_{c,t} = \alpha_0 + \beta lnwage_{c,t} + \lambda x_{c,t} + \delta_t + f_c + \varepsilon_{c,t}$$

$Entry_{c,t}$ 和 $Exit_{c,t}$ 分别代表企业进入和退出变量，均为 0、1 虚拟变量，核心解释变量为企业平均工资的对数，采用的模型为 Probit 模型，模型回归结果如表 5-12 所示，其报告的值为边际效应。

由表 5-12 可知，劳动力成本的增加，将促进企业退出的概率显著提高，并降低企业进入的概率。劳动力成本每增加 1%，企业退出的概率将增加 0.069%，而企业进入概率会减少 0.076%。因此，劳动力成本的上升会促进低效率企业的退出，阻碍低效率企业进入，总体上促使整个市场转型升级。

表 5-12　劳动力成本上升与港澳台资企业进入退出关系的实证结果

变　量	企业退出	企业进入
劳动力成本	0.069*** (0.004)	-0.076*** (0.005)
企业年龄	0.049*** (0.003)	-0.019*** (0.003)
企业规模	0.001 (0.026)	0.048* (0.026)
资本劳动比	-0.013*** (0.002)	0.000 (0.002)
资产负债率	0.002 (0.002)	-0.001 (0.002)
存货	0.000 (0.001)	0.001 (0.001)
市场占有率	0.000 (0.002)	0.004** (0.002)
时间固定效应	Yes	Yes
地区固定效应	Yes	Yes
样本量	31236	31236

说明：括号中报告的为系数标准误；***、**、*分别对应1%、5%和10%的显著性水平。

五　研究结论

从企业是否研发的角度看，劳动力成本增加会提高珠三角地区港澳台资企业从事研发的概率；从企业研发支出的角度看，劳动力成本增加会促使现有研发企业增大对研发的投入力度；从企业全要素生产率的角度看，劳动力成本增加能促进企业全要素生产率显著提高。综合以上分析发现，对珠三角地区港澳台资企业而言，劳动力成本的上升倒逼了企业的转型升级。进一步，将港澳台资企业与内资企业和外资企业对比，发现三种类型企业劳动力成本上升均能显著提高企业研发概率和研发支出，然而港澳台资企业研发概率和研发支出的增加均小于内资企业和外资企业，由此说明劳动力成本上升虽然会倒逼港澳台资企业转型升级，但目前仍然有大量港澳台资企业未将研发部门转移到珠三角，并且对于已有研发的港澳台资企业而言，其增加研发支出的动力仍小于内资和外资企业。

此外，倒逼效应对不同类型企业存在异质性，劳动力成本增加会更大程度上促使资本密集型企业和小规模企业创新。进一步地，考虑这种倒逼机制是否与企业动态有关，本文分析了劳动力成本对企业进入退出动态的影响，研究结果发现劳动力成本的上升会增加企业退出的概率，并减少企业进入的概率，从而产生了淘汰机制，淘汰了低效率企业，保证了留存企业整体的生产效率。

因而，企业用工成本的不断增加，给企业带来挑战的同时，也为其带来了转型升级的机遇，珠三角地区工业企业，特别是港资企业应抓住这次机遇，积极转型升级，以避免被淘汰。

第六章　珠三角港资制造企业的转型升级

在改革开放早期，粤港通过"前店后厂"模式参与全球价值链分工，大批港资制造业企业进驻珠三角，利用广东早期的劳动和土地资源优势与香港的资金和国际营商网络相结合，促进了两地经济的发展。随着国际环境和国内条件发生重大变化，以垂直分工加工贸易为主要经营模式的港资企业难以为继，CEPA以及一系列促进粤港产业合作条约的签订与广东自贸区的建设的开启，为粤港深度合作、转变两地分工模式、实现港资企业转型升级提供了有利的政策与制度条件。而国家"一带一路"建设以及随后开启的"粤港澳大湾区"建设为粤港合作及其参与国际分工合作提供新的机遇和挑战。港资企业应总结过去发展经验，克服发展阻力，充分利用已有优势资源，积极探索在新形势下的粤港合作新模式，使港资企业向着新型国际化分工、高端化升级，促进两地经济健康发展。

一　制造业转型升级相关文献综述

（一）制造业转型升级基本内涵

1. 制造业

制造业是国民经济中一项重要的产业类别，直接体现了一个国家的生产力水平，也是区别发展中国家和发达国家的重要因素（Helper et al.，2012）。制造业在世界发达国家的国民经济中占有重要份额。根据国家统计局2013年对国民经济行业分类的定义，制造业具体是指将制造资源（物料、能源、设备、工具、资金、技术、信息和人力等），按照市场要求，经物理变化或化学变化后形成新的产品的行业。不论是动力机械制造,还是手工制作;也不论产品是批发销售,还是零售,均视为制造。

我国的制造业细分为31个具体的行业:农副食品加工业,食品制造业,饮料制造业,烟草制品业,纺织业,纺织服装、鞋、帽制造业,皮革、毛皮、羽毛(绒)及其制品业,木材加工及木、竹、藤、棕、草制品业,家具制造业,造纸及纸制品业,印刷业和记录媒介的复制,文教体育用品制造业,石油加工、炼焦及核燃料加工业,化学原料及化学制品制造业,医药制造业,化学纤维制造业,橡胶制品业,塑料制品业,非金属矿物制品业,黑色金属冶炼及压延加工业,有色金属冶炼及压延加工业,金属制品业,通用设备制造业,专用设备制造业,交通运输设备制造业,电气机械及器材制造业,通信设备、计算机及其他电子设备制造业,仪器仪表及文化、办公用机械制造业,工艺品及其他制造业,废弃资源和废旧材料回收加工业。

2. 制造业转型升级

Gereffi(1999)将转型升级引入全球价值链(Global Value Chain,GVC)分析模式,认为产业升级是一个企业或经济体提高迈向更具获利能力的资本和技术密集型经济领域的能力的过程。Humphrey和Schmitz(2000)从企业层面分析认为,转型升级是指企业通过获得技术能力和市场能力,改善其竞争能力以及从事高附加值活动的能力。

吴敬琏(2006)指出早期经济增长方式的主要特点是依靠大量的资本投入和资源投入来支撑经济增长,现代经济增长不再主要靠资本和资源的投入,而是靠技术进步和效率提高驱动。产业转型升级就是要从依靠资本积累和资源投入的粗放增长方式转向依靠技术进步和效率提高的集约增长方式。刘志彪(2000)也认为产业转型升级体现为产业结构由低技术水平、低附加值状态向高技术水平、高附加值状态演变的趋势。

具体而言,产业升级是指在特定的国内外经济环境和资源条件下,按照一般的产业结构演变规律和产业发展的内在要求,产业由低层次向高层次转换的过程,不仅包括产业产出总量增长,而且包括产业结构高度化(喆儒,2006),即产业升级,一方面是指整个产业结构中由第一产业占优势比重逐渐向第二、第三产业占优势比重演进(Kuznets et al.，1941）；另一方面是指工业化、服务业化。由劳动密集型产业占优势比重逐渐向资金密集型产业、技术知识密集型产业占优势比重演进。

因此，制造业转型升级主要包括两种形态的资源配置趋势：一是产业结构方面的转型升级，即在等量资本取得等量利润的导向下，资源在产业间的移动，具体表现为第二产业向第三产业服务业转变，第二产业即以制造业为代表的工业部门在三个部门中所占比例下降，而第三产业即服务部门在三个产业中所占比例上升；二是制造业内部的价值链升级，在竞争导向下，以利润最大化为目的进行的行业内产品结构改变、技术结构更替和组织结构变迁等一系列活动，使得制造业内部出现由低级要素的使用到高级要素的投入、从劳动密集型企业向资本及技术密集型企业、从低附加值到高附加值的转变。

（二）制造业转型升级的原因

制造业转型升级的原因主要是市场推动和政府推动两种，其中市场推动主要是供给、需求、技术进步三大因素之间作用的结果，而政府推动主要是政府通过产业政策推动制造业转型升级。

1. 供给影响

英国古典经济学家大卫·李嘉图在他的代表作品《政治经济学及赋税原理》中提出了比较优势贸易理论，他从贸易角度指出，进行贸易的各国应该根据"两利相权取其重，两弊相权取其轻"的原则来进行贸易，集中精力生产并出口那些本国具有"比较优势"的产品，进口那些"比较劣势"的产品，这样就能从中获利。

在国际分工体系中，比较优势已渗透进生产的不同环节，比较优势理论认为产业升级应充分发挥现有的比较优势，实现产业的"梯度"升级。林毅夫（2007）认为一国的经济发展应与固有的资本和劳动要素禀赋结构相符，必须遵循经济体的比较优势，通过长时间的积累和产业结构的不断升级实现经济的可持续发展。资本、劳动等生产要素价格将决定比较优势，从而引起要素禀赋结构变化带来例如成本上升压力、人力资源短缺和产业外移等影响比较优势的变化，进而影响产业结构、诱导产业转型升级。

配第一克拉克定理认为：随着经济的发展，人均国民收入水平提高，第一产业国民收入和劳动力的相对比重会逐渐下降；第二产业国民收入和劳动力的相对比重会上升，经济进一步发展；第三产业国民收入和劳动力的相对比重也开始上升。配第一克拉克定理反映了在分析产业结构演变时，劳动力在各产业中的分布变化情况，当劳动不再具有比较优势时，市场机制会推动产业从劳动密集型向资本密集型或技术密集型转变。

2. 需求影响

需求影响主要是需求收入弹性变化影响产业转型升级。19世纪德国统计学家恩格尔根据统计资料，对消费结构的变化得出一个规律：一个家庭的收入越少，家庭收入中用来购买食物的支出所占的比例就越大。随着家庭收入的增加，家庭收入中用来购买食物的支出份额则会下降。恩格尔定律揭示了普遍性的消费结构走势和规律，即当收入提升后对于高端产品的消费需求会明显上升。这说明低端产品的需求收入弹性会随着人均收入水平提高而逐渐降低，从而对低端产品的需求相对减少，反之对低端产品的需求的增加就会不断地减少其他产品和服务的需求。

随着消费结构的变化，国民收入的支出结构就会发生有利于高端制造部门而不利于低端制造部门的变化。同时，在市场经济条件下，需求成长率高的产业，较易维持较高的价格，获取较高的产业增值率；反之，需求成长率低的产业，只能维持较低的价格和附加价值增值率。因此，相对于高端制造部门而言，低端制造部门处于低价格、低附加价值的处境。随着需求结构不断升级，人们的需求从简单、同质需求已经逐步上升到追求时尚与个性的阶段，为了满足日益多元与多样的社会需求，适应以"顾客、竞争和变化"为特征的外部环境，产业发展的重点是高附加值和高技术含量的工业及服务业。

3. 技术进步

德国经济学家 Hoffmann（1931）通过对工业内部消费品和资本品的比较，认为技术差异及不同投入产出比会引起资本品工业的优先发展。Schumpeter 在《经济发展理论》中，首次提出了创新理论，并在《资本主义、社会主义与民主》（1942）中，又进一步突出强调了创新对产业"创造性破坏"的作用。他认为竞争的本质不再是价格的竞争，而是创新的竞争。内生经济增长理论认为，外生技术进步是内生,变量并决定长期增长率。创新与技术变迁是获得垄断势力的企业为追求利润最大化而有目的地进行研究开发活动的结果，而创新和技术变迁又是经济长期持续增长的最根本因素，同时也是产业生产率提升和不断升级的最根本动力。Philippe Aghion 和 Peter Howitt（1992）等一系列的实证研究也通过内生增长模型，论证企业的创新和技术升级是其发展的驱动因素。

技术创新对产业结构变化的直接影响表现在：一方面，当通过技术创新创造出新的产品、形成新的产业门类时，因社会生活中对这些产品刚刚引入，其未来发展的市场潜力大，投资者预期从事该行业能取得更高的投资回报，在资源分配相对自由的条件下，社会资源就会迅速向其转移，支持该部门扩张，如第二次世界大战之后信息产业的发展就是如此。另一方面，当通过技术创新创造出替代性产品，或导致原有产品生产效率提高时，原有产品生产规模便有可能发生收缩，生产要素便有可能逐步从旧有部门中撤出。

4. 产业政策

政府产业政策干预理论认为，由于市场机制不是完美的，不能保证产业转型升级的结果最优，政府需要根据经济发展的需要，积极采取产业政策干预企业行为，推进产业结构转型升级，促进经济较快发展。这些产业政策和所依据的规律包括罗森斯坦—罗丹的"大推进理论"（Rosenstein - Rodan，1943）、"增长极理论"（Perrous，1955）、"中心外围理论"（Raul Prebiseh，1950）。

林毅夫（2012）的"新结构经济学"认为发达国家和发展中国家在世界产业链中所处的位置不同，产业转型升级的动因与方式也不同。发达国家处于世界产业链的最前沿，企业难以对哪个产业将是下一个有前景的新产业形成共识，政府也没有更准确的信息，因此，发达国家的产业升级只能依靠市场。发展中国家处于世界产业链的中后端，产业结构变动时，其所投资的是技术成熟、产品市场已经存在、处于世界产业链内的"新产业"，是有先验信息的。因此，在发展中国家，企业很容易对哪一个是有前景的新产业形成共识，政府相对于企业具有总量信息优势，可以利用这一信息优势制定产业政策推进产业升级。

(三) 制造业转型升级的机理

企业家是产业的微观主体，也是产业升级的具体实践主体。经济学的基本假定就是企业家都是理性人，企业家从事生产的目的就是追求利润最大化。追求利润最大化的企业必须保持对自身生存环境的敏感，当原有生产模式已难以为企业提供足够的成长空间时，企业会适时进行转型（王德鲁等，2006）。

市场机制下要素和产品的价格是由供求关系决定的，生产要素和产品价格的变动反映了要素市场和产品市场的供求关系，同时也会对企业的利润产生影响。初期资源投入不同的产业部门之间效率有显著的差别，而且在投入同一产业部门其效率在不同的企业之间也有重要的差别。企业在"看不见的手"的作用下调整自然资源、资本、劳动、技术等要素的配置，从而使得要素资源流向回报最高的产业或部门。

对于单个企业而言，在市场竞争中具有优势的企业会获得超额利润，而产业层次低、产品及企业质量差的企业在市场竞争中将会逐步被淘汰。为了追求利润最大化，企业会更新设备以解决劳动力成本上升的压力并提高生产效率，从而增强价格波动适应能力与竞争能力，同时注重研发走上自主创新的道路，不仅产品、服务的形态及功能体现技术含量而提升质量，而且其生产经营流程甚至管理流程均伴随技术进步而提高层次，并且将技术含量相对较低的生产流水线转移出去，既利用转移地成本优势以及优惠政策取得经济效益，又使自身能集中资源进入研发、营销等领域，进而带动企业整体向产业链高端转移等等。

在个别企业或少数行业中出现的技术创新会通过市场竞争使该企业或逐渐发育为新的增长中心和技术革新中心，然后通过示范效应和技术扩散，带动行业内所有企业的发展，提升整个产业的全要素生产率。从某一生产分支逐步转移至其他生产分支，推动产业的转型升级。

(四) 制造业转型升级的路径

在经济学生产理论中，企业家从事生产的目的是追求利润最大化，企业家会根据自身的资源、能力和环境选择策略。一般而言，企业家追求利润最大化的策略是通过在要素市场选择出能使成本最小化的要素投入组合，实现成本最小化，与此同时在成本面临约束不可调整的情况下，通过增加产品的附加值，提高产品的价格，实现利润最大化。

1. 成本最小化策略

在成本最小化的策略下，制造业转型升级的路径具体可以分为工艺流程升级和产业集群化发展。

工艺流程升级是指通过整合生产系统或引进先进技术，提高加工流程的效率。工艺流程升级可以通过引进新技术、新机器改良生产程序，从而降低生产的成本，提高生产效率。工艺流程升级属于产业升级中的要素升级，在生产要素层级中从"禀赋资产"或"自然资产"向"创造资产"移动，即通过生产要素中物资资本、人力资本和社会资本的移动，实现成本最小化的目标，工艺流程升级是企业降低成本最直接、最有效的策略。

产业集群化发展表现为一定地理区域范围内的大部分企业基本围绕统一产业或紧密相关产业或有限的几个产业从事产品开发、生产和销售等经营活动。产业集群能使产业区内的企业在劳动力市场共享、中间产品投入共享和技术溢出三方面产生经济外部性，能够实现产业群体的竞争优势和较强的规模效应，实现成本最小化目标。因此，区域内的企业可以通过产业集聚的发展，实现信息、技术、劳动力等各种要素的聚集，推动区域产业的转型升级。

2. 收益最大化策略

在成本最小化的策略下，制造业转型升级的核心是提升产品的附加值，具体的产业转型升级路径可以分为制造业服务化和重组价值链环节。

Vandermerwe 和 Rada（1988）认为，制造业服务化是指为了增加核心产品的价值而采取捆绑的方式提供更多的产品、服务、支持和知识，组织从卖产品到卖集成产品，传递使用价值服务的创新过程。根据国际知名跨国公司的发展经验，制造业和服务业在不断实现融合，通过制造业服务化以实现制造业核心竞争力的提升。

制造业服务化是指传统的制造业从以产品制造为中心向服务增值延伸。传统的制造业不再是单一的产品提供者，而是集成服务提供者。通过将传统制造环节向价值链的两端延伸，实现产品附加值的提升，最终实现制造业的中心从产品制造延伸至服务增值，制造业的结构从以产品为中心转向以提供产品和增值服务为中心。

重组价值链环节，提高产品附加值，改变其在价值链中所处的位置是企业转型升级的一个重要趋势。具体而言是指企业从价值链低端的加工贸易 OEM（原件加工模式）向 ODM（自主设计模式）和 OBM（自主品牌模式）价值链高端升级。在这一模式下企业家可以通过提高研发投入、改善技术水平和进行品牌并购、建立自主品牌等方式实现从价值链低端向价值链高端的升级。

二 珠三角港资制造业发展历史

港资制造业企业在广东的发展有将近 40 年历史，在改革开放早期，粤港通过"前店后厂"模式参与全球价值链分工，大批港资制造业企业北上，利用广东早期的劳动和土地资源优势与香港的资金和国际营商网络相结合，通过"三来一补"的加工贸易模式进行生产，包括来料加工、来样加工、来件装配和补偿贸易，促进了两地经济的发展。截至 2015 年，广东省港资企业共 5.32 万户，注册资本金总计达 2172.56 亿美元，分别占全省外商投资企业总量的 48.63% 和 55.74%。其中珠三角地区港资企业 4.72 万户，注册资本金 1932.60 亿美元，分别占全省港资企业总量的 88.72% 和 88.95%。

根据中国内地市场的开放程度和国际经济形势的变化，可以将改革开放后，广东与香港的经济关系以及港资制造业的发展脉络分为纵向的以时间为主轴和横向的以空间和分工变化为主轴的发展过程。

（一）纵向发展过程

1. 初步探索阶段：1978~2003 年

20 世纪 70 年代末，改革开放使香港成为联结内地与国际市场的桥梁。香港具备信息、资金、渠道、管理的要素禀赋的比较优势，但繁荣的服务业与狭窄的发展空间使香港制造业的劳动力和厂房土地等生产要素价格高企，处于国际分工比较劣势。在粤港合作中香港利用国际贸易窗口承接海外订单进行产品设计开发、市场推广和对外销售，扮演

"店"的角色。广东珠江三角洲地区则利用土地、自然资源和劳动力的低成本以及政府优惠政策的要素禀赋的比较优势,进行产品的加工、制造和装配,扮演"厂"的角色。香港在前,珠江三角洲在后,因而被形象地称为"前店后厂"。此阶段的港资企业基本沿用这种模式,根据廖柏伟、王于渐①的研究,从生产成本的角度来看,1990年中国内地的广州、深圳、东莞的制造业工资、租金与香港相比,前者只占香港的15%~21%,按1990年香港制造商在华南地区雇用400万工人计算,每一年仅仅工资一项就节省2000亿~2500亿港元。因此,劳动力和土地供应充足以及价格低廉正是当时珠江三角洲的优势所在,也是吸引港商的最重要的前提条件。在此阶段港资企业的发展模式是成本驱动型。

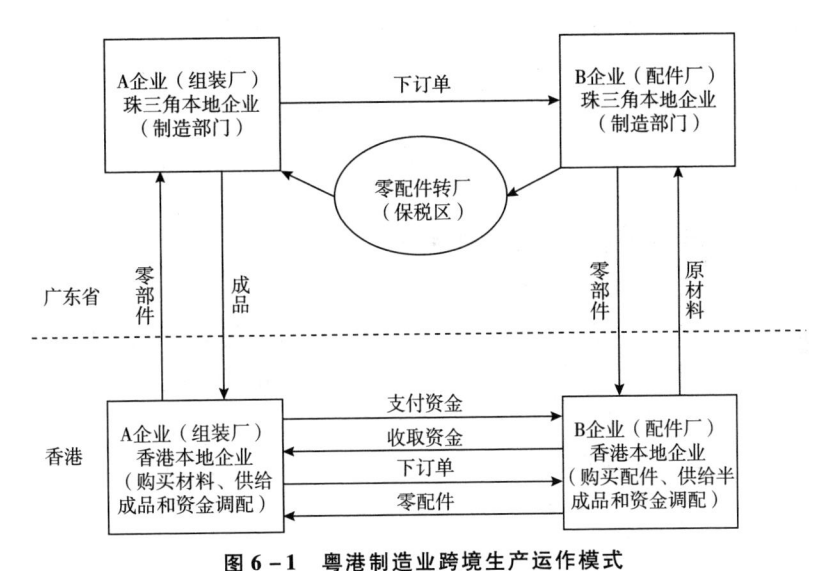

图6-1 粤港制造业跨境生产运作模式

资料来源:丸屋丰二郎《中国华南产业集约和亚洲国际分工的重构》。

"前店后厂"模式与"产业转移"模式不同,"前店后厂"分工协作模式是全球价值链分工从香港向内地的延伸,香港劳动密集型制造业并没有整体向内地转移,而只是将其产业链中的生产环节转移至邻近的

---

① 廖柏伟、王于渐:《中小企业及香港的经济发展》(研究报告),1992。

珠三角地区，香港的总部则继续保持其对生产、营销、设计的控制。香港处于价值链的核心，而内地是以加工贸易为主的产业合作模式，处于价值链的低端。港资企业大多采用OEM（贴牌生产）的生产方式，再加上民间合作的自发性和分散性，难以形成较高层次的分工合作。而且该模式未与香港市场经济体制转变接轨，延长了劳动密集型产业的生命周期，也阻碍了香港产业升级，限制了两地合作往更高层次的发展。这种模式是自发的自然的、粗放式的经营，属于一种落后的互补性合作，是一种简单的、低层次的生产资源的组合。

1987年，国务院出台鼓励"大进大出、两头在外"的政策和措施。加快吸引港资制造业企业进驻，进料加工在广东省快速发展，出现与来料加工均衡发展的新局面。通过发展进料加工，广东省大力吸收外资，积极引进技术、管理经验和先进设备，轻工、纺织、电子、机械、家电、食品和建材等行业得到整体改造，促进了产业结构不断优化。香港厂商在珠三角地区的经营活动，基本是围绕电子业、纺织业等传统产业展开，珠三角外资企业建立起以港商为主体，较完整、出口型的产业价值链体系。

2. 成熟发展阶段：2003~2008年

2003年6月CEPA的签署标志港澳与中国内地的经济合作迈向了制度性整合和建立统一和开放的商品和要素市场的新阶段（陈广汉，2006）。从合作的模式看，改革开放以来内地与港澳之间的经贸合作主要是一种功能性的整合，功能性整合是指某一区域内各经济领域中阻碍经贸活动因素的消除和经济的融合，它主要是自发的市场力量推动和引导的结果，反映了区域内经济发展的内在要求，具有不稳定性。制度性整合则是指通过区域内各成员建立的经济和贸易协议，并由特定的组织机构加以指导和按照明确的制度安排进行整合的一体化过程，它反映了功能性整合的要求并将其制度化和法制化，使功能性整合的成果得到巩固并不断提高。CEPA的签署标志着内地与港澳地区的经贸关系迈向制度性整合与功能性整合相结合，以制度性整合巩固和推进功能性整合的新阶段。随着制度性障碍进一步解除，港资企业投资广东的步伐加快，2003年港澳台商投资广东规模以上工业企业单位数明显增加，同比增速达26.0%，达到历史最快增速。

内地市场的全面开放以及珠三角工业基础的不断发展，促进粤港两地融合，CEPA及其补充协议的签署更加推进了粤港市场开放，促进了商品、服务和投资便利化。传统的"两头在外"①的合作模式正在逐渐发生变化，珠三角的许多港资企业一方面开始在国内采购原材料，另一方面也在不断开拓国内市场，港资制造业企业市场的导向从完全"出口"转向开始关注"内销"，从面向国外到内外并重。

3. 加快转型升级阶段：2008年金融危机至今

随着生产和贸易全球化的不断深入以及中国内地实行全方位多层次开放，珠三角地区以轻工业为特征的加工贸易产业结构面临着调整和升级压力。再者，随着美日欧市场保护主义逐步抬头，发达国家采用各种政策壁垒对中国产品出口进行打压，收取高额反倾销税，此举对于以加工贸易企业为主的港资制造业企业生存犹如雪上加霜。2008年金融危机使原本尚能经营的港资企业面临更加严峻的考验，国际经济形势急剧恶化，出口订单减少，加之国内生产成本依旧持续上升，大批港资制造业企业转移产地甚至破产退出市场。从时间的维度上看，2008年以前港澳台资企业投资内地的企业数都是不断增加的，2008年金融危机以后，港澳台资企业投资内地企业数不断下降，2010年降幅最大，达26.4%。港资制造业企业通过转型升级求生存的要求愈加迫切。

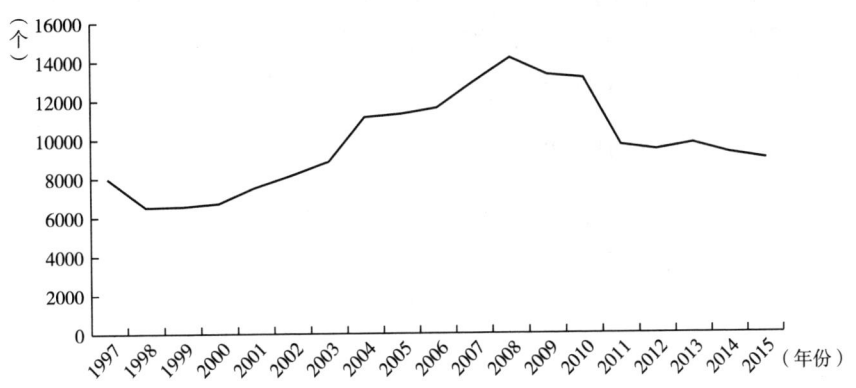

图6-2　1997~2015年港、澳、台商投资广东规模以上工业企业单位数

资料来源：《广东统计年鉴》(1998~2016年)。

---

① "两头在外"，即投入的原材料来自境外、产出的产品销售面向国际市场。

在国际经济持续低迷，国内经济发展亟须寻找新增长极的大背景下，2015年广东自由贸易区建立为粤港两地经济合作发展带来新的契机，如果说CEPA的实施使香港与内地的经济合作从功能性整合为主导的经贸合作向功能性整合与制度性整合相结合方向发展，那么自贸区的设立则确立了内地与香港制度性整合为主导，以制度性整合推动功能性整合的经济合作模式。自贸区最大的特点就是通过制度创新减少粤港澳地区之间以及国际经贸往来的制度性障碍。从制度经济学的角度看，香港与内地经贸往来的交易费用通过自贸区的平台大大降低，加强了粤港两地资金、货物流通和人才的往来，促进了粤港两地现代服务业、现代物流业和高新技术产业的合作发展。广东自贸区创新采用了负面清单的管理模式，相比"正面清单"，"负面清单"更加符合世界发展的潮流，更有利于改善投资环境和吸引外资，对金融和外汇管理方面的监管要求也相对下降，为企业对外投资打开了更加便捷的通道。

广东自贸区实行更优惠的政策，更宽松的监管环境，有利于企业参与境外投资、贸易、资产配置等业务，也有利于吸引国外资金进入自贸区以及助力转口贸易等业务的发展，自贸区的设立将大大促进粤港经济贸易自由化、投资便利化发展，从而迅速吸引大批企业进驻。截至2016年6月底，广东自贸试验区新入驻港资企业3470家，约占同期全省累计入驻港资企业数的55%；合同利用港资3131亿元人民币，约占全省同期总数的62%。广东自贸区已成为粤港两地企业从"引进来"到"走出去"，参与国际产能合作的重要平台。

(二) 横向发展过程

1. 空间布局集聚珠三角并向广东省其他城市甚至国外转移

据《广东统计年鉴2015》数据，87%港资企业与资金聚集在珠三角地区。根据克鲁格曼（Krugman，1991）的新经济地理学和新贸易理论，珠三角地区人口的集聚导致多样化需求，促进了企业多样化生产，实现规模经济，促进产业集聚，而产业集聚又加大社会多样化需求，循环往复，导致产业集聚效应越来越大，并形成对周边经济的辐射效应。而广东的发展就是在应对香港的国际化需求下采用"前店后厂"模式，实现在珠三角区域产业集聚。而1980年代国内消费能力的薄弱和香港企业生产成本升高，促使香港对广东的经贸来往更多是 FDI 模式而不是直接对广东出口商品，而运输成本的差异导致港资企业集聚于珠三角靠近香港的地区，可以充分利用"经验曲线"的效应，即在参与国际分工过程中，充分利用毗邻的地理位置、相似文化背景的人员和组织的经验，避免在陌生环境中开设新生产耗费多余的"学费"；而且集中布点有利于协调生产经营活动，方便沟通、达成共识，形成"友邻效应"，最大限度利用特定地点的比较优势，降低价值链的成本，提高价值链的竞争能力。

表 6 – 1　港澳台资工业企业在广东省分布

单位：家

年　份	2004	2005	2006	2007	2008	2010
珠三角 9 城市	7487	7127	10228	10228	10594	11546
广东其余 12 城市	1062	1175	1279	1367	1522	1605

资料来源：《广东统计年鉴》（2005～2011 年）。

与此同时，广东省除珠三角外其他地区人力和土地成本相对较低，部分港资企业将生产地迁往珠三角周边欠发达地区，港资企业空间布局从珠三角向周围扩散。2008 年金融危机以后，欧美发达国家纷纷推进再工业化，出台各类优惠政策引导高端制造领域向发达国家"逆转移"。据美国波士顿咨询集团（BCG）发布的《全球制造业的经济大挪移》报告，以美国为基准 100，中国制造业指数已达 96，制造业成本已与美国相差不大。同时越南、印尼、泰国等一些东南亚国家依靠资源、劳动力等比较优势，以更低的成本承接劳动密集型制造业的转移。从工资成本看，广东省的成本明显低于美日等发达国家，但高出越南、泰国等国家。据香港工业总会 2015 年出版的《珠三角制造：香港未来工业出路》的报告，2008 年前的港制造业产业通常是迁移至广东省、内地其他地方；2010 年后的产业更多转移至东南亚国家，甚至回流香港地区，显示了珠三角制造业营商环境在 2010 年更趋严峻。转移的主要产业是劳动密集型产业。成衣、纺织和玩具是主要的转移产业，这与珠三角的劳动力短缺有着直接关系。劳工短缺已成为港资企业内地制造的关键制约性因素。转移形式最主要的是部分转移，说明了厂商仍以珠三角作为主要生产基地。一方面是因为珠三角工厂与香港总部的互动关系,另一方面也因为珠三角制造体系的配套性优于东南亚国家,香港厂商利用珠三角工厂支持和调度其设在其他国家的分厂运营。

2. 生产模式从原来港方主导到粤港日趋平等

随着粤港之间经济差距的不断缩小,双方的经济互补成分有所降低,传统的合作方式被打破,粤港合作呈现从港方主导到平等合作的新格局,经济的融合程度进一步加深,粤港两方各自显示自身在价值链不同环节的比较优势。2010 年中山大学港澳珠三角研究中心对广东省港澳资企业的调研显示,广东主导优势比较突出的是生产运作(23%)、专业服务(20%)、研究及开发(16%)、物流(16%);而香港主导的比较优势在于销售及市场推广(34%)、原料采购(22%)、研究及开发(21%)、物流(16%)等环节。可见从价值链上的六个环节来看,粤港两地在分工主导方面各有优劣,广东在生产、物流、研发方面已经接近或者超过香港,香港在专业服务上的数据远低于广东也许与 CEPA 签署后香港服务业内迁有关,粤港两地的价值链分工从原来的香港主导逐步演变为平等合作,各有所长。

表 6 - 2　价值链上各经营活动环节在粤港地区的分工

单位: %

项　目	港主导	各分工项目在各自主导体系中占比	粤主导	各分工项目在各自主导体系中占比
研究及开发	51	21	165	16
销售及市场推广	82	34	121	12
原料采购	54	22	138	13
物流	38	16	160	16
生产运作	5	2	233	23
专业服务	14	6	208	20
合　计	244	100	1025	100

资料来源:中山大学港澳珠三角研究中心,"广东省港澳资企业调查数据库(2010)"。

(三)小结

本节分别以纵向的时间轴和横向的空间分布变化作为分析脉络对港

资制造业在广东的发展历程做了详细分析,体现了广东港资制造业企业从前店后厂的初步探索到成熟发展再到转型升级的变化过程,以及在此期间空间分布和行业构成进行的演变,展现了港资制造业企业发展与粤港之间经贸合作的紧密联系,为进一步分析港资制造业企业在现阶段形势下的发展和转型升级路径做铺垫。

三 广东港资制造业企业发展现状与挑战

从改革开放至今,港资制造业企业在广东的发展将近40年,为粤港两地经济发展做出了重要贡献。随着国际经济形势的变化以及国内发展战略的改变,港资制造业企业与内地制造业企业同样都需要进行转型升级。2012年国务院对中国产业发展的转型升级调查研究指出,影响企业转型升级成效的主要因素包括对研发的投入、商标和品牌的建设、人力资源的培养、先进管理技术的应用和管理能力的提升等几个方面。中国企业联合会推出的2010年中国制造业企业500强的分析数据显示,我国制造业企业存在劳动生产率偏低、研发投入不足、"大企业病"、工资推动成本上升等问题。本节通过2015年香港工业总会对珠三角港资企业进行详细调研分析,并结合广东省统计局和商务厅数据,深入了解港资企业转型升级所处现状,从而探求企业转型升级的有效机制。

(一) 传统出口市场低迷,内销市场兴起

2008年金融危机虽已过去,但世界经济受到其冲击的后续影响严重,经济状况持续低迷(见图6-3),国际消费市场疲软,加工贸易出口额不断下滑,2013~2015年,广东外商投资企业进出口额持续下滑,而作为外商投资重要成员的港资企业首当其冲,在粤港资制造业在国际市场运营方面面临严峻挑战(见图6-4)。

相比之下,国内供给侧改革与电子商务的蓬勃发展促进了国内消费市场的振兴,部分港资企业从出口转内销,以实现企业的生存和发展。据香港工业总会对珠三角企业的调研,近半数港资制造业企业选择加强内销,但亦有29.6%的企业表示不会考虑内销,原因是缺乏内销团队、不了解内地文化、难收货款、国内侵权行为严重、海关手续繁复、税费

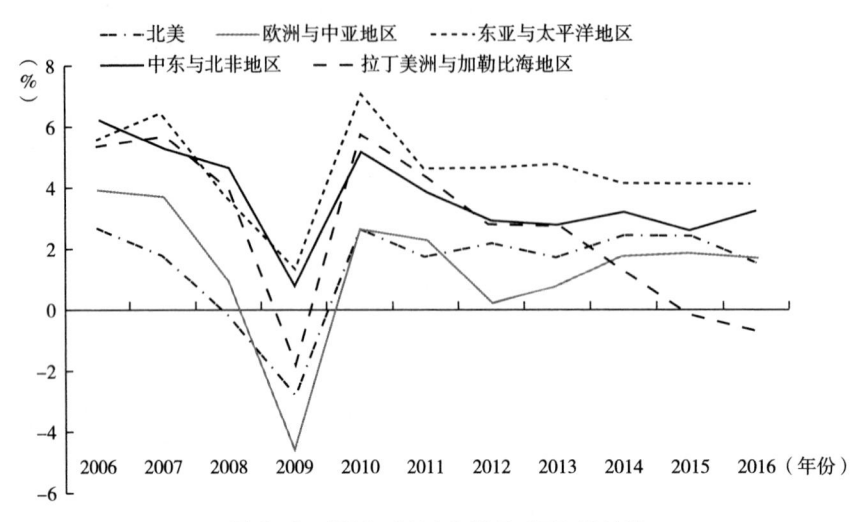

图 6-3　2006~2016 年世界 GDP 增长率

资料来源：世界银行数据。

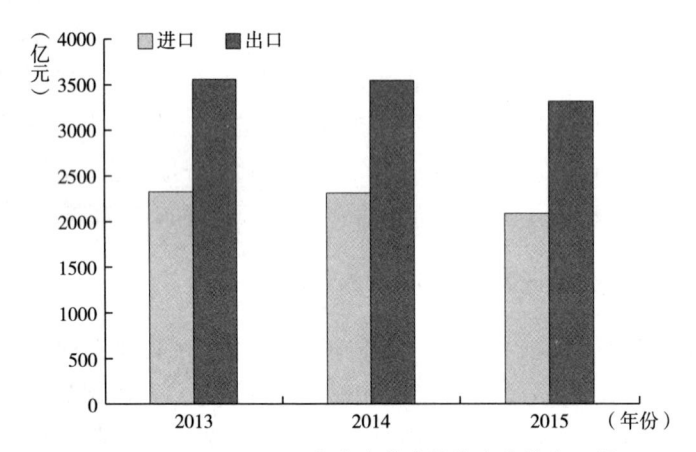

图 6-4　2013~2015 年广东外商投资企业进出口额

资料来源：《广东统计年鉴》(2014~2015 年)。

过重等。部分东莞港资企业表示企业属于"三来一补"性质，厂商仅加工半成品、没有制成品，不会考虑内销。这导致了东莞厂商的较低内销倾向。相对地，三资企业，生产终端产品以及位于广州、深圳的厂商，内销意愿较为强烈。若能给予港资制造业企业更多便利，港资制造业企业内销的空间非常大。

（二）港澳台资企业内地经营普遍出现困难

2008年以来，人民币升值、内地最低工资持续上调，新劳动合同法的实施以及劳工短缺等因素，导致珠三角港商的经营成本不断上升。经香港工业总会调研，只有不到5%香港厂商表示总经营成本出现下降，96.6%的受访企业表示劳工成本上升，逾1/3厂商表示劳工成本上涨了21%~40%。约42.7%企业表示土地和租赁成本不变，这是因为有关厂商早年在珠三角购地建厂，只要保持既有厂区规模不变，就会较少受到土地和租赁成本上涨的影响。信贷成本的升幅较小，近六成受访厂商表示信贷成本不变和减少。这与香港厂商较多从香港金融体系获取周转资金有关，出口导向模式也减少企业对内地金融资源的依赖。

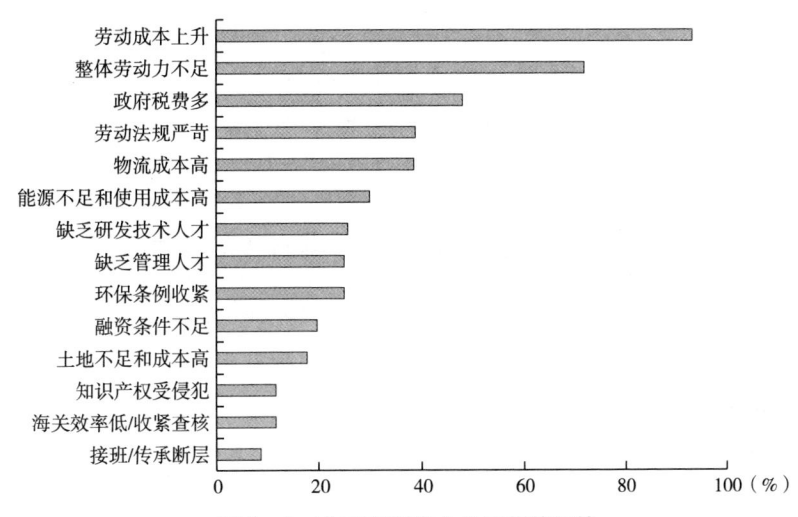

图6-5　珠三角港资企业面临的困境

说明：受访企业可选择多个措施。

资料来源：2015年香港工业总会《珠三角制造：香港工业未来的出路》研究报告。

生产要素成本的上升对港资制造业企业的发展造成严重困难。据香港工业总会对自2008年金融危机以来港资在珠三角制造企业的调研数据，港资制造业企业数量从2001年高峰期大幅下滑，在2013年底仍然存活的香港企业约为32000家，其中以中小企业为主，年销售额在

5000万港元以下的占比超过50%。港澳台商独资规模以上工业企业[①]，自2001年以来持续经营的单位数一直处于下滑趋势，截至2015年在粤规模以上港澳台资工业企业数仅有625家，相比最高峰的2188家，缩减了1563家。据广东省商务厅统计，2015年1~8月，广东累计关停搬迁港资企业651家，占全省关停搬迁企业总数的66.43%，可见，港资企业在内地发展面临严峻挑战。

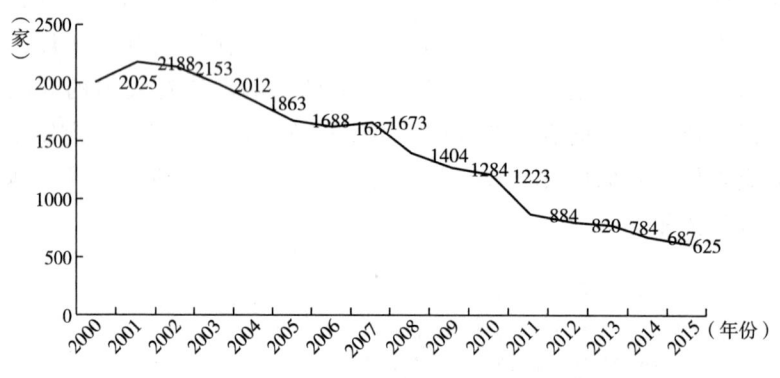

图6-6 港澳台商独资规模以上工业企业

资料来源：国家统计局。

（三）港资制造业加快产业结构调整和转型升级

珠三角的香港厂商以中小企业为主，年销售额在5000万港元以下者占比逾50%。香港厂商在珠三角的产业结构具有多元化特点，以电子产品业，传统产业如纺织、成衣、玩具业，以及配套型产业如金属制造、塑料、模具、纸品印刷业为三大主轴。这些行业市场竞争比较完全，进入市场壁垒较低，既不需要太高的固定资产投资，又不需要太复杂的尖端技术。竞争优势来源于内地生产要素的低成本和香港的资金以及服务营销渠道。这些香港产业凭借上述优势在珠三角地区建立较完整的、出口型的产业价值链体系。

随着国际环境和国内条件都发生重大变化，广东加工贸易企业承接国际产业转移受到来自发达国家和广东地区的"双向挤压"，国内

---

① 目前在我国，规模以上工业企业是指年主营业务收入在2000万元以上的工业企业。

劳动力、土地、资源等生产要素成本持续上升，环境承载能力已达到或接近上限，低成本制造的传统优势明显弱化。因此，加工贸易发展已经进入一个由量变到质变的新阶段，转型升级成为不以人们意志为转移的必然趋势。

表6-3 2014年珠三角地区港资企业主要行业构成

序号	行　业	家数
1	橡胶和塑料制品业	1591
2	计算机、通信和其他电子制造业	1506
3	纺织服装、服饰业	1500
4	金属制造业	1413
5	电气机械和器材制造业	1062

资料来源：国家外汇管理局。

制造业企业的升级最终还是要体现在产品附加值的上升上，加工贸易增加值率衡量加工贸易制造业企业产品的附加值占进口额比重，加工贸易增加值率越大，附加值就越高。因此可通过加工贸易增加值率来分析以加工贸易为主要经营方式的广东港资制造业企业升级的现状。本文参考粤港加工贸易合作的主要商品［包括纺织服装、计算机及零配件、家电（除电视音视频重播设备外）、汽车、化工医药制品］的增加值率变动来衡量广东港资企业升级的情况。加工贸易增加值率越高，附加值越大。

$$加工贸易增加值率 = \frac{加工贸易出口值 - 加工贸易进口值}{加工贸易进口值} \times 100\%$$

港资大部分劳动密集型的传统加工贸易制造业产业，选择用高新技术改造传统产业的方式来推动该地区大量劳动密集型产业的升级和战略调整，使得这些领域的大量中小企业的生产设备和产品技术以及服务水平得到大力提高，符合粤港在全球产业分工中的比较优势。粤港企业通过与国内外企业合作共同开发新技术或者向技术先进企业购买技术成果等方式，学习新型管理方式和技术，实现自身产业创新。比如银辉玩具制品有限公司积极与加拿大的斯平玛斯特合作共同开发新玩具，敏华控股积极与内地电商合作扩展销售网络等。2012年以来，广东对香港主

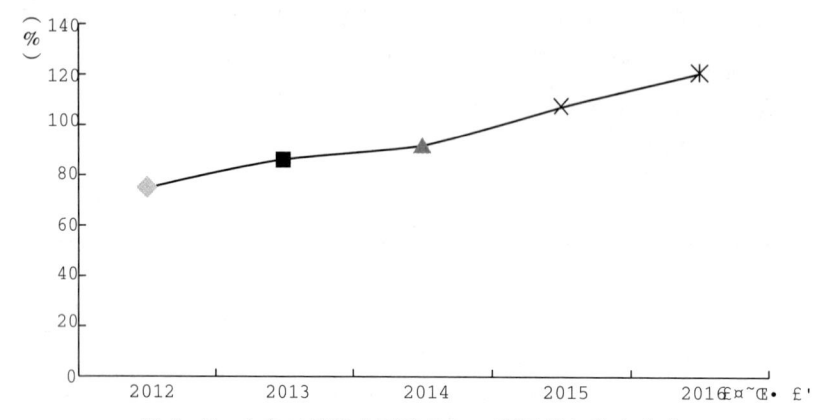

图 6-7　广东对香港主要商品加工贸易增加值率变动

资料来源：广东省商务厅提供的数据。

要商品加工贸易增加值率明显上升，如图 6-7 所示，粤港加工贸易增加值率从 2012 年开始保持在 75% 以上，呈上升趋势，2016 年增加值率相比于 2012 年增加约 45 个百分点，体现了相当一部分加工贸易企业摆脱了处于价值链低端的地位，逐步向着高附加值的价值链高端转型升级。

（四）香港资本依然看好广东市场

在国际经济形势持续低迷的情形下，广东积极发展现代服务业和高新技术产业。2016 年，广东经济运行总体平稳，全年实现地区生产总值 79512.05 亿元，同比增长 7.5%，社会人均消费指数持续增长，消费潜力巨大（见图 6-8）。随着自由贸易区的设立和粤港澳大湾区战略的实施，广东经济未来面临着巨大的发展前景，虽然生产成本不断上升，但香港投资者对广东的投资依然有增无减。

据广东省工商局统计，2016 年广东接受香港合同外资达 7366.5 亿美元，创出历史新高，而实际利用香港外资额为 1741.9 亿美元，投资项目数达到 5365 个，其中珠三角 9 市实际利用香港外资额达 1680.0 亿美元，占全省实际利用港资 96.4%，投资项目达 5161 个，占全省 96.1%，说明香港资金仍然看好内地庞大的市场，积极参与内地投资。

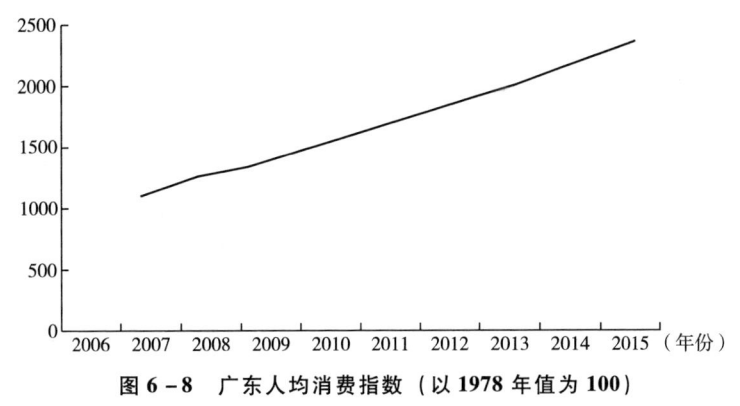

图 6-8　广东人均消费指数（以 1978 年值为 100）

资料来源：《广东统计年鉴 2015》。

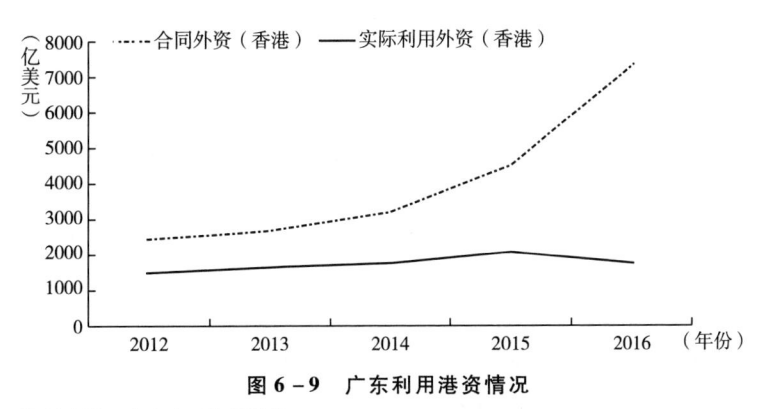

图 6-9　广东利用港资情况

资料来源：广东省商务厅提供。

（五）影响港资制造业企业发展的因素研究

本节主要探讨各因素对于港资制造业企业发展的影响，其中生产要素成本包括劳动力成本、政府税费、融资成本、土地成本等等，通过本节研究对以上对港资企业影响因素的定性分析进行验证，并对各因素对港资制造业企业发展的影响程度进行分析，本节研究分为理论研究和实证分析两部分。

1. 理论研究

从成本上升对港资制造业企业的发展的影响进行考察，以要素禀赋理论模型为例，对比较优势在港资制造业企业垂直专业化分工与贸

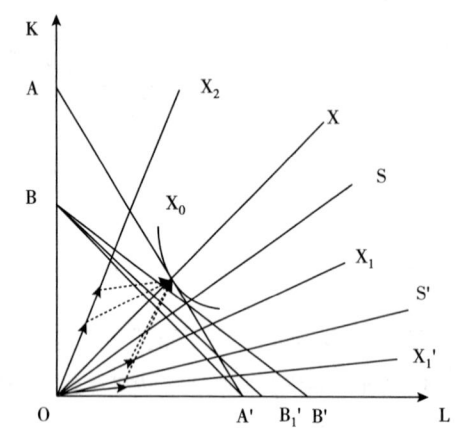

图 6-10　垂直分工合作模型示意

资料来源：根据要素禀赋理论绘制。

易中的作用加以分析。笔者对胡昭玲（2006）所绘的垂直分工示意图进行改进，如图 6-10 所示，考虑建立一个 2×2×1 模型，即 2 个地区——A 地区、B 地区，2 种要素——资本（K）、劳动（L），1 种产品——X。AA′与 BB′分别表示 A、B 两地区价值相同的两条等成本线，X_0 是 X 产品的单位价值等产量线，OX 为 X 的生产扩张线。AA′与 BB′斜率的差异反映出 A、B 两地区要素比价的差异，A 地区为资本相对丰裕的国家，B 地区为劳动相对丰裕的国家。通过 AA′与 BB′交点的射线 OS 具有国际分工临界线的经济含义，生产扩张线斜率大于 OS 斜率的产品，应当由资本丰裕的 A 地区进行专业化生产并出口；生产扩张线斜率小于 OS 斜率的产品，应当由劳动丰裕的 B 地区进行专业化生产并出口。假定产品的生产过程不是单一的，而是可以拆分为几个要素密集度不同的阶段。以 X 产品为例，假定 X 的生产包含 X_1 与 X_2 两个阶段。两个阶段的要素投入比例分别由生产扩张线 OX_1、OX_2 表示，OX_2 的斜率大于 OS 的斜率，即相对而言，X_2 阶段资本投入比较密集，而 OX_1 斜率小于 OS 的斜率，表明 X_1 阶段劳动投入比较密集。X 产品的总要素密集度为 X_1、X_2 两个生产阶段要素密集度的加权平均，X 生产扩张线上单位价值产品的实际生产点，可以利用对 X_1、X_2 两个阶段矢量加总的原理来确定。假定在 X 的两个生产阶段中，劳动投入比较密集的 X_1 阶段的生产扩张线 OX_1 位于国际分工临界线 OS 以下，这就意味着 X_1 阶段转移到 B 国生产符合比较利益原理,可以带来成本的节约。可见,在引入国际垂直专业化分工的模型中,国际分工与贸易仍然可以建立在比较优势的基础上,但这种比较优势不再限于产品层面,而是深入生产工序层面,国际分工由产品间扩展到产品内部。

随着劳动成本逐渐上升,B′向 B′₁ 转移,BB′₁ 斜率不断增大,OS 斜率减少至 OS′,OX₁ 下降至 OX′₁,表明维持相同生产产品投入的劳动投入减少,资本投入增加,当劳动成本增加至与资本成本相同时,OS 斜率为 0,分工无法继续。随着广东经济迅速发展,粤港两地经济差距缩小,生产要素成本上升,原有的成本优势丧失,原来的粤港比较优势格局发生变化,原有分工模式无法继续,港资制造业企业需重新整合资源,深化合作机制,转变原来的分工模式,加快转型升级,以适应新时期、新形势发展的需要,实现自身可持续发展。

2. 实证分析

本部分是在本节定性分析的基础上对影响港资制造业企业发展的主要因素进行实证分析,探讨各因素对港资制造业企业发展的影响,将影响港资制造业企业在广东发展的指标以港澳台资工业产值(V_Industry)和工业企业数(N_Company)作为因变量,自变量选取各城市年平均工业用地价格(P_land)、年平均工资(Wage)、政府税费(Tax)、实际利用外资额(K)等,通过回归分析考察这些因素对于企业发展的影响。

表 6 - 4　变量说明

变量名	意　义
V_Industry	当年规模以上港澳台资企业工业总产值
N_Company	当年规模以上港澳台资工业企业数
P_land	当年工业用地供应土地起始楼面价
Wage	当年职工平均工资
Tax	当年应交增值税
K	当年实际利用外资额

3. 数据来源

以 2008 年金融危机作为分界点,数据来自 2008~2015 年《广东省统计年鉴》、《中国房地产统计年鉴》、《中国城市统计年鉴》以及 Wind

数据库、珠三角及周边 12 个主要城市的港澳台资企业发展数据。

4. 模型的构建

研究港资制造业企业发展的影响因素采用面板数据模型。在进行计量分析时，采用它们的对数形式来考察。因为采用它们的对数形式可以消除可能存在的异方差。对以上五个指标进行自然对数处理，分别记为 lnV_ industry、lnN_ company、lnP_ land、lnWage、lnK。分别对其建立模型，主要采用 OLS 和固定效应模型估计方法展开研究。

$$\ln V\_industry_{it} = \alpha_0 + \beta_1 \ln P\_land_{it} + \beta_2 \ln K_{it} \\ + \beta_3 \ln Wage_{it} + \beta_4 \ln Tax_{it} + \delta_i + \varepsilon_{it} \quad (1)$$

$$\ln N\_company_{it} = \alpha_0 + \beta_1 \ln P\_land_{it} + \beta_2 \ln K_{it} \\ + \beta_3 \ln Wage_{it} + \beta_4 \ln Tax_{it} + \delta_i + \varepsilon_{it} \quad (2)$$

其中 δ_i 代表个体效应，ε_{it} 代表随机扰动项。

5. 计算结果分析

模型（1）和（2）主要关注影响港资制造业企业发展的因素。通过 Hausman 检验，采用固定效应模型相对于混合回归和随机效应模型更优，得出如下数据结果。

表 6－5　实证结果

变 量	FE $\ln V\_industry_{it}$	FE $\ln N\_company_{it}$
$\ln P\_land_{it}$	0.0068 (0.11)	0.0539 (0.95)
$\ln K_{it}$	0.1263*** (2.16)	－0.0055 (0.11)
$\ln Wage_{it}$	－0.2198*** (2.21)	－0.4786*** (5.36)
$\ln Tax_{it}$	－0.3548*** (4.56)	－0.0254 (0.36)
常数项	7.3468	11.3365
F 检验	34.63	21.48
R^2	0.8036	0.6823

说明：系数下方括号内的值是 t 检验值，越大表示越显著，*** 表示在 1% 水平上显著，** 表示在 5% 水平上显著，* 表示在 10% 水平上显著。

从因变量是港澳台资企业数的模型上看，工业用地价格变化对企业数量影响并不显著，工资收入对港澳台资制造业企业数量的影响显著为负，其系数值-0.4786，显示年工资收入对港澳台资制造业企业发展有较大影响，符合调研结果中劳动成本上升是港澳台资制造业企业经营困难的首要因素的论断。政府税收的变化也会对澳台港资企业发展产生负面效应，年外商投资额对港澳台资企业数量的影响不大。

从因变量是港澳台资工业总产值的模型上看，工业用地价格同样对工业总产值影响不大，工资收入、增值税费对工业总产值影响较大，实际利用外资额对工业总产值是正向影响，说明外资投入的增大对制造业影响是正面的，从而验证了本节对港资企业面临问题的推断。

6. 结论

综合以上调研、理论、实证分析，得出如下结论。

（1）劳动成本是生产要素中导致港资制造业企业经营困难的首要原因

广东人均工资收入的迅速上升，劳动合同法的实施，最低工资的设立确实对企业的经营带来很大困难，张五常教授就极力反对新劳动合同法的实施，指出该法律会加快提高地区劳动要素成本，破坏县域经济的竞争局面，在后金融危机时代，要让本已经营困难的港资企业渡过难关，控制劳动成本是一个很重要的问题。

（2）工业用地价格的变化对港资制造业企业发展影响不大

年平均工业用地价格变化对于港资制造业企业的影响为正但不显著，正好印证了香港工业总会调研报告的分析，由于港资制造业企业早期在广东买地设厂，广东土地价格上涨对企业发展不会产生不良影响，反而有可能使企业固定资产价值上升，为企业的融资发展提供便利。

（3）港商对广东的投资对港资制造业企业发展有利

港资制造业企业最大的便利之一就是能够较容易获取来自香港的资金支持，作为国际金融中心的香港为港资制造业企业在内地的发展提供重要的融资便利，由于广东经济未来发展前景看好，以及粤港澳大湾区的布局积极进行，大量来自香港的资金仍选择广东作为投资首选地。

（4）政府税费是港资制造业企业发展的重要成本

内地与香港不同，没有香港扁平的低税率，港资制造业在内地的发展要按照内地的要求缴纳增值税，虽然广东省政府有出口退税的招商引资政策，但年平均出口退税率从 20 世纪 90 年代起一直处于下降趋势，1994 年初平均出口退税率为 16.3%，而到了 2006 年末，这一数据仅为 12%。起初的出口退税率下调主要是针对高污染、高能耗的产品；2006 年 9 月的调整范围较广，共涉及 1500 多种商品；2007 年 7 月 1 日我国政府再度大幅调整了出口退税率，一方面取消了濒危动植物制品、皮革制品、部分有色金属以及部分木制品等 553 种出口商品退税；另一方面对纸制品、塑料制品、陶瓷、服装以及家具等 2268 种出口商品的退税率进行了下调，其中附加值低的玻璃及其制品、塑料及其制品、橡胶等出口退税率的下调幅度达 8 个百分点。出口退税率的下调无疑使已经进入微利时代的加工贸易企业成本再次升高，从而面临更为艰难的经营环境。

（六）小结

国内生产要素成本上升以及全球市场的低迷，使得港资企业在广东的生存和发展面临严峻挑战，部分港资企业由于未能跟上经济形势的变化，只好转移产地甚至破产退出，因此港资制造业企业转型升级非常迫切。珠三角地区仍然具有巨大的消费市场和商业价值，仍然不断吸引新的香港资金进入投资。而粤港加工贸易增加值率提高得非常迅速，显示港资企业在转型过程中取得的进展。通过理论和实证分析，结合香港工业总会调研数据，课题组发现劳动成本是影响港资制造业企业发展的最大因素，政府加工贸易政策的调整导致税费升高也是重要因素，而地价上升不会对港资制造业企业发展造成影响，原因是港资制造业企业早在土地成本较低时就已经在珠三角买下地块，实际利用外资的增大对港资制造业企业的发展是有利因素。

四 港资制造业企业转型升级路径

转型升级本质上是企业创新行为。著名经济学家熊彼特（Schumpeter）在其著作《经济周期》中提到创新就是"在经济生活的范围内以不一样的方式做事"，并在《经济发展理论》中提到企业的五种创新模式，包括采用一种新的产品、采用一种新的生产方法、开辟新的市场、获得原材料或者半成品的新供应来源、实现任何一种工业新组织，因此制造业转型升级有多种实现方式，本部分通过结合经济理论和港资企业发展对港资制造业企业转型升级路径进行分析。

（一）通过生产自动化升级

根据要素禀赋理论，在生产成本不断上升过程中，原本资本劳动分工模式发生变化。随着人力成本的升高，资本价格相对下降，资本替代人力的策略将会出现，根据异质性企业理论，企业生产效率越高，抵御生产要素成本上升的能力越强。自20世纪80年代以来，广东省承接了香港地区、台湾地区和发达国家及地区电子设备等制造业的产业转移，建立起外向型的产业加工和制造基地，进入"世界工厂"的高速发展阶段，要素比较优势使得劳动密集型产业高速发展，形成轻型、外向型产业结构，资本有机构成也保持着较低水平。而近年来，随着劳动力和其他要素成本的不断上涨，港资制造业发展遇到瓶颈，倒逼许多港资加工贸易制造企业转型升级，以先进设备逐渐替代人工，资本有机构成呈现上升态势。厂商通过增加投资设备，采取"机器换人"的方式促进生产率提升，逐渐从劳工密集向资本密集模式转型升级，尤其是增加采购内地设备，与内地装备制造体系的互动合作趋于紧密。

（二）通过管理创新实现升级

转型升级是创新的实现形式，熊彼特认为，创新就是要"建立一种新的生产函数"，即"生产要素的重新组合"，就是要把一种从来没有的关于生产要素和生产条件的"新组合"引进生产体系中，以实现对生产要素或生产条件的"新组合"。根据 Hargrave 和 Van de Ven（2006）、Van de Ven 和 Poole（1995）等学者的观点，管理创新强调在已有组织中引进一种新的事物，其在本质上就是一种特定形式的组织变革。因此，从广义上看，管理创新可以被界定为组织管理活动随着时间推移在形式、特征或者状态上的改变，这种改变是新的或者是对于过去的一种全新的变革。现今管理创新的方式主要采用新型的组织管理模式、生产管理方式整合企业资源，提升生产效率，包括采用新型人力资源管理方式平衡计分卡，加强质量监控的全面质量管理，促进企业管理扁平化改革的事业编制模式等。

表 6-6 典型的管理创新概念及本质特征

例 子	概 念	本质特征
现代研究实验室	一种管理技术创新流程的新架构，目的在于促进技术和产品创新	新的架构
事业部制模式	企业面对复杂的多产品和多市场的情形所采用的一种新的组织形式	新的组织结构
全面质量管理	以减少质量缺陷，提升客户满意度为目的的一组新的流程和实践	新的流程和实践
现代装配线	以提升生产效率，降低成本为目的的一组新的实践和流程	新的实践和流程
平衡计分卡	为了做出更加明智的决策，整合不同类型信息的一组新的技术和实践	新的技术和实践

（三）自主品牌和自主研发升级

亚当·斯密认为经济的增长源于分工，比较优势的不同决定企业在商品价值形成过程中分工生产的地位，著名战略学家迈克尔·波特（Michael E. Porter, 1985）提出"价值链"的概念，认为商品的价值是在研发、生产、销售、回收等环节形成的，当原本分布于一国之内的产品价值形成环节跨越国家或地区时就形成了全球价值链（Gereffi, 1994）。价值链理论认为在国际分工体系中，比较优势与要素禀赋已渗透生产的不同环节，国际分工不仅停留在不同产品之间或产业之间，而且进入产品制造工艺过程内部或产业内部。行业的垄断优势来自该行业的某些特定环节的垄断优势，这些特定环节就是企业的战略环节，这些环节在价值链中的地位是由不同国家和地区的比较优势决定的。跨国经营者通过价值链分析，依据自身资金、人才、品牌的优势将研发端和营销端的环节放在发达国家，将生产和装配端的环节放在发展中国家或者落后地区，由这些落后地区的厂商为其代工生产，形成以跨国公司直接投资为核心的产业内垂直分工格局（Grossman & Helpman, 2004）。加工贸易为主的生产方式是发展中国家利用劳动力等成本优势参与国际分工的一种方式，是全球价值链分工在香港与广东的延伸，这些特点使得港资企业转型升级要放在全球价值链的框架之内考察。因此加工贸易企业转型升级的重要路径之一就是开展自主研发（ODM）和建立自主品牌（OBM），从而提升价值链地位，从价值链低端向高端延伸，从微笑曲线（施振荣，1992）中低端向左右两端提升，从而提升自身在全球产业链分工的地位。

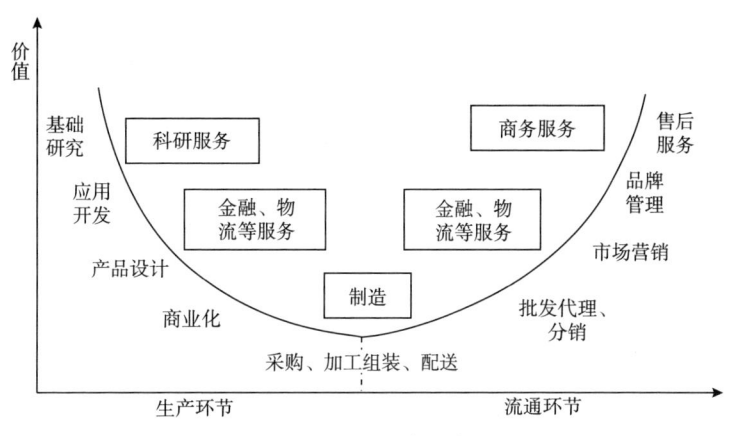

图 6-11 微笑曲线

但是香港加工贸易厂商一直对研发与自主品牌的形成不够重视，也许与开展研发和建立自主品牌成本更高有关。据香港工业总会调研，近半数厂商的研发开支占营业额比重低于 3%，显示香港厂商的研发投入处于较低水平。约四成厂商全部或主要在内地进行科研和设计活动（见图 6-12），约 1/4 厂商全部或主要在香港进行科研设计，另有约 28% 的厂商表示没有从事科研和设计活动，这类厂商较多集中在东莞。中山大学港澳珠三角研究中心 2010 年针对广东港资企业的生产模式的调查显示，938 家回应企业中，从事初级加工装配的企业有 58 家，占总数的 6.18%；有 45.1% 的企业主要采取原件加工制造的生产模式（OEM），说明 OEM 模式依然是广东港资制造业企业主要生产模式；采用原创设计制造（ODM）和品牌产品制造（OBM）的企业则分别占总数的 20.15% 和 28.57%，相比于 20 世纪 90 年代有了很大提升，说明部分港资企业已经沿着 OEM→ODM→OBM 发展路径，实现了在价值链上的转型升级，为广东港资制造业企业的升级积累了宝贵经验，有利于通过示范效应带动低端制造企业的转型升级。

表 6-7　2010 年广东省港资制造业企业生产模式抽样分布

单位：家，%

生产模式	企业数	占总数比例
加工装配	58	6.18
OEM	423	45.10
ODM	189	20.15
OBM	268	28.57
回应企业数量	938	100

资料来源：中山大学港澳珠三角研究中心广东省港澳资企业调查数据库（2010）。

（四）智能化转型升级

随着新技术的发展速度超出想象，人们的需求也日趋个性化，企业面临的挑战越来越复杂，市场开始进入一个以个性化定制来满足消费者需求的年代。对于制造业企业而言，必须做到从狭义外向型向全面开放型转变、从加工制造型向创新创造型转变、从劳动资源密集型向资本智力密集型转变、从跟随引进型向自主引领型转变、从简单规模扩张型向综合效益提升型转变、从粗放消耗型向集约环保型转变。要实现这些转变，要求企业必须独具慧眼，具备勇于创新的企业家精神、较强的智能化技术制造能力，强大的数据收集分析能力，庞大的知识性人才队伍，源源不断的资金支持等等，对于企业来说无论是研发还是营销都是一个飞跃。正因为如此，单独一个企业很难具备多方面的能力，因此整合资源，强强联合，实现价值链的协同发展就显得非常重要。目前港资企业转型升级中朝着这个方向发展的企业很少，但是随着香港创新科技局的设立，香港政府也提出再工业化的构想，并且正在与深圳联合打造创新产业，将创新作为香港未来经济发展的突破口和增长点。而珠江西岸的六市一区包括佛山、中山、珠海、江门、阳江、肇庆和顺德都已被国家列为"中国制造 2025"重点示范区，进而打造广东省先进制造业的集中地，而智能制造是"中国制造 2025"重要的发展方向。在未来大趋势和有利政策的驱使下，智能化转型升级将是广东港资制造业重要的发展方向。

（五）并购重组

并购重组指的是两家或者更多的独立企业、公司合并组成一家企业，通常由一家占优势的公司吸收一家或者多家公司。并购的内涵非常广泛，一般是指兼并（Merger）和收购（Acquisition）。兼并又称吸收合并，即两家不同企业，因故合并成一家企业。收购是指一家企业用现金或者有价证券购买另一家企业的股票或者资产，以获得对该企业的全部资产或者某项资产的所有权，或对该企业的控制权。与并购意义相关的另一个概念是合并（Consolidation），是指两个或两个以上的企业合并成为一个新的企业，合并完成后，多个法人变成一个法人。

在企业转型升级的过程中，企业进行并购重组是迅速提升价值链地位的有效方式，是制造业除了通过提高内部管理能力和科技创新能力实现加快转型以外，通过外延式经济活动加速产业优化升级的方式，是迅速从低技术含量、低溢价的劳动密集型产业到高技术、高收益的技术密集型产业的转型方式。实行并购重组能够使企业规模得到扩大，形成规模效应，促进生产力的提高和销售网络的完善，提升市场份额，确立企业在行业中的领导地位；并购重组带来的规模效应能够促进资源的充分利用，增强企业的谈判能力，为企业获得廉价的生产资料提供可能，同时降低管理、原料、生产等各个环节的成本；并购重组能够有效提高品牌知名度，提高企业产品的附加值，使企业获得更多的利润；并购重组使收购企业获得了被收购企业的人力资源、管理资源、技术资源、销售资源等，有助于企业整体竞争力的根本提高；企业通过并购重组跨入新的行业，实施多元化战略，分散投资风险等。部分港资企业通过并购重组，实现自身跨越式发展，目前港资企业海外跨境并购活跃。并购市场资讯（Mergermarket）数据显示，2017年第一季度港资买方对非内资企业的并购交易总量为23单，交易总值达155亿美元，创下自2001年以来历年的最高值。

（六）自主创新

自主创新相对于技术引进、模仿而言是一种创造活动，是指通过拥有自主知识产权的独特的核心技术实现新产品的价值过程。企业转型升级推动自主创新的作用原理与反应路径可以分为两步，第一步是企业转型升级，第二步是转型升级促进自主创新。企业转型升级带动了企业内部分工深化。正如斯密所说，随着市场范围的扩大，专业化程度不断提高，分工不断深化。在专业化程度提高和分工深化的推动下，国内和国际两个市场都不断扩大，由此带动第二产业中新产品不断涌现。新产品的不断涌现进一步促进了企业转型升级。

香港具有国际先进的设计理念，一流的国际化高等院校，高水平的科研人才，但苦于香港市场狭小，人力与土地成本高昂，制造业萎缩，很多产学研成果得不到充分应用；广东深圳毗邻香港，拥有完备的制造业体系，充裕的科技人才，面向全国庞大市场，一系列的创新创业鼓励政策，使其在创新创业方面相对于香港比较优势明显。广东政府在创新创业上的政策优势吸引了香港创业者的到来，在香港工业总会的调研中，受访企业较多接受来自内地政府在研发创新方面的资助。内地政府提供的科研资助项目，在数量、金额方面都超过香港特区政府提供的资助项目。内地的资助项目较多集中在电子产品、电器与光学制品、化学制品及药物、金属制品及机器等领域，金额由数万元人民币至一亿元不等（资助金额的中位数是 80 万元）。这在某种程度上反映了广东政府对于推动科研创新、战略性新兴产业发展的财政扶持力度。

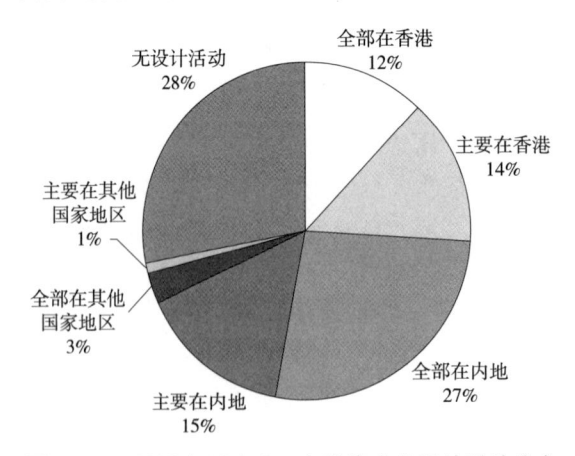

图 6-12　2008 年以来珠三角港资企业设计活动分布

资料来源：2015 年香港工业总会《珠三角制造：香港工业未来的出路》研究报告。

(七）小结

熊彼特认为创新包括生产新的产品、采用新的生产方法、开辟新的市场、获得原材料或者半成品的新供应来源、实现任何一种工业新组织，转型升级本质是企业的创新。企业创新模式同样具有多种实现形式，通过香港工业总会对港资制造业企业的调研，我们了解到，港资制造业企业转型升级的路径包括生产自动化升级、管理创新升级、自主品牌升级、自主研发升级、智能化升级、并购重组、自主创新升级等。

五 港资制造业企业转型升级案例分析

广东省港资制造企业多数是加工贸易制造企业，一部分具有一定技术实力的企业已经发展为自主研发模式，个别企业在构建研发实力和销售网络的基础上创建了自有品牌甚至进行了智能化升级，也有部分企业通过改进生产技术，实行自动化生产从而实现转型升级，不同企业针对自身不同情况采取不同的升级方式，有的甚至采用不止一种升级模式。企业转型升级过程中，粤港深度合作的关键不在于利用香港作为转口港的地位促进内地加工贸易企业与世界市场合作，也不是"前店后厂"的垂直分工模式，更重要的在于内地充分利用香港已有的比较优势实现与国际产能结合，促进自身品牌提升和减少贸易过程中的交易成本，助力企业向价值链高端升级。基于以上广东港资制造业转型升级路径的分析，本文将加工贸易制造业企业发展阶段进行划分，分为 OEM 企业升级、ODM 企业升级、OBM 企业升级、自主创新制造业四种模式，下文对处于不同阶段的企业采用不同的转型升级机制进行具体案例分析。

（一）广东港资 OEM 企业升级

OEM 生产，也称为定点生产，俗称代工（生产），基本含义为品牌生产者不直接生产产品，而是利用自己掌握的关键的核心技术负责设计和开发新产品，控制销售渠道，通过合同订购的方式委托同类产品的其他厂家生产。之后将所订产品低价买断，并直接贴上自己的品牌商标。这种委托他人生产的合作方式简称 OEM，承接加工任务的制造商被称为 OEM 厂商，其生产的产品被称为 OEM 产品。可见，定点生产属于加工贸易中的"代工生产"方式，在国际贸易中是以商品为载体的劳务出口，是港资企业早期在广东发展的最主要方式。

港资 OEM 企业的特征是不掌握核心技术，不具备研发能力以及营销网络，主要依靠承接欧美订单赚取加工费用，其核心竞争力在于：(1) 可通过低廉的成本提供欧美品牌企业所需的成品，而中国内地改革开放早期为其提供低成本生产资源，但随着内地经济的腾飞，生产成本逐渐增大，在凭自身实力并不能进行自主研发和品牌塑造的情况下，OEM 企业通过加大将资源投入生产管理和成本控制，提升生产效率，比如采用机器换人等方式，降低工资与生产成本比率，通过减少劳动力要素成本甚或转移生产地等方式控制成本。(2) 与欧美企业紧密合作，只有努力保持和深化同欧美品牌商的合作，香港 OEM 企业才能不断获取订单，在生产要素成本上升的压力下，还可以不断强化除低成本以外的其他生产优势，使自身在成本优势削弱时仍能以综合生产优势获取国际领导厂商的合作。更重要的是，OEM 企业在与品牌商的合作当中，构建追赶国际水平的管理能力和学习能力，从而不断提升管理运营研发水平，逐步向 ODM 模式升级。

1. 企业管理创新 + 生产自动化升级 + 自主设计

案例：镇泰集团

镇泰集团是一家生产电子塑胶和毛绒玩具，兼营礼品、家电和儿童用品的外向型企业集团，于 1977 年在香港诞生，1983 年转向内地投资，历经十多年的发展，至今镇泰已成为拥有 11 家子公司，厂区面积合计 31.7 万平方米（其中 19.6 万平方米厂区是自资买地兴建），年出口总值二十多亿港元，年出口创汇 8000 多万美元的大型外向型企业。镇泰集团生产的各种玩具由世界各大玩具商经销，畅销于美、欧、日、东南亚及其他市场。据美国《玩具》杂志统计，每年评出的世界最畅销 10 款玩具中，镇泰生产的就占了一半以上，董事长黄铁城当选香港玩具协会主席、中国玩具协会名誉会长、亚洲玩具议会会长、世界玩具协会副总裁。

企业策略

(1) 机器换人

镇泰集团引入各类先进科技和机器设备及采用电脑化管理提升生产

效率和管理水平，比如引进全自动注塑机、搪胶机、移印机和工业衣车；计算机管理采用美国 IBM 公司的 SA400 系统和 MTP（Ⅱ）管理系统，应用于采购、生产排期和存货管理等重要环节。集团另设立私人卫星专线网络，把内地和香港两地各厂距离拉近，令超过 300 台电脑在网上即时联络，提高电话、文件传真和数据交换的效率。镇泰集团最先采用私人卫星专线将港穗两地相连，加强在粤企业与香港总部的沟通，提升决策效率。

（2）管理创新

镇泰集团积极打造学习型组织，通过平衡记分卡的方式促进管理，除了从香港调派各类技术工程师到内地各厂指导外，还安排内地员工到港实地培训，以提高技术水平和加强素质。此外集团也注重专业化的管理素质，经常举办管理研习课程和领导才能训练，并实现管理层本地化。

（3）成立创新实验室

镇泰集团于 2011 年成立一家专门设计互动式玩具和机器宠物的公司，这是镇泰集团负责人敏锐察觉到了未来玩具的发展方向而设立的研发子公司。

镇泰集团不仅成为世界玩具生产行业的佼佼者，而且以良好的商业信誉和对社会公益事业的热心赢得了商家和社会各界的赞赏，得到了国家、省、市的肯定和认同。

表 6-8　镇泰集团经营战略

问题和挑战	全球经济形势下行，全球消费市场疲弱
	人力成本上升，盈利减少
	被欧美代工厂商挤压，议价能力削弱
企业策略	通过提升技术水平，提升产品质量，并获得国际国内各种质量认证，通过生产线机械化节省人力成本，并优化生产工序提升效率，开发新型电子产品扩大客源
	设立研发型子公司，为未来占领品牌高地做准备
	更新管理方式，加强学习
未来规划	将生产线延伸至高科技玩具等领域

2. 自主研发+生产自动化

案例：南旋集团

南旋集团成立于1990年，是中国领先的针织品制造商之一。该集团为客户提供一站式服务，包括原材料开发及采购、产品设计、样品制造、优质生产、质量监控及按时发货。多年来，南旋集团已建立良好的企业信誉，为国际知名服装品牌提供优质针织品，客户包括优衣库（UNIQLO）、Tommy Hilfiger及Lands' End等。

南旋集团的生产基地设于中国广东省惠州市及越南胡志明市郊区。生产基地通过引入先进及高度自动化的生产设施代替高成本劳动力。比如从日本和德国引入的全自动横编机和羊绒纺纱及计算机化刺绣技术，不但能编织复杂设计的产品，还有助于提高生产效率及成本效益，为使业务能持续发展，南旋集团于2015年将生产业务进一步扩展至越南，以把握当地低成本的优势和商机。同时，南旋集团积极提高设计及研发能力，在世界各地吸纳新客户以开辟新市场，为企业发展再创高峰。

表6-9　南旋集团经营战略

问题和挑战	内地人力成本上升
	内地政策收紧
	环球经济下行压力大
企业策略	将生产基地进一步转移至东南亚等低成本地区
	引入更先进的生产设备，引入全自动横编机，不但能编织复杂设计的产品，还有助于提高生产效率及成本效益
	引进羊绒纺纱及计算机化刺绣技术，进一步提高产品质量
未来规划	积极提高设计及研发能力，在世界各地吸纳新客户以开辟新市场，为企业发展再创高峰

（二）广东港资ODM企业升级

ODM是指某制造商设计出某产品后，在某些情况下可能会被另外一些企业看中，要求配上后者的品牌名称来进行生产，或者稍微修改一下设计来生产。其中，承接设计制造业务的制造商被称为ODM厂商，其生产出来的产品就是ODM产品。与OEM企业不同的是，

ODM 企业由于具备一定的技术实力并能够独立设计制造，在与国际品牌厂商合作中往往具有一定的议价能力，更能在合作中接触到核心技术。在同国际领导厂商的纵向合作中，了解市场需求和动向，对于港资 ODM 企业成功自创品牌从而实现向 OBM 转型至关重要。与生产效率不同，研发和营销环节更加强调创新与差异化，必须紧跟市场需求，这对于没有销售网络和核心技术研发能力的港资 OEM 企业而言是很难做到的。在珠三角生产要素成本不断上升的冲击下，港资 ODM 企业必须通过对成本控制不断深化同国际领导厂商的合作。

1. 自主品牌 + 创新管理

案例：银辉玩具制品有限公司

银辉玩具制品有限公司是一家总部设于香港的家族式企业，如今已经发展为在东莞设有 750000 平方米的工厂和拥有数千名员工的企业，在美国、英国、德国、法国、荷兰和西班牙设有分部，在中国内地的北京、上海、广州、成都和武汉也设有办事处。截至 2010 年，欧洲和美国市场各占银辉全球销售额的 40%，中国内地占不到 10%，其余分布在世界其他地区。公司起初单纯从事 OEM 业务，现在只有 10% 的收入来自 OEM，而大部分业务集中在自有品牌玩具的开发和生产上。

表 6 - 10　银辉公司经营战略

问题和挑战	内地最低工资上升，人民币升值，原材料价格上涨的情况下，保持较低的生产成本将是一个持续的挑战 全球经济危机影响了银辉的主要市场，订单出现明显下滑 内地企业竞争力加大 知识产权侵权问题严重
企业策略	不断审视企业自身的位置，根据市场情况调整商业模式和产品开发 着力创建一个源自中国的全球品牌。银辉与华创合作采取的领先品牌营销策略，有助于银辉转型成为一个传媒聚焦和内容导向的全球玩具品牌 计划将制造活动保留在东莞，尽管这里的劳动力成本高于其他地区，但因为银辉的产品比较复杂，很大程度上依赖位于东莞或邻近地区的上游生产商 让自己的产品具有与众不同的特色，从而获得更高的价格

续表

企业策略	开创了一个新的分支公司，其生产的玩具质量和性能优于低端大众市场，而价格又比那些面向专业玩家和玩具狂热者的产品更为亲民。通过这一策略银辉开拓了一个有很高销量而同时利润率也较高的市场。成为亚洲第一个获得 ISO 9001 认证的玩具制造商 对盗版产品的买方进行法律威胁更有成效，因为大部分买家所处的市场法律较为清晰且易于执行 将玩具与娱乐产品联系起来，与加拿大的斯平玛斯特合作
未来规划	积极感受市场变化，计划更多地投资于面向幼龄儿童的玩具研发

2. 生产自动化 + 自主品牌

案例：金山工业（集团）有限公司

金山工业集团为一家亚洲跨国集团，主要产品是"GP 超霸"电池、"KEF"高级扬声器和"CELESTION"专业扬声器驱动器。金山工业集团之生产设施、产品研究发展及销售办事处遍布全球十多个国家。集团母公司金山工业（集团）有限公司于 1964 年成立，并自 1984 年在香港上市。金山工业集团现拥有 GP 工业约 85.5% 的股权，GP 工业则拥有金山电池国际有限公司约 64.7% 的股权。GP 工业及金山电池国际有限公司均在新加坡上市。集团于 2015~2016 年之营业额达 58 亿港元，总资产逾 59 亿港元，于世界各地共聘用员工 7700 人。

表 6-11　金山工业有限公司经营战略

问题和挑战	全球经济形势下行，全球消费市场疲弱 人力成本上升，盈利减少
企业策略	金山工业集团生产设施、产品研究发展及销售办事处遍布全球十多个国家 从成本高的生产基地转移 投资科技、开发新产品、厂房进一步自动化、拓展品牌
未来规划	将继续通过投资科技、开发新产品、厂房进一步自动化、拓展品牌及巩固分销网络以加强业务之竞争力 将其生产线与宁波、广东及马来西亚较大型工厂整合，部分劳工密集的生产工序或会迁至越南

(三) 广东港资 OBM 企业升级

OBM（Original Brand Manufacture，原始品牌制造商），即代工厂经营自有品牌，或者说生产商自行创立产品品牌，生产、销售拥有自主品牌的产品。这类厂商已经完成自主设计和自主品牌的升级，在新形势下最重要的是在未来发展中占领制高点，世界制造业未来的发展方向是智能化制造、信息化管理、网络化营销，珠江西岸的六市一区包括佛山、中山、珠海、江门、阳江、肇庆和顺德，都已被国家列为"中国制造2025"重点示范区，进而打造广东省先进制造业的集中地。通过引领广东省未来发展潮流，让自身立于不败之地是港资 OBM 企业在新时期在珠三角进一步转型升级的重要方向。

案例：敏华控股

敏华控股成立于 1992 年，主要从事中高端功能沙发的设计、生产及销售。其"芝华仕"品牌除面向中国内地以及香港外，欧美市场也是其主要客源地，2013 年其在美国有 9.9% 市场占有率，排名居美国功能性休闲沙发品牌的第三位。

(1) 产品全面智能化

产品智能化是芝华仕沙发和爱蒙床垫最显著的特点。每一款芝华仕沙发都可以将角度由坐式的 90 度，一直调整成平躺式的 160 度，消费者可以通过电动按钮选择适合的角度，看电视、听音乐、看书或是休息。使用者在不需要角度倾斜时，再使用按钮将沙发回位成普通沙发即可，节省空间且舒适度更佳。此外，芝华仕还出售许多具有全身性按摩功能的沙发，在人们腰椎病等疾病普遍发生的如今，其更具有针对性。

对于爱蒙床垫而言，其智能化特色是，在消费者进店之初就通过其自身研发的一套系统对消费者做出全方位的体质测试，测出一套最适合消费者身体的床垫，包括软硬度以及身体最适合哪种床垫等。

(2) 专业分工管理

智能化的背后则是公司对科技创新以及生产细节的重视，由于所有产品要达到北美、欧洲市场的高质量要求，因此不同于其他制造业企业让工人学习操作多道工序，芝华仕沙发从培训开始就要求工人只需要很好地完成一道工序，而不出现漏洞，这样最终可以更好地提高产品质量。

（3）积极与电商企业合作

除了在技术上领先外，能够吸引更加广泛的消费群体、降低自身成本、开展网购等创新也至关重要。敏华控股与天猫紧密合作，未来还将与更多电商企业开展合作，从而降低许多实体店营销成本。该公司的线上销售渠道主要通过"天猫"的"芝华仕天猫旗舰店"，未来也在探索将实体店和线上销售结合。

表6-12　敏华控股经营战略

问题和挑战	大城市家具卖场租金成本高 产品同质化严重 展会营销泛滥且效率低下
企业策略	专业分工管理，确保产品质量 产品智能化生产，适应多方需求 与电商企业积极合作，整合资源
未来规划	依托家居设计制造、海内外网络管道、产业品牌联盟等综合优势，紧紧抓住中国家居产业发展机遇，联合电商企业，构建产业价值链一体化平台，全方位打造全球智能家居服务中心

（四）并购重组

在企业转型升级过程中，跨境并购重组是迅速提升企业产业价值链地位，实现优化资产配置、扩大企业规模、实现战略转型和结构调整的有效方式。部分港资制造业企业通过跨境并购重组从OEM企业直接向OBM企业跨越，建立了自主品牌并打开了国际营销渠道，成功实现转型升级。

案例：TTI创科集团

TTI创科集团是领导全球电动工具、户外园艺工具及地板护理产品设计、制造及市场营销企业，专为消费者、专业人士及工业用家提供家居装修、维修及建造业产品。创科集团旗下强劲品牌及产品历史悠久，广为世界各地消费者所认同，拥有强大的客户伙伴，能够不断地向客户提供一切合格并具有生产力的崭新产品。TTI创科集团处于市场的领先地位，近年来业绩持续增长。集团成立于1985年，1990年在香港上市，拥有领先世界的品牌组合，客户遍及世界各地，至2015年为止，全球雇员人数超过20000人，2014年销售总额达48亿美元。

1985年成立以来，TTI创科集团原本从事加工贸易，基本上是以代工为主，没有自主品牌，没有市场话语权。成立初期，TTI创科集团的实际控制人就是一个以香港人、德国人、美国人等组成的领导集团，具备一定的国际视野。领导层呈现出大胆创新又不失务实的企业家精神，引导企业在每一个关键节点取得成功。其中，管理层非常重视跨国并购。2000年开始，TTI创科集团走了一条并购国际知名品牌的道路，迄今为止收购了八到十个国际的知名品牌，包括北美、日本的百年老品牌。收购品牌以后，创科集团把研发技术集中起来，大力提高研发投入，在东莞厚街镇组建一个研发中心，一手抓品牌，一手抓研发。如今，创科集团掌握市场主导权、定价权，产品附加值也大大提升，实现转型升级。

在未来的发展过程中，TTI创科集团会继续积极参与国际产能合作，大力提高自身品牌知名度，整合国际资源，实现自身跨越式发展。

表6-13 TTI创科集团经营战略

问题和挑战	研发实力不强 缺乏自主品牌
企业策略	进行海外跨境并购，提高研发水平，提升品牌知名度，拓展营销渠道，增大产品附加值
未来规划	继续积极参与国际产能合作，大力提高自身品牌知名度，整合国际资源，实现自身跨越式发展

（五）自主创新创业

粤港合作发展创新产业就是要将香港的科研与人才优势，国际化的设计理念与广东的制造能力及创新创业政策有机结合，以内地庞大的市场作为试验田，实现香港科技成果的产学研转化。产品经过市场的检验不断完善成熟后，再依靠香港成熟的国际营商网络进军国际市场，形成香港作为科研基地，广东作为孵化器以及试验场，然后再通过香港开拓国际市场的香港—广东—香港的合作模式。

案例：深圳市大疆创新科技有限公司

深圳市大疆创新科技有限公司（DJI - Innovations，DJI），2006 年由香港科技大学毕业生汪滔等人创立，是全球领先的无人飞行器控制系统及无人机解决方案的研发和生产商，客户遍布全球 100 多个国家。通过持续的创新，大疆致力于为无人机工业、行业用户以及专业航拍应用提供性能最强、体验最佳的革命性智能飞控产品和解决方案。

（1）粤港两地产学研结合的硕果

大疆是粤港两地产学研结合的典范，其研究成果首先在香港科技大学孕育，由于香港人才、土地等资源要素成本高昂且无人机市场狭小，缺乏制造业工业体系，不利于创新产业生存和发展。创始人汪滔将研发和制造总部搬至深圳，看重的就是广东珠三角拥有发达的制造业和相应人才，以及广阔内地市场，为香港的科技成果提供了市场转化的有利条件。

（2）在香港设立旗舰店，多渠道打开海外市场

大疆第三家旗舰店在香港铜锣湾设立，并利用香港一流的展会经济，向世界推广自身品牌价值。大疆采用多种有效渠道提升品牌知名度，比如制作多维一体的超级宣传片，在香港进行发布会宣传；跨界联合 APPLE 公司，在 APPLE 专卖店中进行销售；参与华尔街日报、Wired 等主流媒体权威测评，高调宣布其在世界无人机市场的地位等等。

（3）依托香港成熟的专业服务，在香港设立法务部

对于以海外业务为主的大疆来说，面临国际纠纷难以避免。香港具备高水平和国际化的专业服务体系，具有熟悉国际规则的专业服务人才，再加上其毗邻深圳总部的优势，大疆将其法务部设在香港，目的是对接国际准则，解决国际纠纷，更好地为打开国际市场服务。

（4）未来发展定位明确

第一，上线软件开发工具包，可以为特定的硬件平台建立应用软件。鼓励无人机玩家自己开发软件，让开发者得到乐趣、获得利益，避免一些潜在的竞争对手躲在角落里，出其不意对大疆构成威胁。第二，控制芯片厂商下家的数量。避免出现无人机市场恶性竞争。第三，可能把大疆拆分上市。充分融资，给予投资人合理丰厚的回报。

2015年2月,美国权威商业杂志《快公司》评选出2015年十大消费类电子产品创新型公司,大疆创新科技有限公司是唯一一家中国本土企业。截至2016年,大疆创新在全球已提交专利申请超过1500件,获得专利授权400多件,涉及领域包括无人机各部分结构设计、电路系统、飞行稳定、无线通信及控制系统等。2017年6月,大疆入选《麻省理工科技评论》2017年度全球"50大最聪明公司"榜单并荣获中国商标金奖的商标创新奖。

表6-14 大疆公司经营战略

问题和挑战	品牌知名度低,无法得到客户认同 香港高校成果转化困难 内地金融和法律体制与国际差距明显
企业策略	在香港设立旗舰店,利用香港发达国际营商网络和展会经济进行品牌推广 将香港高校的研究成果与广东制造业结合,实现成果转化 积极利用香港成熟的专业服务,将法务部设在香港
未来规划	进一步开拓内地市场;上线软件开发工具包,可以为特定的硬件平台建立应用软件,鼓励无人机玩家自己开发软件,让开发者得到乐趣、获得利益,避免一些潜在的竞争对手躲在角落里,出其不意对大疆构成威胁;控制芯片厂商下家的数量。避免出现无人机市场恶性竞争;可能把大疆拆分上市。充分融资,给予投资人合理丰厚的回报

(六)小结

在国际国内形势发生变化的情况下,各类型的企业都需要通过转型升级以更好适应形势发展需要,本节通过对港资制造业不同发展阶段的企业转型升级进行案例分析,包括OEM企业、ODM企业、OBM企业,自主创新制造业企业,从而更加具体阐述港资制造业企业转型升级的一般路径。港资OEM企业的转型升级,可通过加大将资源投入生产管理和成本控制,提升生产效率,比如生产自动化、降低工资与生产成本比率、通过减少劳动力要素成本甚或转移生产地等方式;还必须努力保持和深化同欧美品牌商的合作,在生产要素成本上升的压力下,不断强化除低成本以外的其他生产优势,在与品牌商的合作当中，构建追赶国际水平的管理能力和学习能力，从而不断提升管理运营研发水平，逐步向 ODM 模式升级。而对于 ODM 企业而言，实现转型升级的关键不在于生产效率的提高，而在于在同国际领导厂商的合作中构建自身的研发能力和销售网络，向 OBM 升级。对于 OBM 厂商而言，智能化，网络化下的个性化生产和消费将是中国乃至世界未来发展的重要方向，通过积极进行技术升级，利用电子商务拓展销售渠道，降低成本的同时了解客户需求从而调整市场策略，为在未来竞争中占领制高点奠定基础。跨境并购重组是企业迅速提升产业价值链地位，实现优化资产配置、扩大企业规模、实现战略转型和结构调整的有效方式，部分港资企业通过跨境并购促进自身转型升级，实现跨越式发展。对于自主创新创业制造业企业而言，其要依托香港高水平的高校资源和广东省制造业优势，积极整合内地和香港资源，通过产学研转化，实现高新技术制造业企业的发展。

六　总结

港资企业是全球价值链分工在粤港的延伸，是粤港产业分工的产物。改革开放早期港资企业是以"前店后厂"的垂直分工模式参与粤港之间的产业分工，充分利用香港的资金、设计研发、营销网络的优势与广东的低成本生产要素，这种合作模式是成本驱动型、低层次的产业组合，集中于珠三角地区。随着香港与广东的经贸融合进一步加深，广东的经济崛起，国内市场的进一步扩大，港资制造业企业的发展也相应发生了变化，从主要面向出口到内外销并重，粤港合作从港方主导到两者日趋平等，企业转型升级逐步进行，自贸区的设立进一步减少了粤港合作的制度性障碍，是港资企业走向世界参与国际产能合作的重要平台。

现阶段广东港资制造业企业发展面临着出口市场低迷，劳动成本上升，政府税费增加等问题，转型升级是必然选择，港资企业转型升级就是要在新时期国际国内经济形势发生重大变化的情况下，通过创新驱动提升产业分工价值链地位，提升企业竞争力。现阶段珠三角地区仍然具有巨大的消费市场和商业价值，仍然不断吸引香港资金进入投资，有利于转型升级的进行。企业转型升级过程中，粤港深度合作的重点不在于利用香港的转口港地位促进内地加工贸易企业与世界市场合作，也不是"前店后厂"的垂直分工模式，更重要的在于内地企业充分利用香港已有的比较优势实现与国际产能结合，促进自身品牌提升和减少贸易过程中的交易成本，助力企业向价值链高端升级。

第七章 珠三角港资服务业发展

中国内地进行改革开放之后，港资服务业便开始通过各种方式投资珠三角。由于市场不开放的限制，最早进入珠三角的港资服务业主要是消费性服务业，如酒店、零售、餐饮服务等；随着服务业转移的国际趋势，以及珠三角经济的发展与营商环境的提升，港资企业开始在电力、集装箱码头运输、物流服务、房地产及相关服务业、商贸等生产性服务业加大投资。随着香港回归、CEPA 签署和实施，港资服务企业得到了长足的发展。目前，内地对香港开放服务贸易领域达到 48 个，优惠措施达到 338 项。广东经济进入工业化中期阶段后，"珠三角一些经济较发达地市正面临从劳动密集型加工业向资金、技术密集型工业发展的产业结构转型，对生产性服务业的需求也随之发生转变，由侧重于转口贸易、物流服务的需求转变为侧重金融、技术及信息服务的需求。"[①] 特别是 2011 年，时任国务院副总理李克强到港时，宣布将在"十二五"规划时期向香港全部开放国内服务业，并圈点了深圳前海、珠海横琴及广州南沙等一批"特区"，作为对港服务业开放先行先试的实验地，更是为两地服务业的合作翻开了新的篇章。本章从香港服务业的特征出发，分析港资服务业在广东的发展状况和遇到的困难，并以本地市场效应来探究两地服务贸易的特点以及其中原因。

[①] 钟韵：《粤港合作新阶段：香港服务业发展前景分析》，《广东社会科学》2008 年第 2 期。

一 服务贸易理论相关文献研究

（一）服务业的界定

1. 服务的定义

亚当·斯密（1776）第一个阐明了服务业的特殊性质："服务很少留下什么痕迹和价值"，"它们在其发挥职能的短时间内便消失"。斯密认为服务业具有非生产性的特征，无助于交换量的增加，不能增加社会财富。富克斯（1968）对第二次世界大战后的美国服务经济进行了研究，认为服务缺少"实质性"，因为服务在生产的一瞬间就会消失，服务的生产和消费同时进行，且服务不可以运输和储藏。马克思（1979）认为服务是一种有使用价值的劳动产品，它可以在市场上自由交换，但是不具有实物的形式。希尔（1977）认为服务生产者不是对服务商品本身或者生产者自己增加价值，而是对其他经济单位或者个人增加价值。1994年出台的国际标准（ISO9004-2：1991）《质量管理和质量体系要素》服务指南指出服务是为了满足消费者的某种需求，是由服务提供商和消费者所接触的某种活动以及服务提供商内部的生产活动所产生的结果。

威廉·配第最先关注了服务业的变化发展趋势，他认为不同产业之间收入水平的差异促使了劳动力在产业间转移。英国经济学家费希尔（1935）根据产业发展顺序提出三次产业的概念，创造性地将产业结构的变动划分为三个阶段，确立了国民经济的三次分类法，学术界自此开始从产业角度研究经济发展，第三产业的理论也开始兴起及发展。英国经济学家柯林·克拉克（1940）继承并发展了费希尔的思想，并提出了著名的劳动力产业转移定律，也被称为"配第-克拉克定理"，揭示了经济进步过程中劳动力结构的演进规律。丹尼尔·贝尔（1974）提出当社会发展步入后工业社会阶段，人类生产和消费的主体将由物质产品转变为以服务为主。

2. 服务业的概念和分类

克拉克（1957）以"服务性行业"替代"第三产业"，包括小规模的独立手工业生产、建筑、交通和贸易等，第三产业具有三个特点，一是不依赖于自然资源,二是产品不可运输,三是小规模和非资本密集(罗时龙,2003)。随着相关研究的不断深入,后来的学者对服务业内部行业进行了划分。布朗宁和辛格曼根据联合国标准产业分类,将服务业划分为消费者服务业、生产者服务业和分配服务业三大类。辛格曼(1957)进一步按服务功能的差别将服务业分为四大类:生产者服务业、流通服务业、社会服务业和个人服务业。该四分法也成为世界各国对服务业进行分类的依据和基础。

我国最早在 1985 年才开始对三大产业进行划分并将第三产业产值计入国民生产总值,之后随着服务业不断发展及服务业新业态不断涌现,国家统计局对服务业的分类进行了多次调整。2003 年 5 月,在新的《三次产业划分界定》中,国家统计局将服务业分为交通运输、仓储和邮政业,金融业,计算机服务,房地产业等十五类。

(二) 服务贸易理论

1. 服务贸易的定义

服务贸易最早是在 1972 年 9 月经济合作与发展组织(OECD)的一份《高级专家对贸易和有关问题的看法》的报告中提出的。

2. 国际服务贸易的模式

根据 GATT 乌拉圭回合谈判达成的《服务贸易总协定》(General Agreements On Trade in Service, GATS)对服务贸易所下的定义,服务贸易可以分为四种模式(Hoekman, 2006)。

表 7-1 国际服务贸易的四种模式

模 式	定 义
跨境供给(crossborder supply)	位于一个国家的服务提供者向位于另一个国家的消费者提供服务,在此过程中无论是服务供给者还是消费者都没有移动到对方所在的位置
境外消费(consumption abroad)	一国的消费者移动到服务提供者所在的地方进行消费
商业存在(commercial presence)	企业法人通过设立分支机构的形式在消费者所在的地区对其提供服务
自然人流动(movement of natural persons)	服务提供者以个人身份(并非永久地)移动到某个国家内向其消费者提供服务

模式1（跨境供给）强调买方和卖方在地理上的界线，跨越国境和边界的只是"服务"本身。一般是指基于现代化通信技术的服务，如信息咨询服务、卫星影视服务、网络服务等，例如，一国的律师通过通信网络或计算机网络为另一国的客户提供法律咨询服务便属于此类。

模式2（境外消费）主要通过消费者的跨境移动实现，最典型的是国际旅游，主要依赖劳动力资源、文化资源和自然资源等比较优势，此类服务还包括教育培训、医疗服务、技术鉴定等。

模式3（商业存在）是服务贸易的主要模式，一般会涉及市场准入和跨境投资，既可以是在一成员领土内组建、收购或维持一个法人实体，也可以是创建、维持一个分支机构或代表处。此贸易方式有两个特点：一是服务的提供者和消费者在同一成员的领土内；二是服务提供者到消费者所在国的领土内采取设立商业机构或专业机构的方式。此类贸易方式在境外设立金融机构、技术咨询中心、会计师事务所、研发中心以及维修服务站等服务方式，均是此类服务贸易常见的形式。

模式4（自然人流动），与消费者移动方式恰好相反，主要是指服务提供者的过境移动，在消费者境内提供服务而形成贸易。传统的劳务输出即是此类服务。

（2）服务贸易理论

长期以来，在对服务业可贸易性（Hill，1977）和传统分工理论适用性（Bhagwati，1984）的研究过程中，Deardorff（1985）首次将服务部门纳入国际贸易理论的传统分析框架，探讨了比较优势理论能否运用于服务贸易研究。20世纪90年代以来，服务全球化和国际分工深化在很大程度上改变了服务"不可贸易"的传统定义和相应特征，许多变化是革命性而不是边际性的。比如，从技术创新沉迷来看，ICT技术发展和科技创新直接推动了服务业的"可贸易性革命"和劳动力"虚拟跨境流动"，生产与服务过程可分离性的一个直接结果是本土和离岸服务外包业务在全球迅猛发展（Freund & Weinhold，2002；江小涓，2008）。从服务消费角度来看，服务消费具有收入弹性大、结构趋同和需求多样化等特征。从制度创新层面来看，各国扩大服务业开放显著减少了体制障碍，降低了跨境交易成本，极大地促进了服务业FDI和全球服务贸易发展（裴长洪、杨志远，2012）。因此传统服务贸易理论难以解释服务贸易领域发生的这些深刻变化。

20世纪七八十年代发展起来的新贸易理论立足规模经济、报酬递增、不完全竞争和产品差异等因素,提出一国内需市场的稳定和扩大能促进出口,形成本地市场效应(Krugman,1980)。这一有别于传统贸易理论的新贸易理论,为上述服务贸易领域的深刻变化提供了新的解释视角。对本地市场效应存在性的检验,主要有两条途径。一是基于超常需求,该方法源自Krugman(1980)和Helpman & Krugman(1985),Davis & Weinstein(1996)首次把比较优势和本地市场效应分离出来,开创了本地市场效应实证检验的先河。二是基于引力模型,比较产业的相对出口与相对市场规模的弹性大小,如果弹性为正,表明存在本地市场效应。Nasir&Kalirajan(2013)对北美、欧洲、东亚、南亚、东盟计算机信息、专业和通信服务出口的影响因素研究发现,GDP、共同语言、网络使用量等对服务出口有正向显著影响,而服务贸易限制性指数不利于服务出口。

二 香港服务业的特征和优势

香港特别行政区是亚太地区最重要的国际金融、贸易、航运、信息服务枢纽之一,是跨国公司云集的地区总部。目前,香港的服务业主要包括批发零售,进出口贸易,饮食及酒店业,运输、仓储及通信业,金融、保险、地产及商用服务业,社区、社会及个人服务业。金融、贸易和物流、旅游、专业服务是香港服务业的四大支柱产业。根据2016年香港《服务业统计摘要》,在2005~2014年的10年间,服务业在香港经济体系中的地位变得更为重要。服务业占本地生产总值的比重明显地反映了这一点,服务业以基本价格计算的对本地生产总值的贡献率由2005年的91.3%上升至2014年的92.7%,同期制造业的相对重要性下降,对生产总值的贡献率由2.9%下降至1.3%。2015年服务业整体就业人数共有340万人,占整体就业人数的89.47%。

(一)香港服务业的发展历程

第二次世界大战以来,香港服务业经历了3个发展阶段,促进了香港经济由转口型到加工型到服务型再到知识型的提升转型。经过半个多世纪的发展，香港由转口贸易为主的自由港发展成为亚太地区金融、贸易、航运中心和汇聚世界时尚潮流的国际大都会。

第一阶段，"二战"后工业迅速发展，服务业占比很低。第二次世界大战以前，香港主要是一个从事转口贸易的自由港，香港衔接世界各地贸易的往来，内地是香港对外贸易的主要对象。1950年以后，因为内地受到以美国为首的西方国家经济封锁和禁运，而香港作为英国的殖民地失去了衔接内地与世界各国贸易的优势，转而寻求发展工业。同时，香港政府制定了十分有吸引力的自由港经济政策，使处于动荡地区的大量移民及国际资金涌入局势较为稳定的香港，彼时香港成为劳动密集型产业转移的良好场所。1970年，香港本地产品出口占出口比重达80%，香港从单纯的转口港转变为出口导向的工业化城市。

第二阶段，改革开放制造业转移，服务业迅速发展。1978年内地改革开放以后，香港扮演了内地与世界的中介角色，成为世界了解内地并开展经济活动的窗口。由于内地劳动力、土地等生产要素价格低廉，为了充分发挥两地的比较优势，香港的制造业逐步转移到内地，只有销售、设计、财务、管理等环节留在香港，珠三角地区普遍出现了"前店后厂"的合作模式。香港也迅速发展起价值链更高端、利润回报更加丰厚的服务业。1980~1997年，香港服务业年均增速达到16%，香港逐步从出口导向的工业经济向服务经济转型。

第三阶段，金融危机后，服务业结构转型。香港回归后，香港经历了亚洲金融风暴，稍有喘息又经历了非典疫情，其间香港出现了经济严重衰退、失业率上升、财政状况恶化等问题，香港各界开始广泛地反思严重依赖制造业的生产性服务业。中银国际香港发展规划部（2003）发表的题为《香港经济转型的方向与策略》的研究报告指出，未来香港推动经济转型的基本策略，应该是对现有的具有竞争优势的产业进行重新组合和转型升级。在1997年10月第一份《施政报告》中特区政府提出将香港建设成为亚太创新中心的理想，随后成立创新科技委员会，致力于在21世纪建设香港创新导向和技术密集的经济体系。

(二) 香港服务业的特征

1. 香港运输及物流服务

2016 年,香港是全球第七大贸易经济体,国际贸易蓬勃发展,港口效率卓越,船东、货主及贸易商云集,香港航运服务业提供全面的专业服务,包括船务融资、船舶管理、船舶经纪、航运保险及法律等领域。香港的贸易公司从事两类主要贸易活动:(1) 传统贸易活动,即从本港及本港以外地区(特别是内地)采购货物再经本港转口到其他经济体;(2) 离岸贸易活动,即从香港以外地区采购货物后将货物转售至香港以外地区,而有关货物并没有进出香港。贸易公司与物流活动有紧密的联系。物流是筹划、实施和控制货物(包括原材料、半制成品和制成品)、服务及相关资讯从来源地至使用地的运送及储存的过程,这些活动包括货运、货运代理、仓储、邮递及速递服务。香港货运基础设施完善,有利于货运代理业发展。在国际空运货物处理量方面,香港国际机场在全球排名第一,同时本港也是世界第五大吞吐量的货柜港,香港的货运代理业可以配合客户需要,提供仓储、包装、分货、配送、综合物流和供应链管理解决方案等增值服务。2016 年,本港总货运量(包括空运、海运、河运以及道路货运)约 2.83 亿吨,较 2015 年下跌 0.2%。

香港是亚洲地区的航运枢纽之一,从香港起飞,5 小时内可到达亚洲大部分城市,在香港运营的国际航空公司超过 100 家,每天提供 1100 个航班,前往全球约 190 个地点,包括 40 个内地城市。2016 年,香港国际机场接待了 7050 万名旅客,处理 452 万吨货物,是全球第三繁忙的国际客运机场,若以国际货物吞吐量来算,自 2006 年起香港国际机场一直是全球最繁忙的机场。

2015 年,香港是全球第五大货柜港,处理了 2010 万个标准货柜,紧随上海、新加坡、深圳及宁波舟山港之后。香港具有先进的港口设施和高效率的港口服务。2016 年 4 月,香港海运港口局(原航运发展局与港口发展局合并)正式成立,负责制定策略和政策,推动香港的高增值和专业航运服务业增长、促进人力培训以及提升香港的国际航运中心地位。

2. 香港旅游业

旅游包括入境旅游及外访旅游。入境旅游涉及零售业、酒店及旅社、饮食、其他个人服务、旅行社和机票代理及客运服务，但只限于向抵港的旅客提供服务的部分。外访旅游涉及旅行社和机票代理及跨境客运服务，但只限于向本港居民提供到境外旅游的服务部分。旅游业在香港经济的发展中作用巨大。香港的旅游业在20世纪50年代开始兴起，凭借其"购物天堂"、独特文化吸引着来自世界各地的游客，成为今天世界著名的旅游目的地。2003年签署CEPA后，赴港"个人游"政策作为其中的一部分，允许内地居民以个人旅游的方式前往香港旅游。从当年7月28日起中央开放广东省的东莞市、中山市、江门市和佛山市的居民以个人身份赴港旅游。后来开通范围逐步扩大到北京、上海及江苏省、浙江省、福建省和广东全省，至2004年7月，开放城市总数达到32个。2005年11月，"个人游"扩展至成都、济南、沈阳、大连四个西部、北部的中心城市，"个人游"政策覆盖的内地城市增至38个。2006年5月，又延伸到6个内地省会城市：江西南昌、湖南长沙、广西南宁、海南海口、贵州贵阳和云南昆明。2007年1月1日扩展至河北石家庄、吉林长春、河南郑州、安徽合肥及湖北武汉，实施"个人游"计划的内地城市增至49个。"个人游"政策使受到东亚金融危机及"非典"疫情打击的香港经济恢复了生机，带动了香港的零售、餐饮、酒店业的复苏和发展，极大地拉动了香港经济的发展及就业。内地访港旅客人数由2003年的8467211人增长到2016年的42778145人，年均增长12%。在内地不断扩大"个人游"政策惠及范围的情况下，内地访港游客占所有访港游客的比重从2003年的54.5%上升至2016年的75.5%。

表7-2 2002~2016年内地访港旅客概况

年份	内地访港旅客（人）	内地访港旅客占比（%）	内地过夜游客人均消费（港元）	所有过夜游客人均消费（港元）	内地不过夜游客人均消费（港元）	所有不过夜游客人均消费（港元）
2002	6825199	41.20	5490	4837	962	620
2003	8467211	54.50	5239	5041	1291	811
2004	12245862	56.10	4360	4478	1044	689

续表

年份	内地访港旅客（人）	内地访港旅客占比（%）	内地过夜游客人均消费（港元）	所有过夜游客人均消费（港元）	内地不过夜游客人均消费（港元）	所有不过夜游客人均消费（港元）
2005	12541400	53.70	4554	4663	1247	810
2006	13591342	53.80	4705	4799	1537	1015
2007	15485789	55.00	5193	5122	1832	1239
2008	16862003	57.10	5676	5439	2138	1498
2009	17956731	60.70	6620	5770	2352	1798
2010	22684388	63.00	7453	6728	2356	1846
2011	28100129	67.00	8220	7470	2439	2012
2012	34911395	71.80	8565	7818	2489	2121
2013	40745277	75.00	8937	8123	2721	2378
2014	47247675	77.70	8703	7960	2701	2414
2015	45842360	77.30	7924	7234	2696	2409
2016	42778145	75.50				

资料来源：Wind 资讯。

3. 香港金融业

香港是继纽约、伦敦之后的世界第三大金融中心。香港金融业以汇丰集团、中银集团及外资银行为核心，商业银行为主体，投资公司、保险公司、股票市场、黄金市场、外汇市场、期货市场、国际租赁市场等银行和金融中介机构的经营和运行相结合，离岸业务与境内业务一体化组成的香港经济部门。Z/Yen Group 于 2016 年 9 月公布的全球金融中心指数中，香港排名第四，紧随纽约、伦敦及新加坡之后。该指数自 2007 年 3 月首次公布以来每半年更新一次，香港一直被评定为世界名列前茅的国际金融中心。

香港是全球银行机构分布密度最高的城市之一，香港有超过 150 家持牌银行，银行业对外交易量超过 2.3 万亿美元，在全球排名第六；全球前 100 家银行中，超过 70 家在香港经营业务；香港有 1900 多家上市公司，资本市值总额约 26 万亿港元，每日平均总成交金额达 700 多亿港元；2016 年香港首次上市集资活动总额达 1950 亿港元，蝉联全球第一；现时在香港上市的内地企业超过 1000 家，总市值 2 万亿美元，占市场总值逾六成。截至 2016 年 12 月底，香港共有 195 家持牌银行机构以及 57 家外资银行的代表办事处。香港市场透明度高、严格执行披露规定及审慎监管金融机构，这些因素令香港成为亚洲地区重要的金融中心。香港凭借跨境贸易人民币结算计划及相关金融活动，已成为举足轻重的人民币离岸中心。由 2009 年 7 月计划实施至 2014 年底为止，香港银行处理的跨境贸易人民币结算金额达 15 万亿元。在 2015 年前 10 个月，香港银行处理的跨境贸易人民币结算金额为 5.7 万亿元，同比上升逾 10%。此外，香港建立了在内地以外最大的人民币资金池。截至 2015 年 10 月底，不计算人民币存款证，在香港的人民币存款达 8540 亿元，是 2009 年 7 月实施试点计划时的 10 倍多。截至 2015 年 3 月底，香港有 224 家银行参与人民币清算平台。香港的人民币离岸市场提供各种类的人民币产品及服务，包括贸易融资、存款证、债券、股票及交易所买卖基金。

香港是亚洲地区最发达的保险市场之一，人均保费支出维持在高水平，吸引多家全球顶级的保险公司来港拓展业务。2016 年上半年，香港保险业的毛保费总额按年增加 14% 至 2075 亿港元（266 亿美元）。长期保险业务占比约 88%，其余 12% 为一般保险业务。2016 年前三季度，内地保费收入增长 32.2%，长期保险及一般保险业务分别增长 37.0% 及 7.8%。除内地加入世贸组织后实施的市场开放措施外，香港保险业及相关专业人士亦可从内地与香港签署的《更紧密经贸关系安排》（CEPA）获益，较易进入内地保险市场。根据保险业监理处临时数据，2016 年上半年，香港保险业的毛保费总额按年增加 14.0%，至 2075 亿港元（266 亿美元），相当于香港本地生产总值（GDP）18.5%。一般保险业务增长 0.6%，至 240 亿港元（31 亿美元）。同期，生效中的长期保险业务按年增长 14%，至 1835 亿港元（235 亿美元），新造长期保险业务的按年增幅更大，达 18.9%，总值 817 亿港元（105 亿美元）。

香港被公认为亚洲主要的基金管理中心，截至 2015 年底，香港的基金管理业务合计资产达 2.23 万亿美元；私人银行业务管理的资产总值为 4700 亿美元。截至 2016 年 12 月底，共有 2779 项证监会认可的集体投资计划，当中包括 2196 项单位信托及互惠基金、300 项与投资有关的人寿保险计划、277 项退休/强积金相关基金，以及 26 项其他类别投资计划。近年来，本港交易所买卖基金（ETF）市场增长迅速。截至 2016 年底，共有 133 只交易所买卖基金于香港上市。2017 年 1 月，在内地与香港基金互认计划下，有 54 只基金获批，其中 6 只是香港基金，48 只是内地基金。2016 年 12 月，深港股票市场交易互联互通机制（简称深港通）正式推出，为香港的基金管理公司提供另一途径，买卖在深圳证券交易所上市的股票。

4. 香港专业服务业

专业服务包括法律服务、会计服务、核算服务、咨询科技相关服务、广告及有关服务、工程及相关技术服务、建筑设计及测量服务。香港的专业服务也产生于 20 世纪 70 年代，经济的迅速发展带动香港社会行业与职业结构变化，制造了不少新的专业服务职位，于是 20 世纪 70 年代香港社会产生了"第一代专业人士"。香港逐渐吸引了各式各样的专业服务人才，包括保险、证券、会计及仲裁、设计及市场推广、管理顾问、信息科技以及其他专业服务人才。目前，香港共有 200 多个各行各业的专业协会，香港专业服务业界组成的香港专业联盟，代表着香港会计师公会、建筑师公会、大律师公会、牙医学会、工程师学会、园景师学会、律师会、医学会、规划师学会和测量师学会等十大专业团体。香港专业服务人员的素质和水平全球最高。比如法律服务，香港是亚洲地区拥有国际法律人才最多的地方，亚洲地区精通国际事务的律师约有 40% 汇集在香港，这些法律专业人士在资金筹措、项目融资、企业购并等方面具备丰富的法律知识，在法律文件起草方面具备成熟的经验，在商业及贸易法、商业纠纷及仲裁法、知识产权及专利法等方面居亚洲地区领导地位。香港法律专业人士不仅精通普通法和国际商业法，也熟悉内地的法律制度，了解内地企业运作情况。在香港特区取得的工程师资格可获得澳大利亚、加拿大、爱尔兰、新西兰、英国、美国及南非的承认，许多经验丰富的工程师同时拥有国际工程师资格。香港的会计师公会会员资格获全球五大洲认可，公会与多个国家的相关团体签订协议。实际上，全球四大会计师事务所在市场占支配地位，为绝大部分香港蓝筹公司及其他大型上市企业提供核数服务。

表 7-3 香港专业人士人数

单位：人

年份	执业大律师	律师	会计师	注册建筑师	香港工程师学会法定会员
2011	1145	7149	32621	2607	12869
2012	1174	7483	34424	2736	13464
2013	1238	7864	36106	2925	14052
2014	1275	8279	37803	3058	14487
2015	1331	8647	39234	3207	14867

资料来源：香港特别行政区政府统计处。

香港专业服务业发展速度较快，与专业服务有关的企业在香港设立办事处的数目逐年增加。近年来创造的生产总值也稳步上升，专业服务生产总值占 GDP 的比重从回归前 1996 年的 3.3% 增加至 2014 年的 5.94%，且每年稳步提升。专业服务人员占总就业人数的比例也呈现一个上升趋势，2015 年已达到 4.43%。

表 7-4 专业服务业机构发展指标情况

年份	2011	2012	2013	2014	2015
机构单位数目（个）	26583	27684	29482	30591	31982
专业服务业就业人数（人）	148059	154145	160330	163681	167680
占总就业人数比例（%）	4.14	4.21	4.30	4.37	4.43
专业服务业生产总值（港元）	109785	118697	124199	134118	N.A.
占地区生产总值比例（%）	5.68	5.83	5.81	5.94	N.A.

资料来源：香港特别行政区政府统计处。

（三）香港服务业的比较优势

香港是全球最自由开放的外向型经济体之一，服务业发展具有快速充分的市场和技术信息。在世界经济全球化的运作机制中，香港构筑起专业化和满足国际市场需求的服务经济体系。

1. 跨国公司全球化经营带动专业人才汇聚，专业水平高

在全球政治多极化、国际经济一体化所构建的新的国际格局中，跨国公司全球化经营极大地带动了生产性服务业国际分工优势转移。

香港金融服务业发展的一个重要原因是，跨国公司的扩张极大地拓展了东亚和东南亚以及改革开放后的内地对相关金融服务业的需求。跨国公司的全球化经营加速了资本、技术和人才的国际流动，对香港的服务业水平不断地提出更高的要求，促使香港服务业各个部门不断地改良。

香港是国际金融、贸易和高增值服务中心，在国际商业管理方面，香港位居全球优秀之列，良好的工作环境和生活环境使优秀专业人才汇聚，特别是在金融、贸易、专业服务方面。香港的专业人士毕业或受训于西方先进国家的教育机构，在业内以专业水平高、具备创意素质、工作效率高著称，与国际同业联系密切，对国际市场要求、业内最新技术及信息了如指掌。同时，由于香港是内地产业与国际市场之间的中介，香港的专业人士也相对了解内地的市场及制度，不少欲进军内地市场的国际专业机构通常会首先联合香港同业开展相关业务。

2. 具有发达的国际商业网络，在国际分工中地位不断巩固

在苏伊士运河开通后，香港航运业的优势陡然上升，集装箱运输业大规模兴起，环岛各港口的基础设施不断得到完善，铁路与中国内地贯通后形成了海陆联动的大动脉，再加上香港、澳门、深圳、珠海和广州空港，促使香港运输业在国际分工中的比较成本优势凸显，使得整个香港作为独立经济体在国际分工中的地位不断巩固。

香港是发展成熟的国际服务业中心，长期以来建立起来的国际商业网络联系世界各地，辐射力强，是企业开发跨国业务商机及拓展国际市场之重要平台。来自欧洲、美国、日本的大批企业都在香港设有跨国企业地区总部及办事处。除这批长期驻扎香港的国际商户外，香港每年还举办超过170个重要的国际会议及展览会，吸引大量海外商家来港。强大的国际商业网络是企业联系、信息交换和业务洽谈的重要平台，使香港服务业能够与国际市场密切相连。

3. 法制完善，业界以国际标准运作

服务业的商业运行高度依赖市场的制度环境。发达的市场经济制度，透明公正的商业规范与遵守法制规则的市场秩序以及完善的和有公信力的市场中介组织，是高素质服务业发展的基础。香港服务业的发达，是与香港市场经济制度和法治社会的完备分不开的。香港法制完善，尤其是在与高增值服务业发展直接相关的知识产权保护方面的法律完备有效。商业操作方式高度国际化和规范化，行业自律和诚信经营普遍建立，在产品质量、服务素质、专业人士的专业素质和职业道德等方面的确认和监察制度完善，商业欺诈行为将会受到严厉的惩罚，香港具有良好的国际商业环境。香港作为亚洲的国际司法之都，香港法律服务业在满足客户对投资有关的专业服务需要方面发挥着重要作用，如在处理亚洲并购交易方面占有顶尖地位的法律顾问机构，很多在香港都非常活跃；又如内地企业在香港上市以及简化内地企业来港设立公司的程序，有利于内地企业对香港律师事务所提供的各项专业服务的需求量的提升。

三 港资服务业在广东的发展

（一）粤港产业结构的变化和对比

从世界经济发展的历史来看，一般来说，产业结构的变化是工业化进程不断推进、经济不断发展的结果，根据配第－克拉克定理，经济发展的一般规律：随着经济的发展，在国内生产总值中第一产业的产出和劳动力的比重逐渐下降，第二产业比重不断上升；当经济进一步发展之后，第三产业的比重开始不断上升。目前，世界上进入后工业化的发达国家的服务业产出在国内生产总值中的份额普遍在70%左右。

如表7-5所示，粤港的产业结构的变化大体上符合上述规律，改革开放之后，随着经济的快速发展，广东尤其是珠三角地区通过大力发展加工制造业、进出口贸易业，第一产业比重迅速下降，第二、第三产业比重不断上升；从2010年到2015年，第二产业的比重呈现下降趋势，表明广东正在进入后工业化时期。香港从20世纪70年代开始进行产业转移，将制造业转移到内地和其他国家，与此同时大力发展服务业，因此香港的第二产业比重迅速下跌，同时第三产业比重大幅上升，到2015年其服务业比重已经高达92.7%，香港成为一个服务型经济体。

表 7-5　1980~2015 年粤港产业结构的变化

单位：%

年份		1980	1990	2000	2010	2015
广东	第一产业	33.2	24.7	9.2	5.0	4.6
	第二产业	41.1	39.5	46.5	50.0	44.8
	第三产业	25.7	35.8	44.3	45.0	50.6
香港	第一产业	0.8	0.3	0.1	0	0.1
	第二产业	31.7	25.3	12.6	7.0	7.2
	第三产业	67.5	74.5	87.3	93.0	92.7

资料来源：历年《广东省统计年鉴》，香港特别行政区政府统计处。

改革开放之后，广东的服务业发展十分迅速，但总体而言发展水平不高，尤其在生产性服务业领域，包括对外贸易、国际航运、金融行业、专业服务等，广东自身发展较为滞后，难以满足迅速发展的制造业和外贸的需求，缺口较大。相较之下，香港服务业发展起点更高，发展水平更是位于世界前列，其主要产业优势是世界级的生产性服务业；并且香港作为一个微型经济体，严重依赖外部市场的需求，需要内地广大市场维持自身发展，广东庞大的市场和服务业的巨大需求缺口正好与香港发达的服务业形成互补，这不仅是粤港服务业合作的基础，同时也是导致港资在广东投资服务业领域的主要因素。

（二）港资服务业的主要发展阶段

CEPA 是内地对香港开放服务业市场的重要制度安排，以 2004 年 CEPA 的实施作为分界点，可以将改革开放之后港资服务业在广东的发展历程分为两个大的阶段。

1. CEPA 实施之前港资服务业的有限发展

从 1978 年改革开放到 2004 年 CEPA 正式实施，内地服务业市场的整体开放程度是比较低的。尽管粤港之间服务贸易往来频繁，但由于市场准入的限制，两地贸易并未采取大量投资服务业的形式进行，而是主要投资于制造业，制造业所需的配套服务则主要在香港完成，这便是"前店后厂"的粤港合作和分工模式：香港利用其海外贸易窗口的优势承接订单，并从事制造和开发新产品、新工艺，供应原材料、元器件，控制产品质量,进行市场推广和对外销售,扮演"店"和"服务"的角色;广东(主要为珠三角地区)则凭借廉价的土地、劳动力资源等优势,进行生产、加工和装配,扮演"厂"和"生产"的角色。

在这一阶段,港资服务业的发展较为受限。广东作为改革开放的先行者,在政策上具有一定的灵活性,一方面广东逐步开放服务业市场,另一方面香港资本对广东服务业不断渗透,港资服务业的发展基本处于在探索中前进的阶段。这一时期内香港对广东服务业的投资大体上可以划分为两类,一类是符合政策要求和规范、通过正当的政府审批程序进入,例如酒店业、零售业、房地产业等;另一类是在市场机会的激励下,香港资本通过变通或者间接的方式实际上进入广东的服务业市场,这往往出现在限制较多或完全不开放的服务业部门。在按照政策规范进入的香港服务提供者中,大多是实力较为雄厚的大型企业,因为内地对外资有一定的门槛要求,通常只有大企业能够满足这些要求,而大量的香港中小企业则无法通过正常途径进入市场。然而,内地经济的迅速发展产生了巨大的市场空间,致使一部分香港资本通过一些非正常途径突破内地政府的管制对服务业进行投资。这部分"沉在水底的香港资本"在广东地区实际存在的情况大体上有以下四种[1]:一是全沉在水底的状况,是指以其他名目而非外资形式注册登记进入服务业,常见做法是以内地居民或企业身份注册,实际上由外资投资或经营;二是突破领域与地域限制的状况,是指香港资本合法进入服务业市场之后,采取变通手段不公开地从事超出其获准经营或地域范围的业务;三是突破投资主体限制的状况,通常出现在要求合资且外资股份不能超过50%的领域,有些香港资本表面上满足上述要求,但可能占据大部分投资和掌握实际控制权;四是地方政府采用变通方法引进或者实际上默许其存在的外资。

事实上,对于上述四类"沉在水底的香港资本"中的每一类,地方政府甚至更高一级的政府很可能或多或少有所知悉,只是很多时候持一种默许的态度。由于香港资本进入广东的服务业市场对于广东乃至整

---

[1] 参见陈广汉主编《港澳珠三角区域经济整合与制度创新》,社会科学文献出版社,2008。

个内地的经济发展能起到正面作用，既能提高制造业的生产效率、提高居民的生活水平，同时也能促进本地服务业的发展，因此政府和市场都有动力尽可能地为香港资本进入市场提供条件。与此同时，内地不断推进改革的过程，也是内地服务业市场逐步开放的过程，一部分非规范的市场进入行为可能走在了改革的前面，在一定程度上也推动了改革的进展。但是也应该看到，这些不规范的市场进入行为终归是对市场的一种扭曲，香港资本为此付出了额外的成本，亦承担了额外的风险，并不利于港资服务业的长期发展。港资服务企业实际上需要一种制度上的保障，以保证其能够稳步发展。

2. CEPA 实施之后港资服务业的快速发展

2003 年内地与香港签订了 CEPA，标志着粤港服务贸易自由化走向了一条制度化的道路。CEPA 是一项区域性的自由贸易协定，涉及货物贸易、服务贸易、投资等多个方面，重点在于服务贸易的自由化和投资的便利化。CEPA 实施之后，服务业市场的逐步开放、服务贸易壁垒与投资壁垒的削减，加快了港资服务业向广东投资的步伐，港资服务业迎来了迅速发展的阶段。

由于港资服务业相关数据较为缺乏，而服务贸易和服务业的投资密切相关，本文通过粤港跨境服务贸易来侧面考察港资服务业的发展状况。从表 7-6 可以看出，CEPA 签订之后，粤港之间的服务贸易增长迅速，2004~2008 年，广东从香港进口的服务贸易额从 18.7 亿美元增加至 2008 年的 50.74 亿美元，年均增长率高达 28.3%，远远高于同期商品贸易的增长率。在统计的 14 个服务贸易类别下，只有保险、体育文化和娱乐服务与广告展览市场调研服务贸易额的年增长率低于 20%，其余类别下的服务贸易年增长率都在 20% 以上，在这个过程中伴随着大量港资服务业进入广东市场。香港对广东出口的旅游服务的快速增长主要源于"自由行"政策的实施，伴随着旅游的繁荣，港资旅游公司和旅行社在广东逐步发展起来，主要为内地居民赴港旅游提供服务。金融业是 CEPA 当中重点开放的行业，中央政府对于银行、证券等行业逐年增加开放措施，并且香港作为国际金融中心，对内地而言引进更多的香港金融业有利于内地金融业的发展，港资银行、证券公司等金融机构的引进，大大促进了粤港金融服务贸易的增长。

表 7-6 2004~2008 年粤港跨境服务贸易的广东进口情况

单位：亿美元，%

服务行业\年份	2004	2005	2006	2007	2008	年增长率
运输服务	11.44	14.59	15.62	20.89	24.93	21.5
海运	7.46	9.71	10.14	14.61	17.41	23.6
空运	1.94	2.64	3	3.83	4.9	26.1
运输佣金，代理费	—	—	—	0.03	0.05	389.4
旅游	0.87	1.26	2.48	7.46	6.42	64.9
保险	0.57	0.81	0.95	1.25	1.18	19.7
金融服务	0.04	0.03	0.05	0.09	0.29	62.4
转口贸易及贸易佣金	1.15	1.13	1.41	1.97	3.25	29.7
通信服务	0.08	0.18	0.18	0.36	0.43	53.9
计算机和信息服务	0.14	0.24	0.29	0.78	0.65	47.4
专利使用费和特许费	0.42	0.44	0.92	1.16	1.49	37.3
体育文化和娱乐服务	0.13	0.09	0.12	0.18	0.2	10.7
建筑安装及劳务承包服务	0.37	0.54	0.37	0.41	1.16	33.3
建筑安装服务	0.37	0.54	0.36	0.27	1.09	31.3
劳务承包服务			0.02	0.14	0.06	91.2
技术服务			0.01	0.28	0.73	844.2
法律会计管理咨询和公共关系服务	1.65	2.19	2.64	4.07	7.88	47.9
广告展览市场调研	0.88	0.96	1.16	1.4	1.47	13.8
小计	17.73	20.07	26.02	38.4	48.39	28.5
粤港服务贸易（广东进口）	18.7	23.6	27.36	43.42	50.74	28.3

资料来源：《香港在国家发展中的作用》，《港澳经济年鉴 2010》，人民出版社。

根据 CEPA，只有港澳服务提供者可以享受 CEPA 政策，按照准入前国民待遇加负面清单管理模式对其投资采用备案方式准入。港澳服务提供者的范围小于港澳投资者，在 CEPA 协议中对服务提供者及有关情况进行了详细规定，服务提供者包括自然人和法人两种类型，自然人是指香港澳门特别行政区永久居民，法人是指经过港澳特区政府有关部门依法认定的机构或组织,法人必须凭《服务提供者证明书》才可以享受 CEPA 政策。因此《香港服务提供者证明书》签发的数量可以一定程度上反映各个行业的港资服务企业进入内地发展的情况。

表 7-7　CEPA 实施以来《香港服务提供者证明书》累计签发数目

服务行业	累计签发数目
运输服务及物流服务	1388
分销服务	364
航空运输服务	278
人员提供与安排服务	163
广告服务	142
印刷服务	121
建筑专业服务及建筑和相关工程服务	105
证券期货服务	83
视听服务	81
增值电信服务	61
管理咨询与相关的服务	51
旅游和与旅游相关的服务	49
医疗及牙医服务	41
文娱服务(除视听服务以外)	34
房地产服务	29
法律服务	24
会议服务和展览服务	24
计算机及其相关服务与信息技术服务	22
所有保险及其相关服务	22
商标代理服务	14

说明:截至 2017 年 8 月 31 日,原表共 53 个行业,为简明起见,本文截取了累计签发数目排名前 20 个行业。

资料来源:香港工业贸易署。

如表 7-7 所示,截至 2017 年 8 月 31 日,已有多个行业的港资服务企业申请了《香港服务提供者证明书》,涵盖贸易、运输、金融、专业服务、视听服务、信息服务等多个方面,表明在各个行业均有不少港资企业已经或者计划进入内地市场提供服务。由于不同行业的企业数量、企业规模差别较大，因此《香港服务提供者证明书》并不能准确反映在不同行业的投资规模，但是可以一定程度地反映出投资于内地的各个行业的港资服务企业数量。表 7-7 显示，传统行业的港资服务企业数量较多，包括运输、物流、分销、建筑等，现代服务业方面金融行业企业数量不少但仍有上升空间，专业服务业当中广告服务企业数量较多，其他行业相对较少。总体而言，传统行业的港资服务企业较多，而对于广东乃至内地经济结构调整和转型升级最具效益、最具战略性意义的现代服务业，尤其是金融业、专业服务等企业数量仍有进一步提升的空间。

（三）港资服务业发展遇到的主要困难和问题

CEPA 实施之前，由于政策法规等制度的约束和限制，服务业市场开放水平很低，港资服务业面临的主要困难是市场不开放，为此，港资服务业不得不寻求各种变通的方式进入广东，并承担一定的制度和政策风险。CEPA 实施之后，内地服务业市场逐步开放，并且有文本上的制度框架作为保障，香港大多数行业可以合法身份进入内地市场发展。但由于内地与香港在经济制度、市场、法律等各方面的差异，不利于港资服务业发展的诸多问题仍存在，主要可以归结为三个方面，即制度局限、市场局限、港资企业自身局限。

1. 制度局限

内地处于转型期，制度有待优化和完善。通过 CEPA 开放的优惠措施进入广东的港资服务企业常常遇到市场准入、政府审批、企业设立、监管体系等问题。在笔者的调研当中，有港方人士认为：在内地设立企业手续较多，审批较严且不透明，但企业设立之后违规成本低，监管体系不完善；港方人士还表示，这与香港的情况刚好相反，在香港设立企业非常方便，但是企业开业之后面临很高的违法成本，这样就保证了市场健康、高效地运转。港资企业在内地设立企业过程中的困难实际上构成港资企业的进入成本，使得即使 CEPA 开放了大门，很多港资企业也会因较高的进入成本望而却步。这种制度层面的问题在整个内地普遍存在，因中国正处于经济社会转型期，市场化程度仍有待提高，许多经济制度未能和国际接轨；反观香港拥有世界一流的自由市场，以"自由港"著称，高度市场化国际化，香港地区经济制度与世界发达国家接轨。这种制度局限使内地与香港存在较大制度差异，港资企业对于内地制度的不适应是制度摩擦带来的结果。

2. 市场局限

内地服务业发育程度仍显不足，市场容量有限。部分人士对CEPA寄予厚望，认为CEPA的实施可立即吸引大量港商进入内地市场。两个经济体之间的贸易状况固然受两地之间贸易壁垒的影响，但市场供需方面的因素亦不容忽视。CEPA确实一定程度上消除了粤港之间的贸易和市场准入壁垒，但广东与香港的市场发育程度仍存在较大差距；港资服务业是否进入广东的决策主要基于市场因素，市场成熟度的差距使得广东的服务业市场并不如想象中的那么有吸引力。以广州和香港为例，2015年香港人均GDP在43000美元左右，同期广东人均GDP只有11000美元，发展水平最高的深圳和广州的人均GDP分别为25000美元和22000美元左右，与香港差距较大；香港的服务业达到国际一流水平，为世界各国客户提供优质服务，而广东的服务业发展水平有限，仍主要为内地客户提供服务。因此，与广东相比，香港的服务业成本和价格高昂，尤其是专业服务，主要由各行业专业人士提供，考虑到香港的工资和收入水平，对广东企业和普通居民而言其价格过高，仅少量客户有能力负担。例如，某港资独资医疗机构依照CEPA的优惠措施于广州开业，相对于本土医疗机构而言，其服务价格较高，目前其客户群体仍主要为外籍和港籍人士，可见相对于香港服务的提供价格，广东的收入水平和市场发育程度仍偏低。因此，相对于广东目前的服务业需求而言，香港相当一部分服务供给属于较高层次，而广东的高端服务市场容量有限，在很多行业不足以吸引大量港资服务企业进入，限于广东市场发育的规模，某些行业能够容纳的港资服务企业有限。

3. 港资企业自身局限

港资中小企业较多，准备有所不足。这主要体现在两个方面：一是部分行业当中港资企业以中小企业居多，二是部分港资企业对于进入内地市场的准备不够充分。香港的市场环境孕育了大量的中小企业，相对于这些中小企业而言，进入内地市场的前期成本足以构成阻碍；此外部分行业如金融、保险、专业服务等，无论是 CEPA 的开放措施还是内地的企业设立标准均设置了一定的门槛，许多规模较小的港资企业达不到门槛的要求，便无法进入内地市场。此外，一部分港资服务机构对于进军广东和内地市场的准备有所不足，有三方面的原因，一是两地间市场环境存在较大差异，原本在香港提供服务的业务模式难以直接复制，可能需要探索新的模式；二是香港服务业市场规则与内地有所不同，港资企业对于在内地开展业务比较生疏；三是广东与港澳之间的市场和制度的差异构成进入成本，该成本可能事前没有被充分考虑到。

四 CEPA 框架下珠三角与香港服务贸易的本地市场效应研究

（一）引言

《内地与香港关于建立更紧密经贸关系的安排》（CEPA）是为促进内地和香港特别行政区经济的共同繁荣与发展，加强双方与其他国家的经贸联系的一项在 WTO 框架下的制度安排。自主体文件 2003 年签署并实施以来，根据两地经贸合作的不断发展深入，双方现已签署 CEPA 十个补充协议。2014 年签署的 CEPA 的广东协议（CEPA 关于内地在广东与香港基本实现服务贸易自由化的协议）主要是对服务贸易的一个先试先行，紧接着 2015 年 CEPA 的全国范围的服务贸易协议正式签署。CEPA 服务贸易协议是首个内地全境以准入前国民待遇加负面清单方式全面开放服务贸易领域的自由贸易协议，自此内地对香港开放服务部门将达到 153 个，涉及世界贸易组织 160 个服务部门的 95.6%，其中 62 个部门实现国民待遇，使用负面清单的限制性措施仅 120 项。内地与香港实现服务贸易自由化有利于双方充分利用自身的优势，巩固香港国际金融中心、贸易中心、航运中心的地位，也为内地服务业的发展注入活力，加强服务业的国际化融合，为两地经济共同发展提供更加便利的制度化设计。

国务院总理李克强在 2013 年的《政府工作报告》中提出，要推动内地与港澳深化合作，研究制定粤港澳大湾区城市群发展规划，发挥港澳独特优势，提升其在国家经济发展和对外开放中的地位与功能。[①]"粤港澳大湾区"建设被提升到国家战略层面，期望依托改革开放以来在全球化背景下珠三角 9 城市以及港澳地区经济发展形成的各自优势，打造世界级的湾区，发挥对外开放平台作用，成为联通"一带一路"的重要门户，辐射带动更广阔的地区的经济发展。在前期发展过程中，CEPA 对于港资服务业在广东地区的发展、内地与香港的经济融合发挥了积极的作用，因此，探讨 CEPA 对于两地经济尤其是香港的服务业的效应具有重要的意义，对于接下来两地经济的深化合作、粤港澳大湾区的规划建设也有重要的参考价值。

（二）文献综述

1. CEPA 开放效应研究综述

CEPA 签署以来，早期学术界对于 CEPA 的经济效应研究主要侧重于定性分析。袁持平、蔡炎君（2004），俞肇熊、王坤（2007）分析了 CEPA 实施对两地及相关产业的经济影响，陈恩（2006）阐述了实施过程中存在两地专业环境差异大、大门开小门不开等问题并给出相关建议。如今一些学者对 CEPA 经济效应的研究逐渐由定性分析转向定量分析。张天桂（2005）运用区内贸易比重、巴拉萨模型、区内贸易流量、格鲁伯－劳艾德指标等工具实证分析得出结论：CEPA 的实施使香港对内地的贸易依存度进一步增强，并产生了贸易创造效应，对内地影响暂时不明确；对于区域经济一体化而言，香港比内地成本低。华晓红、杨立强（2008）运用统计分析的方法对 CEPA 开放以来两地经济、服务贸易的影响进行了分析和评价，并运用 GTAP 模型模拟预测了内地与香港完全自由贸易将大大促进双方的经济增长。周余辉、李郁（2006）使用 Head 和 Mayer 的边界效应模型测量了香港与部分内地省份的贸易一体化程度，发现两地的贸易障碍相对程度比较高，贸易一体化进程较慢。

对 CEPA 的服务贸易效应研究近年来才兴起，当然这也与香港产业结构的变迁有关。陈广汉、曾奕（2005）通过建立一个完全竞争和规

[①] 十二届全国人大五次会议李克强总理《政府工作报告》。

模报酬不变假设下的生产者服务贸易自由化模型,证明服务贸易自由化可以提高小国或地区的福利,但对于大国的影响存在不确定性。于绯(2009)借助巴拉萨模型、引力模型和空间相互作用的购物模型分析 CEPA 实施以来,粤港服务贸易合作存在行业不平衡和地区收益不平衡。毛艳华、肖延兵(2013)认为 CEPA 发挥了内地与香港服务贸易的比较优势,促进了双边服务贸易的快速发展,并获得了服务贸易开放的静态效应与动态效应。

2. 本地市场效应综述

(1) 基本理论

Krugman(1980)指出,在一个存在报酬递增和贸易成本的世界中,那些拥有相对较大国内市场需求的国家将成为净出口国,此即"本地市场效应"(Home Market Effects)。换句话说,在厂商水平有规模收益递增特征的产业,两个区域中的相对较大区域将是净出口者(Head and Mayer, 2002)。Davis and Weinstein (1996) 指出,在规模报酬不变的比较优势模型(Perfect Competition and Constant Returns to Scale, CRS - PC)中,对某种商品的超常需求将导致它的进口;而在规模报酬递增模型(Monopolistic Competition and Increasing Returns to Scale, IRS - MC)中,拥有超常需求的国家将会成为生产区位并出口该商品。由于本地市场效应不可能出现在规模报酬不变的模型中,因而这一特征可以作为实证检验两种范式的基础。自本地市场效应的概念被提出以来,学术界基于基本模型在多个方向上进行了拓展,经验证据也被越来越多的文献所提供。

国内对本地市场效应的研究从制造业开始,张帆和潘佐红(2006)发现本地市场效应在决定中国地区间生产和贸易的类型上起着显著的作用。国内学者对服务业的本地市场效应研究也逐渐重视。阚大学、吕连菊(2014)利用 1992~2011 年中国与 31 个国家(地区)的双边服务贸易的面板数据实证研究了中国服务贸易的本地市场效应,发现相对需求结构、需求规模作用的本地市场效应和劳动力要素禀赋为传统的比较优势均促进了中国服务出口,后者的促进作用大于前者。毛艳华、李敬子(2015)通过引入服务企业异质性假设,构建了两国框架的服务企业贸易模型,证明了本地市场效应的存在及条件,同时采用 2000~

2013 年中国与 41 个国家或地区的双边服务贸易面板数据进行经验检验，结果发现中国整体服务业出口存在本地市场效应，且比较优势对服务业出口的促进作用大于本地市场效应。

也有一些研究者通过建立理论模型发现了逆向本地市场效应或反向本地市场效应（Anti－HME，即在垄断竞争、规模报酬递增部门，生产份额的变化和需求份额的变化之间呈负相关）。Baldwin and Okubo (2004)，Okubo and Rbeyrol (2006) 构建的模型引入沉没成本或规制成本（Market Entry Sunk Costs or Regulation Costs），发现规制成本作为一种离心力将会弱化经典的本地市场效应，大国意味着较高的规制成本，而小国意味着较低的规制成本，这意味着规制成本的差异有利于小国，当规制成本足够大时，会出现逆向本地市场效应或反本地市场效应。Head and Mayer (2004) 考察了不完全劳动工资弹性时贸易成本对本地市场效应的影响，当劳动工资弹性较小时，它将导致大国市场的高工资从而弱化甚至出现逆向本地市场效应。

本地市场效应可以作为区别两种贸易论范式的识别标准并具有显著的福利含义，本地市场效应的出现与否严重地依赖模型的假设条件本身。大多数的经验研究来源于发达的工业化国家，也基本来源于制造业，缺乏关于发展中国家及服务业的经验研究。

（2）基本理论模型

Krugman (1980) 和 Helpman and Krugman (1985) 描述了一个单一生产要素、两国、两部门模型。一个部门在 CRS－PC 框架下生产同质产品，不存在运输成本；另一个部门在 IRS－MC 框架下生产水平差异化产品，该部门存在固定成本和不变的边际成本，运输成本采用冰山型，即运输 τ 单位产品只有 1 单位到达目的地。效用函数是 C－D 函数和 CES 函数的复合形式。如果 μ 是本国相对于外国生产的产品数量，$\phi<1$ 是贸易自由度，λ 是本国相对于外国的需求比例。Krugman (1980) 指出：

$$\mu = \frac{\lambda - \phi}{1 - \phi\lambda} \tag{1}$$

如果本国和外国有着相同的需求规模（$\lambda=1$），则本国和外国产生的产品数量相等（$\mu=1$）；但如果本国对 IRS－MC 部门产品需求稍微上升（λ>1），则本国相对于外国将产生更大比例的 IRS – MC 部门产品（μ>1），从而出现本地市场效应，本国也成为该产品的净出口国。

Davis and Weistein （1996，1999，2003）对式（1）求导得到：

$$\frac{\partial \mu}{\partial \lambda} = \frac{1 + \phi}{1 - \phi} > 1 \qquad (2)$$

为什么在 IRS – MC 框架下会出现本地市场效应呢？Krugman（1980）只是简单分析了企业有定位于大的市场实现规模经济和减少运输成本的需要。Davis and Weinstein （1996，2003）则进行了具体的说明：在贸易成本存在的情况下，厂商有定位于需求较大市场的激励，这同时意味着越来越多的厂商将离开较小的市场，因为过高的贸易成本使得它们无法通过出口的方式将产品输入较大的市场。因此，超常需求将促使厂商不断进入较大市场追求剩余利润从而产生本地市场效应。但是在 CRS – PC 框架下，需求的增加仅在价格上升的情况下才能引起供给的增加，由于无贸易成本，这将引起外国对本地市场的出口增加。因此，超常需求将通过本地的额外供给和增加进口来得到满足，本地市场效应并不会出现。

（3）实证检验

对本地市场效应的实证检验要比理论研究相对晚一点，主要原因在于实证模型的构建和数据可得性。不过，近年来，随着计量经济学的发展和理论模型的进一步拓展，学者在本地市场效应的实证检验上也取得了长足的进展，对不同国家和地区的本地市场效应做了深入的实证研究。主要有以下几种研究方法。

第一种方法是由 Davis and Weinstein（1999，2003）提出的基于超常需求的实证方法。他们对日本的区间贸易做了验证，发现在日本的 19 个部门当中有 8 个存在本地市场效应，并且有地区间的本地市场效应超过国家间的本地市场效应。他进一步对 OECD 国家是否存在本地市场效应进行了验证。他建立了含有规模报酬递增和要素禀赋的实证模型，试图分离本地市场效应和要素禀赋对贸易的不同影响，然后得出 OECD 国家几乎不存在本地市场效应——本地市场效应仅解释了 5% 的贸易模式，而要素禀赋则高达 90%。同样利用超常需求的还有

Claver et al. (2011)，他在西班牙17个地区9个制造业部门中的5个发现了显著的本地市场效应。

第二种实证研究方法是利用贸易引力模型。代表研究有：Bergstrand (1989)，Schumacher (2003)，Schumacher and Siliverstovs (2006)，他们利用贸易引力模型研究本地市场效应与收入弹性之间的关系，在分离出要素禀赋的影响后发现制造部门的确存在着本地市场效应。其他类似的研究还有：Feenstra et al. (2001)，Brulhart and Trionfetti (2005)，Hanson and Xiang (2004) 采用了与之前学者不同的研究方法——倍差引力模型来验证本地市场效应，并且得出结论：本地市场效应很大程度上受到运输成本的影响。

最后一种实证研究方法是由 Fujita et al. (2001) 所构建的模型（简称FKV模型），他们的研究对经济地理模型给出了一个规范的形式，由此来推导本地市场效应。其他的实证检验方法有 Behrens et al. (2004) 所使用的符号检验 (Sign Test) 和排序检验 (Rank Test)。

（三） CEPA 框架下香港与内地服务贸易发展概况

1. 香港与内地服务贸易总体发展特征

改革开放以来，香港逐渐将本地生产制造业转移到内地珠三角地区及其他发展中国家和地区，而在本港以"前店后厂"的模式大力地发展服务业，如今服务贸易已经在其经济发展中占有重要地位。尤其是CEPA签订后，香港的服务贸易飞速发展，2015年服务贸易总额已达到1393.293亿港元，年均增长6.62%，内地是香港最主要的服务贸易伙伴，2015年香港与内地服务贸易额占香港总的服务贸易额的39.4%。从表7-8可见，CEPA签署以来，2003~2015年13年间，香港对内地服务输出有12年保持了正增长，年均增长12%，且香港对内地的服务输出占香港的服务总输出比重也从26.25%提升至38.42%；香港对内地服务输入在CEPA签署以来大部分年份保持了正增长，除2009年受全球金融危机影响外，其他年份都发展平稳，年均增长率为1%，香港对内地服务输入占服务总输入比重从56.65%下降到38.59%。可见CEPA实施以来，香港对内地的服务贸易顺差不断扩大。

表 7-8 2000~2015 年香港对内地服务贸易发展情况

单位：百万港元，%

年份	香港对内地服务输出	增长率	占总服务输出之比重	香港对内地服务输入	增长率	占总服务输入之比重
2000	44089.00	2.29	17.92	212210.00	7.00	61.21
2001	46966.00	6.53	19.32	207185.00	-2.37	60.36
2002	63256.00	34.68	24.20	200403.00	-3.27	58.24
2003	69202.00	9.40	26.25	191394.00	-4.50	56.65
2004	78912.00	14.03	24.85	213720.00	11.66	54.58
2005	87116.00	10.40	23.64	243449.00	13.91	55.65
2006	94059.00	7.97	22.24	281709.00	15.72	56.92
2007	115976.00	23.30	23.07	289686.00	2.83	54.04
2008	129129.00	11.34	23.72	291550.00	0.64	51.57
2009	139440.00	7.99	27.82	223445.00	-23.36	47.17
2010	185577.00	33.09	29.66	252482.00	13.00	46.16
2011	234137.00	26.17	32.94	250092.00	-0.95	43.27
2012	269358.00	15.04	35.26	252883.00	1.12	42.55
2013	317151.00	17.74	39.03	235908.00	-6.71	40.45
2014	321650.00	1.42	38.80	216521.00	-8.22	37.75
2015	310792.00	-3.38	38.42	221651.00	2.37	38.59

资料来源：Wind 资讯。

2. 香港与内地服务贸易结构特征

服务贸易方面协议（CEPA）的签署，为香港设立了"最惠待遇"，内地在开放时间、准入条件、资金要求、地域限制及允许独资经营方面优先对香港开放。香港的服务贸易总体上虽然发展比较平稳，但内部各部门发展不平衡。由图 7-1 和图 7-2 可见，旅游服务、贸易服务等劳动密集型的服务贸易发展较好，而保险金融服务等服务贸易发展较为迟缓。自 CEPA 签署以来旅游服务输出从占总服务输出的 33.8% 上升到 51.1%，年均增长 13%；旅游服务输入占总服务输入比重由 46.7% 降低到 42.4%，年均增长 5%。

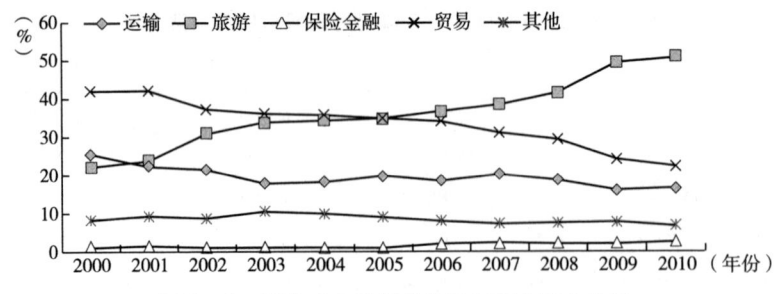

图 7-1 香港对内地服务输出各行业所占比重

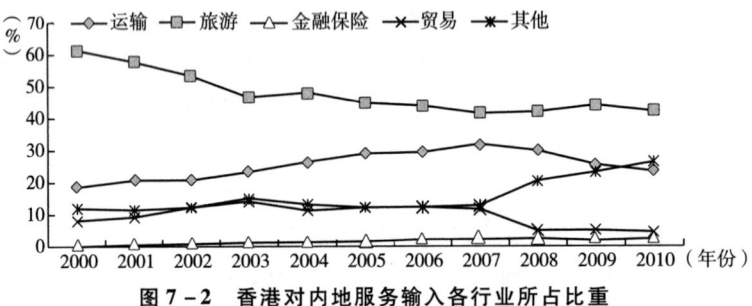

图 7-2 香港对内地服务输入各行业所占比重

(四) 模型设定与数据说明

1. 实证模型设定

本研究依据 Schumacher 和 Siliverstove (2006) 的引力模型, 更加全面地考虑服务业出口的影响因素, 模型包含了反映国家间贸易自由化差异和产业一致性特征的变量, 本文设定以下模型:

$$\ln EX_{ij}^{\omega} = \alpha_0^{\omega} + \alpha_1^{\omega} \ln Y_i + \alpha_2^{\omega} \ln c_i + \alpha_3^{\omega} \ln Y_j + \alpha_4^{\omega} \ln y_j + \alpha_5^{\omega} \ln D_{ij} + \sum_{k=0}^{k} \alpha_k^{\omega} Z_{kij} \quad (1)$$

$$\ln IM_{ij}^{\omega} = \ln EX_{ij}^{\omega} = \alpha_0^{\omega} + \alpha_1^{\omega} \ln Y_i + \alpha_2^{\omega} \ln c_i + \alpha_3^{\omega} \ln Y_j$$
$$+ \alpha_4^{\omega} \ln y_j + \alpha_5^{\omega} \ln D_{ij} + \sum_{k=0}^{k} \alpha_k^{\omega} Z_{kij} \quad (2)$$

式 (1)、(2) 中的 i、j 分别表示出口国和进口国, ω 表示产业, EX、Y、c、y、D、Z 分别表示出口额、产品供给能力、资本劳动比、人均 GDP、双边距离、虚拟变量。其中 Y 用 GDP 来衡量, c 衡量要素禀赋状况, y 衡量进口国需求, D 测度两国的贸易成本, Z 测度历史、语言和双边贸易政策等因素的影响。

由于在双边贸易中，$D_{ij} = D_{ji}$，$Z_{kij} = Z_{kji}$，故式（1）与式（2）相减，可以得到下式：

$$\ln(EX_{ij}^{\omega}/IM_{ij}^{\omega}) = \ln(EX_{ij}^{\omega}/EX_{ji}^{\omega})$$
$$= (\alpha_1^{\omega} - \alpha_3^{\omega})\ln(Y_i/Y_j) + \alpha_2^{\omega}\ln(c_i/c_j) - \alpha_4^{\omega}\ln(y_i/y_j) \quad (3)$$

简化为 $\quad lnre\_ex = (\alpha_1^{\omega} - \alpha_3^{\omega})lnre\_gdp + \alpha_2^{\omega}lnre\_c + \alpha_4^{\omega}lnre\_gdppc \quad (4)$

从式（4）发现，进出口国的 GDP 之比，资本劳动比和人均 GDP 之比影响了出口国 ω 产业的出口与进口之比。其中 $lnre\_gdp$ 前的系数 $\alpha_1^{\omega} - \alpha_3^{\omega}$ 大于 0 时，本地市场效应存在。$lnre\_c$ 的系数 α_2^{ω} 越大，说明产品在生产中采用资本要素比例越高。$lnre\_gdppc$ 的系数 α_4^{ω} 越小，该产品生产过程中采用劳动要素比例越高，这时出口国的出口与进口比率越大，即进出口国要素禀赋资源相差越大，这表明了要素禀赋对双边贸易的影响。

2. 变量说明与数据来源

（1）被解释变量

$lnre\_ex$：香港对内地服务贸易的相对出口。本文进出口贸易数据均按现价美元测算，数据采用的是香港特区政府统计处公布的《香港服务贸易统计报告》中相关数据。

（2）解释变量

$lnre\_gdp$：相对市场规模。数据来源于世界发展指标数据库（WDI）。

$Lnre\_c$：相对要素禀赋。要素禀赋采用香港和内地实际资本存量与劳动力总人数的比值来衡量。资本存量的核算采用永续盘存法，公式表示为 $K_t = (1 - \delta_t)K_{t-1} + I_t$。其中 K_t 为 t 年实际资本存量，K_{t-1} 为 $t-1$ 年的实际资本存量，δ_t 为 t 年固定资产折旧率，I_t 为 t 年投资。固定资本形成总额、总劳动力人数数据均来自世界发展指标数据库（WDI）。

（3）控制变量

$lnre\_gdppc$：相对人均 GDP 之比。人均 GDP 数据来自世界发展指标数据库（WDI）。

（五）实证结果分析

本文利用公式（4）对香港与内地服务贸易的本地市场效应进行

OLS 估计。在估计前,需要对各对数序列的平稳性进行 ADF 检验,从表 7-9 的结论可以看出,所有的变量的 ADF 统计量大于临界值,不能拒绝单位根假设,是不平稳的;所有变量一阶差分的 ADF 统计量小于临界值,拒绝单位根假设,是平稳的。为了避免伪回归,本研究利用 ADF 检验了回归后的残差,残差序列是平稳的,说明变量间存在长期稳定的关系。

表 7-9　ADF 平稳性检验结果

变　量	检验形式	ADF 统计量	临界值	结　论
lnre_ex	(CN1)	-1.776	-1.895**	不平稳
d_lnre_ex	(CN2)	-2.575	-2.132**	平稳
lnre_gdp	(CN0)	0.907	-1.383*	不平稳
d_lnre_gdp	(CN0)	-2.583	-1.860***	平稳
lnre_c	(CN0)	4.27	-1.383*	不平稳
d_lnre_c	(CN0)	-2.051	-1.86**	平稳
lnre_gdppc	(CN0)	0.610	-1.383*	不平稳
d_lnre_gdppc	(CN0)	-2.458	-1.860**	平稳
lnre_ys	(CT0)	-0.366	-3.240*	不平稳
d_lnre_ys	(CT0)	-3.705	-3.600**	平稳
lnre_ly	(CN0)	-1.714	-1.833**	不平稳
d_lnre_ly	(CN0)	-1.866	-1.860**	平稳
lnre_bxjr	(CT0)	-2.314	-3.24*	不平稳
d_lnre_bxjr	(CT0)	-9.659	-4.38***	平稳
lnre_my	(CN0)	-0.782	-1.383*	不平稳
d_lnre_my	(CN0)	-2.666	-1.860**	平稳
lnre_qt	(CT0)	-2.199	-3.240*	不平稳
d_lnre_qt	(CT0)	-9.182	-4.38***	平稳

说明:***、**、*分别表示在 1%、5%、10% 的水平上显著。

从表 7-9 的实证结果可知,$\alpha_1^{\omega} - \alpha_3^{\omega}$ 为 -7.586,在 5% 水平上通过显著性检验,说明香港对内地 GDP 之比每增加 1 个百分点,香港对内地服务的出口与进口比率减少 7.586 个百分点,说明两地之间存在着逆向本地市场效应，内地的服务业市场规模扩大有助于香港的服务业的出口。α_2^ω 为 1.865，在 5% 的水平上显著，说明资本劳动比每增加 1，则香港对内地的服务出口与进口之比增加 1.865，说明以资本要素禀赋为传统的比较优势相较于以劳动力要素禀赋为传统的比较优势更能促进服务贸易整体的出口。对比 $\alpha_1^\omega - \alpha_3^\omega$ 和 α_2^ω 可知，逆向本地市场效应对出口的影响大于传统比较优势要素禀赋对出口的影响。这在一定程度上说明，香港服务业对内地的优势主要来源于内地市场的广阔，市场规模更大的内地是香港的服务贸易输出方。

表 7-10 实证结果

变量	系数	标准差	t 统计量	概率
lnre_gdp	-7.586*	2.335	-3.25	0.014
lnre_c	1.865*	0.581	3.21	0.015
lnre_gdppc	1.307	0.440	2.97	0.021
R²			0.713	
Adj-R²			0.590	
D-W			2.422	

说明：***、**、* 分别表示在 1%、5%、10% 的水平上显著。

本研究进一步对服务贸易分行业本地市场效应进行回归，从表 7-11 中可知，运输服务、保险金融服务、贸易服务、其他服务的系数 $\alpha_1^\omega - \alpha_3^\omega$ 和 α_2^ω 均不显著，说明公式（4）从本地市场效应及传统比较优势角度并不能很好地解释运输服务、保险金融服务、贸易服务及其他服务的进出口影响因素。只有旅游服务的系数 $\alpha_1^\omega - \alpha_3^\omega$ 为 -18.578，在 5% 的水平上显著，说明香港对内地 GDP 之比每增加 1 个百分点，香港对内地旅游服务的出口与进口比率减少 18.578 个百分点，说明两地之间旅游服务市场存在着逆向本地市场效应，内地的服务业市场规模扩大有助于香港的旅游服务的出口。α_2^ω 为 4.103，在 5% 的水平上显著，说明资本劳动比每增加 1 个百分点，则香港对内地的服务出口与进口之比增加 4.103，以资本要素禀赋为传统的比较优势相较于以劳动力要素禀赋为传统的比较优势更能促进旅游服务贸易整体的出口。这可能因为旅游服务业是一种综合性服务业，较多依赖和借助信息技术。

表 7-11　分行业实证结果

分行业	常数项	$\alpha_1^\omega - \alpha_3^\omega$	α_2^ω	α_4^ω	Adj R^2	D-W
运输	-0.278 (0.036)	-0.739 (7.898)	-2.351 (1.964)	1.000 (1.489)	-0.868	2.297
旅游	0.099** (0.030)	-18.578** (6.738)	4.103** (1.676)	3.025** (1.270)	0.427	2.271
保险金融	-0.447 (0.754)	120.401 (167.813)	-31.767 (41.737)	-10.291 (31.641)	-0.255	2.549
贸易	-0.066 (0.041)	14.939 (9.105)	-1.529 (2.265)	-3.477* (1.717)	0.149	2.038
其他	0.007 (0.062)	-13.170 (13.695)	1.314 (3.406)	1.432 (2.582)	-0.192	1.792

说明：***、**、*分别表示在1%、5%、10%的水平上显著。

根据以上的实证结果可知，香港对内地的服务贸易存在逆向本地市场效应，具体原因主要是内地与香港签署CEPA协议，给予香港"最惠待遇"，在政策上促使香港地区相较于其他贸易主体具有较低的规制成本，其中旅游业由于两地较为一致的市场标准发展得更加顺利，而其他的服务行业的本地市场效应并不明显，由于旅游业对香港服务业总产值贡献较大，因此香港服务业总体显现出逆向本地市场效应。在国家大力发展"粤港澳大湾区"的建设当口，香港应充分发挥自身服务业的优势，为香港服务业与大湾区内其他产业相互协同发挥优势创造更好的条件。香港特区政府非常重视国家"一带一路"倡议，各方也在研究制定配合国家战略的发展策略。从实证结果的分析可以看出，CEPA签署以来，国内的市场并未对香港除旅游业以外的其他服务业产生较大的影响，可见CEPA对于这些行业的发展影响有限。因此需要总结经验，深入研究影响不明显的原因，推动香港与内地的深入合作，使大湾区建设真正融为一体，提升两地的经济发展水平。

（六）香港与内地服务贸易的现状及存在的主要问题

1. 香港与内地服务贸易的进程和现状

改革开放以来，内地与香港的服务贸易合作经历了两个阶段，第一阶段是 1978~2000 年，香港的制造业北移到珠三角地区，尽享劳动力、土地价格低廉带来的红利，将企业内高端部门如管理、设计、贸易等留在香港。第二阶段是 21 世纪以来，香港自由经济体、低税率等优势吸引来很多跨国公司，渐渐地香港的贸易物流、金融保险、专业服务等高端服务业发展成为经济主导产业。这一阶段内地与香港开展了更为广泛的合作，实现优势互补、合作共通。特别是在 CEPA 服务贸易协议签署后，内地更是在原框架下增加对香港服务业的开放程度。

2017 年 6 月 28 日，在香港回归 20 周年之际，CEPA 继续升级，国家商务部副部长高燕与香港特区政府财政司司长陈茂波在香港签署了《投资协议》和《经济技术合作协议》。其中，《投资协议》是 CEPA 的一个内容全新的子协议，全面覆盖投资准入、投资保护和投资促进等内容，对接国际规则，兼具两地特色，开放程度高，保护力度大，将为两地经贸交流与合作提供更加系统性的制度化保障。这也是内地首次以"负面清单"方式对外签署的投资协议。在投资准入方面，《投资协议》将进一步提升两地间的投资自由化水平。根据协议，内地在非服务业投资领域仅保留了 26 项不符措施，在船舶、飞机制造、资源能源开采、金融市场投资工具等方面采取了更加优惠的开放措施，并明确了在投资领域继续给予香港最惠待遇，这将使香港继续享有内地对外开放的最高水平；在投资保护方面，《投资协议》对投资的征收补偿、转移等，给予香港特区国际高水平投资保护待遇。关于投资者在投资所在地一方的争端解决，双方共同设计了一套符合"一国两制"原则、切合两地需要的争端解决机制，包括友好协商、投诉协调、通报及协调处理、调解、司法途径等，为两地投资者的权益救济和保障做出全面和很有效的制度性安排。

至于《经济技术合作协议》，既包括对 CEPA 及其 10 个补充协议中有关经济技术合作的内容的全面梳理、更新、分类和汇总，也包括根据两地经贸合作实际需要提出的新的合作内容。《经济技术合作协议》重点针对香港业界十分关心的香港参与"一带一路"建设设置了专章，将通过建立工作联系机制、畅通信息沟通渠道、搭建交流平台，改善合作环境、联合参与项目建设和开拓"一带一路"沿线市场等措施，支持香港参与"一带一路"建设。《经济技术合作协议》还设立了次区域经贸合作专章。内容包括推进和深化两地在泛珠三角区域及前海、南沙、横琴等重大合作平台的经贸合作，共同推进粤港澳大湾区城市群建设，支持香港参与内地自贸试验区建设等。令 CEPA 成为一份更全面的现代化自由贸易协议，确保香港业界在内地市场继续享受最优惠准入待遇。

2. 香港与内地服务贸易的形式及存在的问题

在香港当前的四大支柱产业中，最高端（劳动生产率最高）的是金融服务业，最低端（劳动生产率最低）的是旅游业，运输物流、专业服务及其他工商业支援服务这两大行业处于中端。2004～2014 年这十年的数据显示，香港四大支柱产业最高增加值的金融服务业，其增加值年均增长 8.1%；最低增加值的旅游业的增加值年均增速更高达11.3%，其余两大行业的增加值年均增长率为 3.8% 和 6.9%，均低于四大支柱产业的总体增长率。这一现象体现出香港产业结构出现高端化和低端化两极分化的现象。

从金融服务贸易来看，香港国际金融中心建设中的内地因素正在进一步显现。内地经济的持续发展以及由此产生的巨大资金需求和对收购、IPO、财富管理等专业金融服务需求的释放，特别是人民币国际化的不断推进和人民币离岸业务中心的构建，不但是香港经济尤其是金融业抵御全球金融危机强大冲击的重要基础，而且是香港国际金融中心历经坎坷地位依旧相对稳固的强力支撑。截止到 2017 年 7 月，内地企业在香港主板及创业板上市的总市值已经达到 195800 亿港元，占香港交易所总市值的 64.7%，成交金额占总金额的 75.6%。2014 年 11 月 17 日，中国证监会批复的"沪港通"互联互通机制正式试点，沪港通总额度为 5500 亿元人民币。2016 年 12 月 5 日，"深港通"正式启动。2017 年 7 月 2 日，中国人民银行与香港管理局发布公告，批准香港与内地"债券通"上线。"债券通"主要是机构债券市场的场外交易模式，旨在连通内地主要在岸债券市场基础设施，提供跨境现货债券交易及结算。"港股通""债券通"的推出深化了内地与香港的金融合作融合，促进内地资本市场改革，有利于两地投资者分享两地经济发展成果，有利于人民币国际化，促进内地与香港经济金融的有序发展。但还是存在"大门开了，小门不开"的问题，根源在于两地体制不对接和法律不对接，银行、证券、保险领域的产品很多无法双向互认及市场联通，有关资产要求、持股比例、经营范围等门槛要求过高等问题。

从运输物流服务贸易来看，服务贸易模式从跨境交付渐渐转变为商业存在。以往，转移入内地的港企主要使用香港的港口处理其货物的进出口。20世纪90年代，香港的几大集装箱码头公司先后投资于内地，尤其是深圳港口的建设和运营，直接推动了深圳港口设施和服务的提升，港企及内地企业开始转而使用深圳港处理货物的进出口。2015年，深圳集装箱吞吐量达到了全球第三位，其中95%以上的集装箱由深港合资的港口处理。同期，香港港口集装箱吞吐量增长明显放缓，其作为全球最大的集装箱港口的地位先后被新加坡、上海、深圳超越。粤港连通方面，深圳公路口岸的自动核放系统不断完善，广州白云基础海关开通了"跨境快速通关系统"，实现了粤港跨境货物在口岸海关无障碍通过。2017年7月25日，香港政府行政会议通过了广深港高铁（香港段）"一地两检"方案。预计2017年底港珠澳大桥建成通车，东接香港，西接珠海和澳门。存在的问题主要有：统一的物流行业标准还未建成，检验检疫和边防等口岸尚未建立统一的电子信息平台，物流市场双向开放？存在两地竞争的问题，比如深圳的盐田港，分流了香港的码头货柜量，导致香港国际航运中心地位很快被新加坡超越，以后又被上海、深圳和舟山超越，从吞吐量看香港只能排名世界第五。

从旅游服务贸易看，旅游服务贸易是以跨境消费形式存在的服务贸易。"自由行"在港澳地区的快速上升，主要是内地居民进入港澳购物、旅游。内地近年来中产阶层崛起、消费升级的需求不仅促进了港澳购物、休闲旅游业的发展，更逐步使粤港澳这个跨境城市群的商品与消费市场区域一体化，从而使城市群中消费市场功能的空间分工与互补关系开始显露。这种分工推动了香港作为全球品牌代理、分销中心的地位提升。2016年，粤港两地人员往来达1.24亿人次，是世界上最大的双向旅游市场。2017年8月10日，国家旅游局与香港特区商务及经济发展局在京签署了《关于进一步深化内地与香港旅游合作协议》，根据协议，双方将从建立工作机制、落实中央惠港政策、加强旅游产业互动、开展旅游联合宣传推广、加强旅游监管合作、深化粤港澳区域旅游合作、促进双向青少年游学交流等七方面加强旅游交流合作。存在的问题主要是旅游业市场监管协调机制不健全，旅游产品品质不高、旅游市场秩序不规范等等。

从专业服务贸易看，出现以自然人流动向商业存在转变的趋势。香港服务提供者在多个服务领域可享有优惠待遇进入内地市场。自2016年6月《服务贸易协议》实施以来，中国内地已全部或部分开放153个部门，占全部160个服务贸易部门的96%。香港专业团体与内地监管机构签署多项专业资格互认协议，协助香港专业人士进入内地市场。2010年12月，内地与香港达成协议，在香港交易所上市的内地企业可根据中国会计准则编制财务报表，聘请内地认可的会计师事务所审计财务报表。存在的问题有：两地法律人才互相在对方市场执业还是有很大的难度，两地法律制度、专业环境差异大，内地与香港采用不同的法条和分属不同的法域，因此香港专业服务人才想要拓展内地市场难度很大，阻碍两地专业服务的交流。另外，CEPA项下的服务审批权，大多集中在中央及省级相关部门，这种情况导致相关审批环节多，程序复杂，时间长，且手续费用不菲，从而大大挫伤了香港服务业人才北上拓展业务的积极性。近几年，国内企业"走出去"的需要日趋强烈，内地巨大市场的吸引促使香港服务提供者通过两地资格互认进入内地市场的现象，渐渐转变为香港服务提供者以商业存在的形式为内地企业提供"走出去"的专业服务，发挥香港专业服务区别于内地服务业的独特优势。

五　内地与香港合作典型服务业案例分析

（一）香港大学深圳医院

香港大学深圳医院是深港合作的典型，开办5年即获得深圳市属综合性公立医院病人满意度第一位。2010年4月，深圳成为国家首批公立医院改革试点城市，移民城市深圳缺乏优质的医疗资源，彼时的香港大学想要办医院，但是香港没有多余的空间，而且在香港办一家医院需要的时间很长，最终原卫生部和港澳台办牵线，深圳选择与香港大学合作，借助粤港合作"先行先试"平台，在医改中发挥鲇鱼效应，突破当前公立医院的瓶颈，打造一家不一样的医院。

1. 法人治理结构上引进香港先进管理办法，管办分离、政事分开

内地与香港监管制度不同，且有巨大文化差异，为了能够将香港优秀医疗资源引进，又能够因地制宜发展起来，香港大学深圳医学院开创性地建立了董事会领导下的院长负责制。2011年11月14日，港大深圳医院成立了第一届董事会，构建了董事会、医院管理团队、监事会"三权分立"的法人治理结构。在此基础上董事会制定了《香港大学深圳医院董事会章程》，集中实行重大决策权。董事会共有17名成员，架构是这样的：深圳市副市长吴以环担任董事长，其他董事由深港双方各派8名代表，深圳市政府派出的董事会成员包括卫计委、人保部门、发改委、编办等一把手或二把手。医院实行董事会领导下的院长负责制，院长以下设立了12个专业委员会，辅助管理团队进行专业化决策管理。政府放权给医院管理团队负责医院运营管理事务，但同时又设立由深圳市政府有关部门负责同志、香港大学代表、社会知名人士和医院职工代表大会选举产生的代表组成的监事会，监督董事和医院管理团队成员的职务行为。管办分离是国际上通行的公立医院管理办法，美国、英国、法国等发达国家以及我国香港等地区，都实行的是这种模式。这种架构实现了决策、执行、监督有机分离，建立既相互制约又相互协调的医院权力结构和运行机制。

2. 人员管理采用香港模式，薪酬机制按岗定薪

港大深圳医院全部实行聘用制，任何人没有编制，人员待遇全部五险一金。员工和医院是契约关系，医院上上下下都是单纯的工作关系。职工会更加遵守医院的制度规范。港大医院是不允许员工收红包、收回扣的，一旦发现立即解除劳动合同关系。医院去掉了所有行政级别，无论院长、副院长还是科室主管，都是职业化管理的团队。港大深圳医院的医生也没有副高、正高等职称划分，而是采用了香港医生的职别，由高到低分为顾问医生、副顾问医生、驻院医生（专科驻院医生）。这三个职级仅仅是医管局管理下公立医院的三个岗位，它们能在一定程度上代表医生在医院工作的资历，但无法等同于医务委员会对医生行运资质的认定。三个岗位的工作职责不同，顾问医生相当于科室带头人，承担科研、教学等任务。

薪酬制度上，港大深圳医院也参考了香港模式，员工按岗拿薪，医院按顾问医生、副顾问医生和驻院医生的资历，支付医生薪水。据了解，这里医生的平均年收入为 56 万元人民币，高的有 90 万、100 万元人民币，低的有 20 万、30 万人民币。医生收入和科室药品销售、医疗收入脱离了关系，也和医院的总体收入脱离了关系。无论是驻院医生、副顾问医生还是顾问医生，考核临床、教学、科研和行政四个项目，他们的职责和目标都由合同明确，医生的奖金由科室主管评定，年度评核达到超卓（优秀），就可以拿到年度工资 30% 的奖金。另外，通过管理制度规范员工行为，员工靠履行契约完成工作职责。医院较为关键的管理制度包括：不收红包制度，抗菌药物规范，内部审计制度等，对于不符合医院要求的员工，医院可以解聘。

3. 内地与香港文化及管理模式相互磨合

香港大学深圳医院开办五年来，经历了内地与香港文化及管理模式的各种磨合，也体现了这种结合新的优势，营造出公正、公益、廉洁、专业、环保、和谐的绿色医院文化，也为内地医改开辟了新的方向。港大深圳医院提出少用一次性高值耗材，减轻患者经济负担的"绿色手术理念"；抗生素使用比例为 15.95%，几乎全国最低；采用"打包收费"方式，打包费用涵盖患者从确诊入院到出院的诊疗全过程发生的总费用，一口价打包，即使术后出现并发症，费用也不会增加，有效控制"过度用药"及"过度检查"的问题。

香港大学深圳医院这一系列令人耳目一新的改革，借鉴了很多香港医院管理模式的经验，引进了公平文化、公益理念，以医患互信共赢为目标推进内地与香港合作的新模式。相信未来内地和香港会在更多服务领域有更多的合作，共同提高两地人民的福利水平。

（二）的近律师行

1. 的近律师行简介

香港的近律师行是一间扎根香港，具领导地位的律师事务所，其联营网络覆盖整个亚洲地区，为有意在区内投资的本地及国际企业及投资者提供广泛的法律服务。香港的近律师行具有逾 160 年提供法律服务的经验，是历史最悠久、备受尊崇的律师事务所之一，且一直以来凭借其诚恳的态度及稳健的作风，深得客户信任。

香港的近律师行在北京市、上海市、广州市设有三个代表处，并与马来西亚、中国台湾地区及泰国多家独立律师行建立长久而稳定的业务关系，可通过本身的办事处及在亚洲区内的业务关系，尽力为客户（包括具有领导地位的企业、政府及公营机构、私人公司和金融财务机构）提供协助，以满足其对亚洲各地法律服务的要求。香港的近律师行的主要业务范围包括银行及金融、中国贸易及投资、通信及技术、公司组成及公司服务、建筑及仲裁、公司财务及资金市场、娱乐及媒体、金融服务、人力资源及退休金、公司破产及重组、保险、知识产权、诉讼、合并收购及商业、私募股权及创业投资与房地产等。

2. 的近律师行在内地执业遇到的困难

由于法规限制，以及内地、香港法律制度的根本差异，目前香港法律服务提供者进入内地法律服务市场仍然面临许多限制和困难。

首先，香港居民取得内地法律执业资格存在实际困难。CEPA 第一阶段的开放措施允许香港永久性居民中的中国公民按照《国家司法考试实施办法》参加内地统一司法考试，取得内地法律执业资格。但是由于文化差异，虽然 CEPA 允许香港居民进入内地执业，但是真正达到内地律师执业要求并取得执业资格的香港居民人数稀少。自内地司法考试开放香港居民报名参考以来，通过率一直不尽如人意。据统计，自 2005 年开设司法考试至 2013 年的 9 年间，香港共有 1342 名考生在香港完成考试，其中仅有 76 名考生获合格成绩，通过率不足 6%。即使通过司法考试，取得内地律师资格的香港居民也寥寥可数。CEPA 于 2003 年签订时允许香港居民按照内地法律规定取得律师执业资格，但直到 5 年后才出现第一位取得内地执业律师资格的香港居民。自 2009 年 10 月 1 日起，补充协议六规定具有 5 年或以上执业经验的香港法律执业者，可以通过内地司法考试后按照相关规定参加短期集中培训，培训考试合格即可申请内地律师执业资格，这项规定降低了香港律师在内地取得律师执业资格的门槛，实实在在地为香港服务业与内地的融合减少障碍。

其次，香港律师在内地从事法律事务有冲突难点。2007 年以前，内地的诉讼代理长期是香港法律服务提供者的"禁地"。2007 年 1 月 1

日起，拥有内地律师执业资格的香港居民，开始被允许以内地律师身份从事涉港婚姻、继承案件的代理活动。同时，内地亦接受香港大律师以公民身份担任内地民事诉讼的代理人。2011年签订的补充协议八中，内地更承诺将进一步研究扩大拥有内地律师执业资格的香港居民"在内地从事涉及香港居民、法人的民事诉讼业务范围"。然而实践中，内地法律服务业务范围的开放与香港原有律师法例是存在冲突的。根据香港法例，香港注册执业律师分为大律师和律师，分别拥有不同的法庭权限。大律师享有不受限制的出庭发言权，其权利是在上诉法庭为当事人进行辩护和诉讼，而律师的出庭发言权受到限制，只能在裁判署等初级法院代表当事人出庭，并从事其他非庭审类法律事务。而部分香港居民有权依法取得内地律师执业资格的实际后果是，香港律师或大律师中的中国公民在通过内地司法考试并完成实习后，在内地直接以律师身份执业。除了从事非诉讼法律事务外，他们也可以代理涉港婚姻、继承案件。换言之，在香港有权限之分的律师和大律师均有机会在内地上诉法庭作为代理律师出庭参加诉讼。迄今为止，尚未出现对于该冲突的研究解决方案，无形中导致香港律师对于进入内地市场的困惑和疑虑。

3. 的近律师事务所未来的机遇

经过改革开放后的高速发展，中国内地的企业完成原始的积累和管理完善后，近几年很多企业产生"走出去"的需求。内地与香港的法律服务合作不再是简单的香港法律服务机构进驻内地提供本地服务，反而产生了许多更能发挥香港服务业优势的需求。内地企业"走出去"过程中，很自然要面对国际商贸法规和法律环境，需要有很强的风险管理计划。企业应如何应对境外的投资法律要求、如何处理境外投资及化解并购的风险、如何有效保障海外投资资产及如何解决国际商贸纠纷等，都要求内地企业对国际商贸法律和解决跨境商贸争议的服务加强了解。香港的近律师行这类具有丰富国际经验及熟悉内地语言和文化的法律团队能在国家"一带一路"建设及协助企业"走出去"的过程中提供跨境的、成熟的法律服务，协助企业建立一个比较高效、信誉好的国际商事纠纷解决机制。

参考文献

[1] Acemoglu D, Finkelstein A. Input and Technology Choices in Regulated Industries: Evidence from the Health Care Sector. Journal of Political Economy, 2008, 116 (5), pp. 837 – 880.

[2] Acemoglu D. Cross – country Inequality Trends. The Economic Journal 2003 113 (485), pp. 121 – 149.

[3] Acemoglu D. When Does Labor Scarcity Encourage Innovation? Journal of Political Economy, 2010, 118 (6), pp. 1037 – 1037.

[4] Autor D H Dorn D, Hanson G H. The China Shock: Learning from Labor – Market Adjustment to Large Changes in Trade. Annual Review of Economics, 2016 (8), pp. 205 – 240.

[5] Beaudry P, Collard F. Why Has the Employment – Productivity Tradeoff among Industrialized Countries Been So Strong? NBER Working Papers, 2002.

[6] Behrens, K., A. Lamorgese G. Ottaviano and T. Tabuchi. Testing the "Home Market Effects" in a Multi – Country World: A Theory – Based Approach. CEPR Discussion Papers 4468 2004.

[7] Bena J Simintzi E. Labor – induced Technological Change: Evidence from Doing Business in China. Social Science Electronic Publishing, 2015.

[8] Bessen J E. More Machines, Better Machines, Or Better Workers? The Journal of Economic History, 2012, 72 (1), pp. 44 – 74.

[9] Brülhart, M., and F. Trionfetti. A Test of Trade Theories When Expenditure is Home Biased, CEPR Discussion Papers 5097, 2005.

[10] Cai H, Liu Q. Competition and Corporate Tax Avoidance: Evidence from Chinese Industrial Firms. The Economic Journal, 2009, 119 (537), pp. 764 – 795.

[11] Chang – Tai Hsieh & Keong T. Woo. The Impact of Outsourcing to China on Hong Kong's Labor Market, American Economic Review, American Economic Association, 2005, 95 (5), pp. 1673 – 1687.

[12] Ching, Steve & Hsiao, Cheng & Wan, Shui Ki, Impact of CEPA on the Labor Market of Hong Kong, China Economic Review, 2012, 23 (4), pp. 975 – 981.

[13] Cooke, P., Regional Innovation Systems: General Findings and Some New Evidence from Biotechnology Clusters. Journal of Technology Transfer 2002 (27), pp. 133 – 145.

[14] CookeP., Regional Innovation Systems, Clusters, and the Knowledge Economy, Industrial and Corporate Change, 2001, 10 (4).

[15] David P A. Technical Choice Innovation and Economic Growth: Essays on American and British Experience in the Nineteenth Century. Cambridge University Press, 1975.

[16] Davis, D., and D. Weinstein, An Account of Global Factor Trade, American Economic Review, 2001, 91 (5), pp. 1423 – 1453.

[17] Davis, D., and D. Weinstein, Market Access, Economic Geography and Comparative Advantage: An Empirical Test, Journal of International Economics, 2003, 59 (1), pp. 1 – 23.

[18] Davis, D., and D. Weinstein. Does Economic Geography Matter for International Specialisation? NBER Working Papers 5706, 1996.

[19] Deardorff, Alan. Fragmentation in Simple Trade Models. North American Journal of Economics and Finance, 2001 (12), pp. 121 – 137.

[20] Dixit. K., Joseph. E. Stiglitz, Monopolistic Competition and Optimum Product Diversity, The American Economic Review, 1977, 67 (3), pp. 297 – 308.

[21] Elvin M. The High – level Equilibrium Trap: the Causes of the Decline of Invention in the Traditional Chinese Textile Industries,

Economic Organization in Chinese Society, 1972.

[22] Endacott. G. B. , A History of Hong Kong. Oxford University Press, 1973.

[23] Feenstra, R. , A. Rose, and J. Markusen, Using the Gravity Equation to Differentiate Among Alternative Theories of Trade, Canadian Journal of Economics, 2001, 34 (2), pp. 430 –47.

[24] Feldman, M. P. and Florida, R. , The Geographic Sources of Innovation: Technological Infrastructure and Product Innovation in the United States Annals of the Association of American Geographers, 1994, 84 (2), pp. 210 –229.

[25] Forsman H. Business Development Success in SMEs: A Case Study Approach. Journal of Small Business and Enterprise Development, 2008, 15 (3), pp. 606 –622.

[26] Francois Perroux, Economic Space: Theory and Applications. 1950, 64 (01).

[27] Freeman, C. , The "National System of Innovation" in Historical Perspective, Cambridge Journal of Economics 1995 (19), pp. 5 –24.

[28] Gereffi G. , Commodity Chains and Global Capitalism Contemporary Sociology, 1994, 24 (24).

[29] Gilmore, F. A Country can it be Repositioned? Spain – the Success Story of Country Branding, Journal of Brand Management, 2002, pp. 281 –293.

[30] Greenaway, D. , and C. Milner, The Economics of Intra – Industry Trade. Oxford: Blackwell, 1986.

[31] Grossman G M, Helpman E. Managerial Incentives and the International Organization of Production. Journal of International Economics, 2004, 63 (2), pp. 237 –262.

[32] Grossman. G. M. and Helpman E. , 1991a, Quality Ladders in the Theory of Growth, The Review of Economic Studies, 58 (1), pp. 43 –61.

[33] Grubel H G, Lloyd P J. Intra – industry Trade: The Theory and

Measurement of International Trade in Differentiated Products. London: Macmillan, 1975.

[34] Hankinson, G. Location Branding: A Study of the Branding Practices of 12 English Cities, Journal of Brand Management. 2001, 19 (2), pp. 127 – 142.

[35] Head, K., T. Mayer and J. Ries. On the Pervasiveness of Home Market Effect. Economica, 2002, 59 (1), pp. 1 – 23.

[36] Helper et al., Why Does Manufacturing Matter? Which Manufacturing Matters? Washington: Brookings Institution Press, 2012.

[37] Helpman, E. and P. Krugman, Market Structure and Foreign Trade. Cambridge: MIT Press, 1985.

[38] Helpman. E., Imperfect Competition and International Trade: Evidence from 14 Industrial Countries, Journal of the Japanese and International Economies 1987, 1 (1), pp. 62 – 81.

[39] Hicks J. The Theory of Wages. Springer, 1963.

[40] Hosper, G.J., Place Marketing in Europe: The Branding of the Oresund Region, Intereconomics. 2004 (9), pp. 271 – 279.

[41] Huergo E, Jaumandreu J. How Does Probability of Innovation Change with Firm Age? Small Business Economics, 2004, 22 (3), pp. 193 – 207.

[42] Humphrey. J., Industrial Organization and Manufacturing Competitiveness in Developing Countries, Special Issue of World Development, 1995, 23 (1), pp. 1 – 7.

[43] Kaname A., Synthetic Dialectics of Industrial Development of Japan. Journal of Nagoya Commercial High School, 1937 (15), pp. 179 – 210.

[44] Keller, K. L. Strategic Brand Management, Prentice Hall, Inc. 2003.

[45] Kim L., Stages of Development of Industrial Technology in a Developing Country: A Model, Research Policy, 1980 (3), pp. 254 – 277.

[46] Kirner E, Kinkel S, Jaeger A. Innovation Paths and the Innovation Performance of Low – technology Firms—An Empirical Analysis of

German Industry. Research Policy, 2009, 38 (3), pp. 447 – 458.

[47] Kleppe, I. A. et al. Country Images in Marketing Strategies: Conceptual Issues and An Empirical Asian Illustration. Journal of Brand Management, 2002 (9), pp. 61 – 74.

[48] Kotler, P. Gertner, David, Country as Brand, Product, and Beyond: A Place Marketing and Brand Management, Journal of Brand Management, 2002, 9 (5), pp. 249 – 261.

[49] Krugman P., Increasing Returns and Economic Geography. Journal of Political Economy, 1991 (99).

[50] Lodge, C. Success and Failure: The Brand Stories of Two Countries, Journal of Brand Management, 2002, 9 (5), pp. 372 – 384.

[51] Lundvall, B, National Systems of Innovation: Towards a Theory of Innovation and Interactive Learning, London: Pinter. 1992.

[52] Nelson, R. R, National Innovation System: A Comparative Analysis. New York: Oxford University Press, 1993.

[53] Padmore T. and Gibson. Modeling System of Innovation: A Framework of Industrial Cluster Analysis in Regions, Reasearch Policy, 1998, pp. 625 – 641.

[54] Papadopoulos, N. and Heslop, L. A. Country Equity and Country Branding: Problems and Prospects, Journal of Brand Management, 2002 (4), pp. 294 – 314.

[55] Peach E K, Stanley T D. Efficiency Wages, Productivity and Simultaneity: A Meta – Regression Analysis. Journal of Labor Research, 2009, 30 (3), pp. 262 – 268.

[56] Perroux F., Note sur les notion de pole de croissance. Economie Appliquee, 1955, 7 (1 – 2), pp. 307 – 320.

[57] Raymond. V., International Investment and International Trade in the Product Cycle. Quarterly Journal of Economics, 1966, 80 (2), pp. 190 – 207.

[58] Rosenstein – Rodan. P., Problems of Industrialization of Eastern and South – Eastern Europe. Economic Journal, 1943 (53), pp. 2 – 11.

[59] Schumacher, D., Home Market and Traditional Effects on Comparative Advantage in a Gravity Approach DIW Discussion Paper 344, 2003.

[60] Schumpeter. J., Capitalism, Socialism and Democracy. New York: Harper and Row, 1942.

[61] Szczepanik Edward. The Economic Growth of Hong Kong, 1958.

[62] Thompson. J. H., Some Theoretical Consideration for Manufacturing Geography. Economic Geography, 1996 (3), pp. 127 – 145.

[63] Venables, A. J. Equilibrium Location of Vertically Linked Industries. International Economic Review, 1996 (37), pp. 341 – 359.

[64] 阿尔弗雷德·韦伯:《工业区位论》,商务印书馆,1997。

[65] 阿瑟·刘易斯:《国际经济秩序的演变》,商务印书馆,1984。

[66] 蔡昉、王德文、曲玥:《中国产业升级的大国雁阵模型分析》,《经济研究》2009年第9期。

[67] 蔡昉:《人口转变、人口红利与刘易斯转折点》,《经济研究》2010年第4期。

[68] 蔡美琼:《厚生与创业:维他奶五十年(1940~1990)》,香港豆品有限公司,1990。

[69] 蔡晓慧、茹玉骢:《地方政府基础设施投资会抑制企业技术创新吗？——基于中国制造业企业数据的经验研究》,《管理世界》2016年第11期。

[70] 陈恩、刘璟:《粤港澳服务贸易自由化路径研究》,《南方经济》2013年第11期。

[71] 陈恩:《CEPA下内地与香港服务业合作的问题与对策》,《国际经贸探索》2006年第1期。

[72] 陈广汉、曾奕:《CEPA对内地香港生产者服务贸易影响的理论分析》,《经济学家》2005年第2期。

[73] 陈广汉、杨柱、谭颖:《区域经济一体化研究——以粤港澳大湾区为例》,社会科学文献出版社,2017。

[74] 陈广汉、库宏达:《珠三角区域发展报告(2013)》,中国人民大学出版社,2013。

［75］陈广汉：《广东企业利用香港"走出去"的战略》，《广东经济》2013年第4期。

［76］陈广汉：《论中国内地与港澳地区经贸关系的演进与转变》，《学术研究》2006年第2期。

［77］陈广汉：《粤港澳经济关系走向研究》，广东人民出版社，2008。

［78］陈广汉：《中国劳动力市场的结构与供求分析》，社会科学文献出版社，2016。

［79］陈广汉：《中国区域经济整合的新态势——论泛珠江三角洲经济区的发展与协调》，《中山大学学报》（社会科学版）2004年第5期。

［80］陈广汉：《港澳珠三角区域经济整合与制度创新》，社会科学文献出版社，2008。

［81］陈继勇、盛杨怿：《外商直接投资的知识溢出与中国区域经济增长》，《经济研究》2008年第12期。

［82］陈建军：《中国现阶段的产业区域转移及其动力机制》，《中国工业经济》2002年第8期。

［83］陈雪梅、余俊波：《珠三角产业升级和产业转移问题研究》，《珠三角区域发展报告（2013）》，社会科学文献出版社，2013。

［84］成力为、戴小勇：《研发投入分布特征与研发投资强度影响因素的分析——基于我国30万个工业企业面板数据》，《中国软科学》2012年第8期。

［85］程虹、唐婷：《劳动力成本上升对不同规模企业创新行为的影响——来自"中国企业-员工匹配调查"的经验证据》，《科技进步与对策》2016年第23期。

［86］大珠三角商务委员会、香港贸易发展局研究部：《内地加工贸易政策对香港的影响》，2007年6月。

［87］邓树雄、胡敦霭：《珠江三角洲及港澳地区的社会经济发展》，香港浸会学院、第三届粤港关系学术研讨会工作委员会，1990。

［88］董新兴、刘坤：《劳动力成本上升对企业创新行为的影响——来自中国制造业上市公司的经验证据》，《山东大学学报》（哲学社会科学版）2016年第4期。

[89] 恩莱特:《香港优势》,商务印书馆,1999。

[90] 樊福卓:《中国工业的结构变化与升级:1985~2005》,《统计研究》2008年第7期。

[91] 范承泽、胡一帆、郑红亮:《FDI对国内企业技术创新影响的理论与实证研究》,《经济研究》2008年第1期。

[92] 方奕涛:《广东"三来一补"与"三资"企业形式外资比较》,《国际经贸探索》1999年第2期。

[93] 封小云、龚唯平:《香港工业2000》,三联书店(香港)有限公司,1997。

[94] 封小云:《CEPA框架下的服务业互动与发展》,《珠江经济》2007年第6期。

[95] 冯邦彦:《香港产业结构转型》,三联书店(香港)有限公司,2014。

[96] 傅高义:《先行一步——改革中的广东》,广东人民出版社,1995。

[97] 关红琳:《深圳港资制造业升级转型研究——基于广东港澳资企业发展状况调查》,《当代港澳研究》2015年第4期。

[98] 关智生、黎熙元:《试论粤港关系中的经济合作问题》,《中山大学学报》(社会科学版)1992年第6期。

[99] 郭信昌:《关于投资环境概念问题的探讨》,《南开经济研究》1991年第1期。

[100] 胡昭玲:《国际垂直专业化分工与贸易:研究综述》,《南开经济研究》2006年第5期。

[101] 华晓红、杨立强:《中国内地与香港CEPA效益评价》,《国际贸易》2008年第11期。

[102] 黄泽华:《国际分工与香港工业的发展》,《世界经济研究》1983年第8期。

[103] 霍启昌:《香港史教学参考资料》(第一册),三联书店(香港)有限公司,1995。

[104] 江小涓,2008:《服务全球化的发展趋势和理论分析》,《经济研究》第2期。

[105] 阚大学、吕连菊:《中国服务贸易的本地市场效应研究——基于中国与31个国家(地区)的双边贸易面板数据》,《财经研究》

2014 年第 10 期。

[106] 劳尔·普雷维什：《外围资本主义——危机与改造》，商务印书馆，1990。

[107] 黎熙元、杜薇、余文娟：《港澳资企业对珠三角城市投资环境的评价——基于 2010 年问卷调查数据的实证分析》，《亚太经济》2012 年第 4 期。

[108] 黎熙元：《再论粤港关系中的经济合作问题》，《当代港澳》1998 年第 6 期。

[109] 李宏艳：《跨国生产与垂直专业化分工——一个新经济地理学分析框架》，《世界经济》2008 年第 9 期。

[110] 李坤望、蒋为、宋立刚：《中国出口产品品质变动之谜：基于市场进入的微观解释》，《中国社会科学》2014 年第 3 期。

[111] 林江：《香港产业结构论》，四川人民出版社，1994。

[112] 林炜：《企业创新激励：来自中国劳动力成本上升的解释》，《管理世界》2013 年第 10 期。

[113] 林毅夫：《新结构经济学》，北京大学出版社，2012。

[114] 林毅夫、刘明兴：《经济发展战略与中国的工业化》，《经济研究》2004 年第 7 期。

[115] 刘伟、张辉：《中国经济增长中的产业结构变迁和技术进步》，《经济研究》2008 年第 11 期。

[116] 刘晓宁、刘磊：《贸易自由化对出口产品质量的影响效应——基于中国微观制造业企业的实证研究》，《国际贸易问题》2015 年第 8 期。

[117] 刘志彪：《国际外包视角下我国产业升级问题的思考》，《中国经济问题》2009 年第 1 期。

[118] 刘志彪、张晔：《中国沿海地区外资加工贸易模式与本土产业升级》，《苏州地区的案例研究》，《经济理论与经济管理》2005 年第 8 期。

[119] 卢锋：《产品内分工：一个分析框架》，《经济学》（季刊）2004 年第 4 期。

[120] 卢受采：《香港经济史》，人民出版社，2004。

[121] 吕大乐：《香港模式：从过去到现在》，中华书局，2014。

[122] 毛艳华、李敬子：《中国服务业出口的本地市场效应研究》，《经济研究》2015年第8期。

[123] 毛艳华、肖延兵：《CEPA十年来内地与香港服务贸易开放效应评析》，《中山大学学报》（社会科学版）2013年第6期。

[124] 毛蕴诗等：《制度环境、企业能力与OEM企业升级战略——东菱凯琴与佳士科技的比较案例研究》，《管理世界》2009年第6期。

[125] 莫凯：《香港经济的发展和结构变化》，三联书店（香港）有限公司，1997。

[126] 裴长洪，杨志远，2012：《2000年以来服务贸易与服务业增长速度的比较分析》，《财贸经济》第11期。

[127] 钱学锋、梁琦：《本地市场效应：理论和经验研究的新近进展》，《经济学》（季刊）2006（01）。

[128] 阮建青、张晓波、卫龙宝：《危机与制造业产业集群的质量升级——基于浙江产业集群的研究》，《管理世界》2010年第2期。

[129] 沈坤荣、孙文杰：《市场竞争、技术溢出与内资企业R&D效率——基于行业层面的实证研究》，《管理世界》2009年第1期。

[130] 沈元章：《浅析香港工业的特点、作用与发展趋势》，《世界经济研究》1985年第12期。

[131] 汪建成等：《由OEM到ODM再到OBM的自主创新与国际化路径》，《管理世界》2008年第6期。

[132] 香港工业总会：《香港制造业中小企业：迎接未来》，《分行业系列研究报告：消费电子业；服装业；玩具业；钟表业；模具业》，2010。

[133] 香港工业总会：《珠三角制造——香港工业的挑战与机遇》，研究报告，香港大学香港经济研究中心，2007。

[134] 香港工业总会：《珠三角制造——香港工业的蜕变》，调研报告，香港大学香港经济研究中心，2003。

[135] 香港中华厂商联合会：《对2010/2011年施政报告的建议》，研究报告，2010。

[136] 香港中华厂商联合会：《厂商会会员珠三角经营状况问卷调查2009分析报告》。

[137] 香港中华厂商联合会：《厂商会会员珠三角经营状况问卷调查2014分析报告》。

[138] 邢斐、张建华：《外商技术转移对我国自主研发的影响》，《经济研究》2009年第6期。

[139] 薛凤旋：《香港工业：政策、企业特点及前景》，香港大学出版社，1989。

[140] 杨桂菊：《代工企业转型升级：演进路径的理论模型》，《管理世界》2010年第6期。

[141] 于绯：《CEPA实施后粤港服务贸易合作的实证研究》，《经济管理》2009年第10期。

[142] 俞肇熊、王坤：《CEPA对香港和内地经济的影响与发展前景》，《世界经济研究》2007年第6期。

[143] 元建邦：《香港史略》，香港中流出版社有限公司，1987。

[144] 袁持平、蔡炎君：《CEPA对珠三角的服务贸易的影响》，《社会主义研究》2004年第5期。

[145] 张帆、潘佐红：《本土市场效应及其对中国省间生产和贸易的影响》，《经济学》（季刊）2006年第5期。

[146] 张辉：《全球价值链下西班牙鞋业集群升级研究》，《世界经济研究》2006年第1期。

[147] 张庆昌、李平：《生产率与创新工资门槛假说：基于中国经验数据分析》，《数量经济技术经济研究》2011年第11期。

[148] 张天桂：《内地与香港CEPA经济效应的实证分析》，《国际贸易问题》2005年第11期。

[149] 赵西亮、李建强：《劳动力成本与企业创新——基于中国工业企业数据的实证分析》，《经济学家》2016年第7期。

[150] 喆儒：《产业升级——开放条件下中国的政策选择》，中国经济出版社，2006。

[151] 郑天祥：《粤港澳经济关系》，中山大学出版社，2001。

[152] 周余辉、李郇：《CEPA效应下香港与泛珠三角一体化的实证分

析》,《南方经济》2006 年第 9 期。

[153] Hill, T. P. , 1977, "On Goods and Services", Review of Income and Wealth, Vol. 23 (4), 315 – 338.

[154] Bhagwati, J. N. , 1984, "Why Are Services Cheaper in the Poor Countries?", Economic Journal, Vol. 94 (374), 279 – 286.

[155] Deardorff, A. V. , 1985, "Comparative Advantage and International Trade and Investment in Services", Research Seminar in International Economics, The University of Michigan.

[156] Freund, C. , and D. Weinhold, 2002, "The Internet and International Trade in Services", American Economic Review, Vol. 92 (2), 236 – 240。

[157] Helpman, E. , and P. Krugman, 1985, Market Structure and Foreign Trade, MIT Press.

[158] Davis, D. , and D. Weinstein, 1996, "Does Economic Geography Matter for International Specialisation?", NBER Working Paper No. 5706.

[159] Nasir, S. , and K. Kalirajan, 2013, "Export Performance of South and East Asia in Modem Services", ASARC Working Papers, Vol. 19, 1 – 19.

后 记

《粤港澳大湾区港资企业发展研究》是我主持的教育部人文社会科学重点研究基地重点项目"珠三角港资企业的转型与发展研究"（13JJD790039）的最终成果。该项目于2013年立项，课题于2017年完成。我承担课题研究期间的几位博士研究生和博士后研究人员参与了本课题的研究和书稿的撰写工作，最后由我本人整理和定稿。各章节依次由以下作者负责撰写：第一章、第二章：刘洋；第三章：张文闻；第四章：任晓丽；第五章：奚美君；第六章：李昊；第七章：单婧。

近年来，无论从总量还是结构上看，珠三角的港资企业都呈现出较大的变动。建设世界一流湾区和世界级城市群是新时代国家赋予粤港澳大湾区的重要使命。在深化粤港澳区域合作，建设现代产业体系，实现高质量发展和高水平开放中，港资企业仍将扮演重要角色。港资企业如何提升竞争力、实现转型和发展事关香港经济长期繁荣和大湾区经济合作与可持续发展。本书的主要研究内容利用定性、定量的分析方法研究了珠三角港资企业各阶段的发展路径和演进特征，力求为粤港澳大湾区港资企业未来的发展及转型升级提供相应的发展路向及政策建议。在研究和书稿撰写期间，本课题的研究团队曾多次赴香港及珠三角各地区调研，并受到众多学者、企业家和政府部门的大力支持，为本课题的研究提出不少宝贵意见，在此深表谢意！

陈广汉 中山大学康乐园
2019年9月

图书在版编目(CIP)数据

粤港澳大湾区港资企业发展研究 / 陈广汉等著. -- 北京：社会科学文献出版社，2019.10
（港澳珠三角区域研究）
ISBN 978 - 7 - 5201 - 5035 - 4

Ⅰ.①粤… Ⅱ.①陈… Ⅲ.①企业经济 - 研究 - 广东 ②企业经济 - 研究 - 香港 ③企业经济 - 研究 - 澳门 Ⅳ.①F279.276

中国版本图书馆 CIP 数据核字（2019）第 115515 号

港澳珠三角区域研究
粤港澳大湾区港资企业发展研究

著　　者 / 陈广汉 等

出　版　人 / 谢寿光
责任编辑 / 丁　凡
文稿编辑 / 赵智艳

出　　版 / 社会科学文献出版社·城市和绿色发展分社（010）59367143
　　　　　　地址：北京市北三环中路甲29号院华龙大厦　邮编：100029
　　　　　　网址：www.ssap.com.cn

发　　行 / 市场营销中心（010）59367081　59367083

印　　装 / 三河市东方印刷有限公司

规　　格 / 开　本：787mm × 1092mm　1/16
　　　　　　印　张：18.5　字　数：275千字

版　　次 / 2019年10月第1版　2019年10月第1次印刷

书　　号 / ISBN 978 - 7 - 5201 - 5035 - 4

定　　价 / 88.00元

本书如有印装质量问题，请与读者服务中心（010 - 59367028）联系

▲ 版权所有 翻印必究